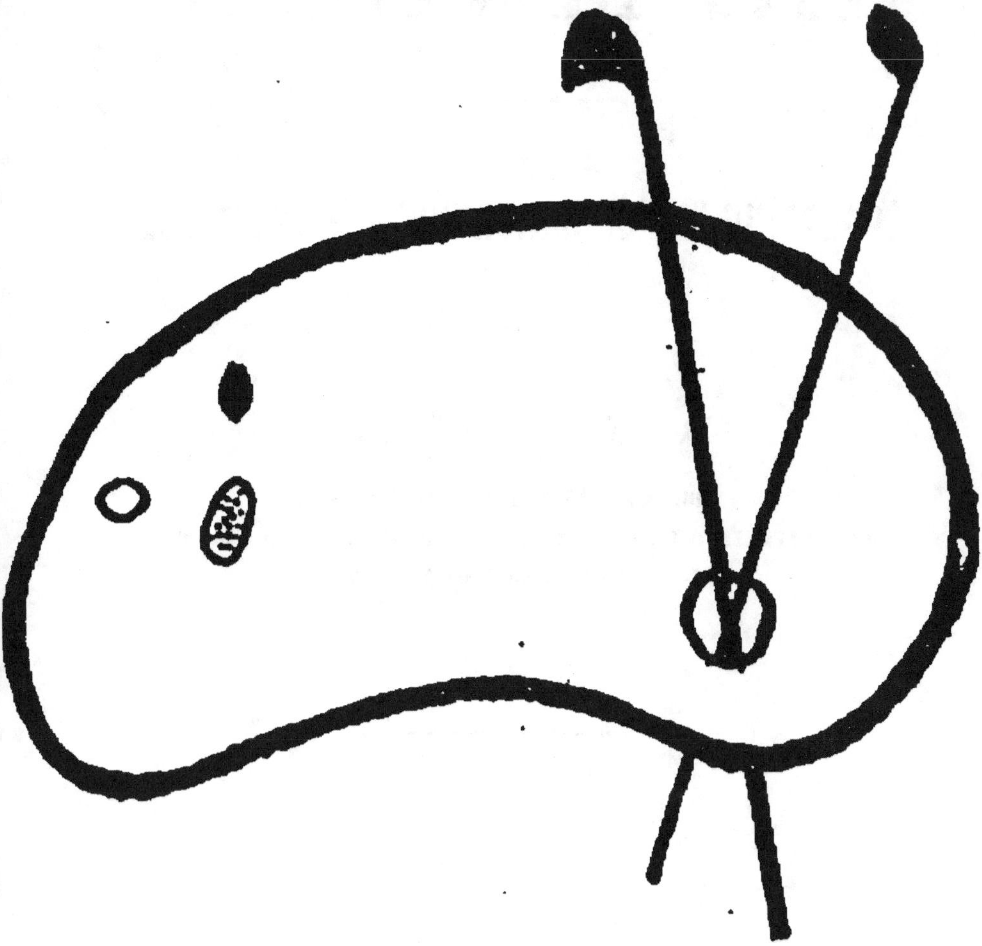

COUVERTURE SUPERIEURE ET INFERIEURE
EN COULEUR

LE MAROC

GÉOGRAPHIE. — ORGANISATION. — POLITIQUE

PAR

R.-J. FRISCH

CAPITAINE AU 106ᵉ RÉGIMENT D'INFANTERIE
ANCIEN OFFICIER DES AFFAIRES ARABES D'ALGÉRIE ET DU SERVICE
DES RENSEIGNEMENTS DE TUNISIE

PARIS
ERNEST LEROUX, ÉDITEUR
28, RUE BONAPARTE, 28

1895

TOUS DROITS RÉSERVÉS

ERNEST LEROUX, ÉDITEUR
Rue Bonaparte, 28.

ALGÉRIE ET PAYS VOISINS

Bardon (Xavier). *Histoire nationale de l'Algérie.* In-8. 5 »

Basset (René). *Notes de lexicographie berbère.* 4 parties in-8 . . . . . 14 »

— *Relation de Sidi-Brahim de Massat*, traduite sur le texte Chelha. In-8 . . . . 2 »

— *Contes populaires berbères*, recueillis, traduits et annotés. In-18. . . . . 5 »

Bisson (L. de). *La Tripolitaine et la Tunisie*, avec les renseignements indispensables aux voyageurs. In-18. 4 »

Bompard (M.). *Législation de la Tunisie.* Recueil des lois, décrets et règlements en vigueur dans la Régence de Tunis. Un fort volume gr. in-8 à 2 colonnes. 20 »

Cagnat (R.). *Nouvelles explorations épigraphiques et archéologiques en Tunisie.* In-8 . . . . . 3 50

Delphin (G.). *Fas, son université et l'enseignement supérieur musulman.* In-8, avec carte. 3 »

Faidherbe (le général). *Langues sénégalaises. Wolof, arabe hassania, soninké, sérère.* Grammaires et vocabulaires. In-18, percaline 7 50

Fournel (Henri). *Les Berbers.* Étude sur la conquête de l'Afrique par les Arabes, d'après les textes arabes imprimés. 2 forts volumes in-4 . . . . . 40 »

Grammont (H.-D. de). *Histoire d'Alger sous la domination turque* (1515-1830). In-8 . . . . . 8 »

Houdas (O.). *Monographie de Méquinez.* In-8 . . . 2 »

— *Le Maroc de 1631 à 1812.* Extrait du livre: *Ettordjman el mo arib an douel el mechriq ou' l ma hrib*, de Aboulqasem ben Ahmed Ezziani, Texte arabe publié, traduit et annoté. In-8 15 »

— *Nozhet-el-Hâdi.* Histoire de la dynastie saâdienne au Maroc (1511-1670), par Mohammed Esseghir ben Elhadj ben Abdallah Eloufrâni, texte arabe publié. In-8. 15 »

— *Le même ouvrage*, traduit en français, un volume in-8. 15 »

Le Chatelier (A.). *Les confréries musulmanes du Hedjaz.* In-18. 5 »

— *L'Islam au XIXe siècle.* In-18. 2 50

Mercier (E.). *Histoire de l'Afrique septentrionale depuis les temps les plus reculés jusqu'à la conquête française.* 3 volumes in-8, avec cartes . . . . . 25 »

— *La France dans le Sahara et au Soudan.* In-8 . 1 25

Rivière (le P.). *Contes populaires de la Kabylie du Djurdjura*, recueillis et traduits. In-18 . . . . . 5 »

Baugé (Maine-et-Loire). — Imprimerie Dalour.

LE MAROC

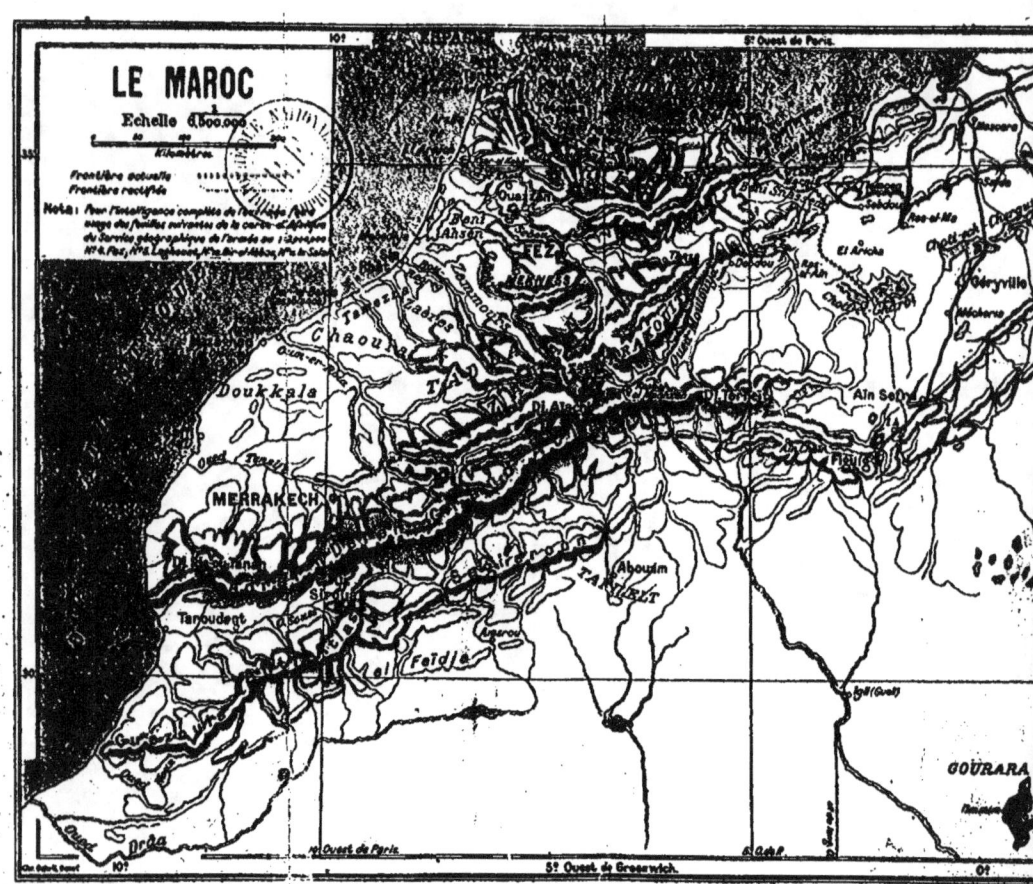

LE MAROC

GÉOGRAPHIE. — ORGANISATION. — POLITIQUE

PAR

R.-J. FRISCH

CAPITAINE AU 106ᵉ RÉGIMENT D'INFANTERIE
ANCIEN OFFICIER DES AFFAIRES ARABES D'ALGÉRIE ET DU SERVICE
DES RENSEIGNEMENTS DE TUNISIE

PARIS
ERNEST LEROUX, ÉDITEUR
28, RUE BONAPARTE, 28,

1895

TOUS DROITS RÉSERVÉS

PRÉFACE

« Il y a, disait un diplomate français, « trois sortes de questions : les questions « ouvertes, les questions pendantes et les « questions latentes ».

La question du Maroc est de ces dernières.

Occupant une des situations les plus privilégiées de notre hémisphère, ce coin de l'Afrique commande le plus important détroit du monde. Comme le symbolique Janus, il a deux faces, l'une tournée vers l'Atlantique, l'autre vers la Méditerranée, les deux mers les plus fréquentées.

Particulièrement favorisé par la nature, bien arrosé, fécond, riche en produits de toutes sortes, le Maroc excite les convoitises des nations européennes résolument entrées dans la voie de la politique coloniale, fille de la politique industrielle. Le vieux monde, en effet, épuise ses efforts dans un cercle trop étroit, la consommation continentale est saturée, l'industrie moderne a besoin d'un horizon plus étendu ; par suite, la conquête de débouchés nouveaux, sources de richesses pour la mère-patrie, se poursuit fiévreusement, le trop plein des populations cherche à s'épancher sous des latitudes clémentes.

Reste-t-il quelque part un vaste champ d'exploitation et un territoire de peuplement plus beaux et plus rapprochés ; existe-t-il une situation stratégique plus importante, dont la possession doive fatalement échoir à l'Europe ?

A quelles nations les événements départiront-ils les débris prochains de cet Etat sans organisation, sans équilibre, sans *loi d'existence ?* Voilà la question latente !

Pays fini, usé, sans ressort et incapable de sortir de l'impasse où la fanatique tyrannie des Sultans et la mauvaise administration de la décadence des Maures l'a mené, tout indique que nous assistons à ses derniers moments en tant qu'Etat autonome.

La question va s'ouvrir ! Comment sera-t-elle tranchée ; combien seront-ils à la curée ; à qui reviendra l'héritage ?

L'Angleterre, nation friande de détroits, convoite le morceau choisi, la perle stratégique, Tanger, vis-à-vis de Gibraltar ; l'Espagne, la France, l'Allemagne et peut-être l'Italie, se disputeraient le reste.

Que résultera-t-il pour notre pays, pour l'Algérie, de ce choc de convoitises et d'intérêts contradictoires ? Mystérieux et redoutable point d'interrogation auquel il est impossible de répondre !

Une seule chose est à la portée de l'homme : tirer parti des enseignements de l'histoire et étudier le présent, afin de préparer l'avenir dans la mesure de ses moyens et de ses facultés.

C'est à cet ordre de préoccupations que répond ce travail.

Nous n'avons pas la prétention de découvrir un pays aux deux tiers inexploré, notre prétention est plus modeste : nous voulons simplement présenter à nos compatriotes, sous une forme rapide, un tableau aussi complet que possible de la géographie physique et sociale du Maroc et de son importance politique ; car si les documents de détails sont relativement nombreux, il n'en a point encore été fait de synthèse,

PRÉFACE

Nous avons puisé, notamment pour la première partie :

1° Dans les récits de voyage des hardis explorateurs du Maroc, au courage desquels on ne saurait trop rendre justice : Caillé, Gerhard Rohlfs, Lenz, de la Martinière, de Campou, et, le plus digne d'admiration entre tous, notre ancien camarade le lieutenant de Foucauld ;

2° Dans les ouvrages et revues périodiques dont nous donnons *in fine* la liste ;

3° Dans les notes que les fonctions d'officier des affaires arabes à la frontière marocaine nous ont permis de recueillir, soit dans les archives des bureaux, soit de la bouche même des nombreux Marocains qui, chaque année, vont offrir leurs bras à l'agriculture algérienne.

Enfin, pour la partie politique, dix ans d'observation des faits diplomatiques, de lecture et d'étude régulières des articles de politique marocaine de la presse française et étrangère, nous ont amené à formuler quelques conclusions motivées.

Nous nous croirions récompensé si notre travail pouvait contribuer à faire connaître davantage ce Maroc, où la lutte toujours croissante des convoitises étrangères peut, d'un instant à l'autre, faire surgir une guerre européenne.

R.-J. F.

PREMIÈRE PARTIE

GÉOGRAPHIE, ORGANISATION

LE MAROC

CHAPITRE PREMIER

Géographie physique

Situation géographique et limites

Le pays désigné par les Européens sous le nom de Maroc est la partie de l'angle Nord-Ouest du continent africain comprise entre les 28° et 36° degrés de latitude Nord d'une part, et le 4° et le 14° degrés de longitude Ouest du méridien de Paris de l'autre.

C'est l'ancienne Mauritanie tingitane des Romains, augmentée d'une partie de la Gétulie, le Moghreb el-Aksa ou extrême couchant des Arabes.

Ses limites sont : au Nord, la Méditerranée, de la baie d'Adjeroud au cap Spartel ; à l'Ouest, l'Atlantique, du cap Spartel à l'oued Drâa ; à l'Est, la frontière d'Algérie, déterminée comme nous le verrons plus loin; enfin, au Sud, une ligne indécise ne paraissant pas dépasser à l'Est, l'Atlas, à l'Ouest, l'Anti-Atlas et le massif des Guezoula.

Climat

Le Maroc, dans son ensemble, est mieux partagé que l'Algérie pour l'abondance des pluies. Tandis que l'Algérie se trouve en dehors de la zone des vents réglés, et reçoit du Nord les pluies qui la fécondent, le Maroc, à l'exception du bassin de la Moulouya et du Riff qui appartiennent encore au Tell Méditerranéen, est compris dans la zone des vents alizés et exposé à l'influence des effluves de l'Atlantique. Les vents d'Est eux-mêmes, d'ordinaire très-secs dans le bassin de la Méditerranée, apportent une forte part d'humidité sur les montagnes du Maroc septentrional. La péninsule de Tanger est baignée de tous côtés par une atmosphère humide. La neige tombe parfois en grande abondance sur les montagnes, qui ruissellent d'eaux vives pendant toute l'année. Des rosées abondantes, qu'amène l'énorme différence entre la température du jour et celle de la nuit, mouillent régulièrement la campagne, et sur toute la région du littoral, l'air est presque saturé de vapeurs,

Enfin les neiges perpétuelles du grand Atlas uniformisent le régime des rivières, tout au moins, dans la partie supérieure de leur cours.

Il résulte de ces différences dans le régime des vents et des pluies que le Maroc présente des climats différents.

La région du littoral de la Méditerranée se trouve dans les conditions climatériques de l'Algérie ; celle du littoral de l'Atlantique jouit d'une température à peu près uniforme et d'une constante humidité. La température moyenne est de + 18° à Tanger et de + 20° à Mogador.

A mesure que l'on s'éloigne de la côte, l'air devient plus sec et la chaleur plus sensible. L'évaporation produite par le soleil assèche celles des contrées de l'intérieur qui sont les plus fertiles pendant la saison des pluies, au point de les rendre absolument stériles en été. La rareté des forêts et la destruction progressive de celles qui existent encore, accélèrent cet assèchement et rendent extrêmes les climats de l'intérieur. A Merrakech (ville de Maroc), la température moyenne de l'année est de + 18°.

Ce n'est que dans les régions montagneuses que reparaît la forêt ininterrompue. Dans ces régions, le climat varie suivant l'altitude. A des étés très chauds succèdent des hivers très froids, et la neige y tombe fréquemment. La végétation y est très belle et la couche d'humus très épaisse. La pluie tombe en abondance, et dans quelques vallées de l'Atlas tournées vers les vents pluvieux, il tombe annuellement plus d'un mètre d'eau.

Les sommets les plus élevés du grand Atlas sont couverts de neiges éternelles ; les autres sont nus, incultes et pierreux.

Au sud du grand Atlas commence la région saharienne, où la roche nue, que l'on voit seule, est comme calcinée par le souffle brûlant du *chehili*, qui, en juillet et en août, remonte des sables.

La peste qui décime de temps en temps la population provient, non du climat, mais de l'extrême misère et de la saleté des habitants.

Littoral. — Iles

Les côtes du Maroc ont un développement d'environ 400 kilomètres sur la Méditerranée et de 1000 à 1100 sur l'Atlantique.

Le littoral de la Méditerranée, de l'embouchure de l'oued Kiss à la pointe de Ceuta puis au cap Spartel, est resserré entre la mer et les montagnes du Riff et celles de l'Andjera. Il est bordé de hautes falaises, dentelées de caps. De petites plages de sable et de galets sur lesquelles vient se briser la mer, s'étendent entre ces caps, et des torrents, dont l'embouchure est barrée en été par des bancs de sable, viennent déboucher sur ces plages.

Quelques îles et îlots jalonnent la côte de la Moulouya au cap Spartel, où les écueils abondent. Les îles les plus importantes sont les îles Djaffarines, situées entre la frontière d'Algérie et le cap des Trois Fourches (*Très Forcas*). Ces îles, au nombre de trois, appartiennent depuis 1849 à l'Espagne, qui nous y a précédés de quelques jours; elles sont disposées en demi-cercle, à quelque distance du rivage du cap de l'Agua, et commandent au Nord-Ouest l'embouchure de la Moulouya. A l'ouest du cap des Trois Fourches se trouve l'île d'Alhucemas, puis ensuite celle du Peñon de Velez, toutes deux également à l'Espagne ; elles servent de *présidios*, c'est-à-dire de lieu de déportation de criminels. A une trentaine de milles au nord du cap des Trois Fourches, en pleine mer, se trouve l'îlot stérile d'Alboran, formé par un piton fortifié et occupé de même par les Espagnols. Enfin, à huit milles au Nord-Ouest de Ceuta est situé l'îlot de Perregil qui appartient au Maroc.

A part Ceuta et Tanger, on ne rencontre aucun port sur cette côte inhospitalière et sauvage. Trois rades foraines seulement, dont deux entre les mains des Espagnols, offrent quelque abri aux navires ; ce sont les îles Djaffarines, Melila[1] et l'îlot de Perregil. Aux îles Djaffarines, quand souffle le redoutable vent du Nord-Est, les navires vont se réfugier derrière le promontoire du Cap de l'Agua qui fait office de brise-lames. Le port de Melila ne mérite pas ce nom, car, ouvert au Nord-Est, il n'offre aucun abri sûr aux transports et aux navires de guerre. L'îlot stérile et inhabité de Perregil, avec ses fonds de 35 mètres, est accessible aux gros navires ; armé en conséquence, il serait susceptible de commander jusqu'à un certain point à la navigation du détroit.

Le littoral de l'Atlantique est accidenté ; il forme une ligne à peu près continue de sables et de rochers.

Immédiatement au sud du cap Spartel, les montagnes s'éloignent du littoral. Au Sud d'El Araïch et de l'embouchure de l'oued el Khoss, la côte n'offre que de faibles inflexions jusqu'à l'embouchure du Sbou ; la plage, qui rappelle celle des Landes françaises, est bordée de dunes et d'étroits cordons littoraux, presque rectilignes, de 10 à 15 mètres

[1]. L'orthographe du nom Melilla est erronnée : on doit écrire Melila, soit que l'on fasse dériver ce mot de l'arabe « chaleur fébrile qui se fait sentir dans le corps », soit que l'on préfère l'origine berbère « amellal » qui a le sens de blanc.

d'altitude, qui retiennent des étangs. Au Sud du Sbou, les dunes de la côte sont bordées d'un ourlet rocheux. Le plateau peu élevé du Tamezna, qui forme le pays des Chaouïa, finit sur la côte, entre Rbat et Mazaghan (el Djédida), par des falaises mal alignées, creusées de nombreuses criques. Un certain nombre de cours d'eau, et notamment l'Oum-er-Rbia, se sont taillés, à travers ces falaises, des coupures d'où ils se déversent dans la mer.

Au Sud de Mazaghan, le plateau du Doukkala qui occupe la région de l'intérieur, se termine par un rebord élevé au-dessus des flots. Au-delà du cap Cantin (*ras el-Houdiq*), la côte perd son caractère rocheux, et les dunes succèdent aux falaises. Les brisants deviennent plus dangereux que sur le reste du littoral, et des lames parallèles déferlent constamment sur la côte. De Mogador au cap Guir, le littoral est bordé de hautes falaises qui viennent tomber à pic sur la mer. Au Sud d'Agadir, il est formé de sables et de dunes qui ont pris un développement considérable, tant par suite des masses de sables apportées par les vents du désert, que de celles entraînées par les rivières.

Le littoral atlantique est totalement dépourvu de port aménagé. La plupart des rades actuelles sont ouvertes, sans abri pour les navires à l'ancre, et d'un accès si difficile dès que soufflent les vents d'ouest, qu'assez souvent les vapeurs sont forcés de continuer leur route sans pouvoir aborder pour débarquer ou pour embarquer passagers et marchandises.

L'ancien port naturel d'Arzila est complètement ensablé. A El Araïch, l'embouchure de l'oued el Khoss forme à l'intérieur des terres un petit port qui, lorsque la barre est praticable, est accessible, à marée haute, à des bateaux de 200 tonneaux. La rade de Rbat est dépourvue d'abri, et les difficultés de la barre sont telles que ce port est de moins en moins fréquenté. Au village maritime de Fedhâla, une langue de terre s'avançant de près de 2 kilomètres dans la mer, et qui pourrait être utilisée avantageusement pour la création d'un port, offre un assez bon abri aux navires contre les vents du large. La petite baie de Casablanca (*Dar el-Beïda*) assure une sécurité relative aux bateaux d'un faible tonnage. La rade de Safli (*Asfi*), bordée de falaises, est abritée du Nord, mais complètement ouverte à l'Ouest ; elle n'offre qu'un mouillage dangereux. A Mogador (*Souetra*), la rade, grâce à la protection d'un îlot qui la ferme à l'Ouest, est, malgré son fond rocheux et de très mauvaise tenue, réputée une des meilleures de la côte Ouest. C'est à Agadir (*Agader-n-Ighir*) que se trouve la rade la plus vaste et la plus sûre de tout le littoral. Plus au Sud, jusqu'à l'oued Noun, on ne rencontre plus que quelques mouillages d'une valeur médiocre à l'embouchure des assifs[1] Mèsa, Aglou et Arksis. L'estuaire de l'oued Noun offre un mouillage qui pourrait être utilisé.

Orographie

C'est au Maroc que le système de l'Atlas atteint son maximum d'altitude. Les géographes l'ont appelé Grand Atlas. Il se compose non de chaînes distinctes, mais de séries de groupes parallèles, étagés, réunis seulement par leurs bases et parfois même isolés ; ces groupes sont séparés par de nombreuses vallées longitudinales souvent très étendues, coupées de distance en distance par des vallées transversales profondément affaissées, par lesquelles s'écoulent les eaux des montagnes.

L'ensemble de ce système est orienté du Sud-Ouest au Nord-Est, suivant une ligne sensiblement rectiligne, dont la légère convexité est tournée vers le Sahara.

La dénomination d'Atlas n'est aujourd'hui en usage nulle part en Afrique. Les indigènes n'ont même pas de nom pour désigner les différentes

---

[1]. Rivières en langue berbère.

chaînes de montagnes, mais se contentent de donner une appellation à chacune de leurs parties : les pics élevés, les cols, les vallées, les montagnes de formes particulières. La partie occidentale du Grand Atlas a seul dans le pays une dénomination d'ensemble ; elle est appelée en langue berbère Adrard-n'Deren, c'est-à-dire « les Monts ».

Vers le Nord, l'Atlas s'abaisse graduellement, tandis qu'il s'affaisse brusquement vers le Sud par des pentes raides, parfois même presque verticalement et en murailles de rochers escarpées.

Les deux versants présentent encore un autre contraste ; tandis que la face des monts tournée vers les vents pluvieux de l'Atlantique est çà et là verdoyante et qu'elle est même en certains endroits, notamment vers l'extrémité septentrionale, couverte d'admirables forêts, la face tournée vers le Sud, au contraire, est nue et comme brûlée par le souffle aride du désert.

Gerhard Rohlfs et le vicomte de Foucauld, les seuls explorateurs modernes qui aient décrit cette partie de l'Atlas, signalent le djebel el-Aïachi, dont l'altitude serait de 3,500 mètres, comme le massif de diramation du Grand Atlas.

Rohlfs affirme que les sommets les plus élevés sont couverts de neiges perpétuelles.

Les communications à travers le Grand Atlas

sont rares ; il existe bien un certain nombre de sentiers de mulets, mais ils sont extrêmement difficiles et périlleux.

Pour se rendre dans les vallées de l'oued Ziz, le passage le plus facile et qui présente le plus de ressources aux voyageurs, est celui du col fréquenté de Tizi-n'Telghemt qui contourne au nord le nœud central du massif ; c'est la voie historique des caravanes entre Fez et Tombouktou par le Tafilelt ; ce défilé se termine du côté du Sud par une sorte de portail appelé *Bab slamou alikoum* (porte « le salut soit sur vous »), comme pour exprimer la joie du voyageur à la vue de la riante vallée de l'oued Ziz qui s'étend au loin, avec ses oasis et ses villages.

La partie de la chaîne principale située au Sud-Ouest du djebel el-Aïachi, qu'aucun voyageur européen n'a traversée, paraît se maintenir à une hauteur supérieure à 3,500 mètres ; on signale une brèche dite Teniet el-Baks. D'après de Foucauld, il n'existe à l'Ouest de la route de Fez au Tafilelt, sur un espace de 250 kilomètres, aucun passage pratiqué par les caravanes. Au-delà, se rencontrent quelques sentiers très difficilement praticables, et pendant la belle saison seulement. L'un de ces sentiers mène du Tadla au Dadès et au Todgha par le Teniet el-Ousikis ; un autre part des

Srarna et conduit au Dadès par le Tizi-n'Mouinil; un troisième, le meilleur et le plus fréquenté, relie Domnat à Askoura par les Aït[1]-Imgoun. Plus loin encore vers le Sud-Ouest, se succèdent plusieurs brèches qui permettent de pénétrer du bassin de l'Oum-er-Rbia dans celui de l'oued Drâa; les principales sont les trois cols des Glaoua, praticables pendant toute l'année.

Du massif des Glaoua, l'Atlas se continue vers le Sud-Ouest sous le nom d'Adrar-n'Deren, dont l'altitude maxima atteindrait 4,000 mètres. Le col de Tagherout coupe la chaîne presque sous le méridien de Merrakech, livrant passage vers la haute vallée de l'oued Souss; ce col se trouve à une altitude très élevée, probablement 3,500 mètres, et ses voies d'accès sont en général très difficilement praticables aux animaux de transport.

A une trentaine de kilomètres vers l'Ouest, au pied du djebel Feliliss, qui atteint encore 3,350 mètres, s'ouvre une autre brèche très difficile appelée Tizi-n'Tast. Puis, au-delà, le col de Tizi-Nemer, également très difficile. Plus loin vers l'Ouest, on rencontre, à une altitude probable de 1300 mètres, les Bibaouan (les portes), profondes

---

1. Aït, dénomination berbère de tribu.

échancrures d'environ 1200 mètres de dépression, d'accès difficile aux chameaux, ouvrant une communication entre Merrakech et Taroudant. Enfin, au-delà, se trouve un autre défilé conduisant également dans la vallée du Souss, celui d'Amelskhoud, praticable aux chameaux.

Toute opération militaire dans ces régions serait extrêmement difficile.

Au-delà du djebel Tissa, qui domine les Bibaouan avec une altitude restante de 3,350 mètres, l'ensemble de la chaîne s'abaisse pour aboutir au nœud orographique du djebel Ida¹-ou Tanan, comprenant encore un certain nombre de pics dépassant 2,500 mètres. Du djebel Ida-ou Tanan se détachent, suivant des directions qui cessent d'être parallèles à l'Atlas et tout en conservant le caractère abrupt et tourmenté de la grande chaîne, trois contreforts s'élevant par quelques cimes à plus de 1000 mètres ; l'un va finir à l'Ouest au cap Guir, l'autre se termine brusquement au cap Sim (*Ras Tagueriouelt*), au-dessus de Mogador, par le pays des Haha ; enfin le troisième, après avoir formé au nord le pays des Imtouga, se continue par le plateau des Oulad-bes-Seba jusque sur les bords de l'oued Tensift.

1. Ida, autre dénomination berbère de tribu.

Au Sud-Ouest des Glaoua se dresse le djebel Siroua, la plus haute montagne de cette partie de la crête, et probablement aussi la plus élevée du massif de l'Atlas. C'est un roc nu, d'apparence formidable, dont le dôme supérieur, d'après de Foucauld, est revêtu de neiges éternelles.

Le Miltsin, indiqué sur presque toutes les cartes et que l'explorateur Washington dit avoir mesuré en 1829, n'existe pas ; son nom est même totalement inconnu au Maroc.

Du massif des Glaoua se détache, vers le Sud-Ouest, dominé par le Siroua et allant former jusqu'aux monts des Iberkaken la chaîne de séparation entre l'oued Souss et l'oued Noun, un ensemble de montagnes rocheuses, nues, très élevées, parsemées de cirques verdoyants, que les géographies désignent sous le nom de « Petit-Atlas » ou « d'Anti-Atlas ». Rohlfs le traversa au col de Tizi-n'Azrar, dont il estime l'altitude à 1500 mètres. Au-delà, cette chaîne se continue par le massif touffu et irrégulier des Guezoula qui, après s'être progressivement affaissé, se relève en projetant vers la mer des contreforts de plus en plus élevés se terminant par des falaises brusques sur l'Océan.

Vers l'Est, l'Anti-Atlas se prolonge jusqu'à la

brèche de l'oued Todgha, au Nord du Tafilelt, sous le nom de djebel Sagheroun.

Enfin, plus au Sud et parallèlement à l'Anti-Atlas, se développe sur la rive droite de l'oued Drâa, sur une longueur de près de 600 kilomètres, une sorte d'arête rocheuse de deux à trois cents mètres de relief au-dessus du sol environnant et d'une largeur moyenne de 1500 mètres, percée de portes et de défilés. Cette arête a reçu, de la brèche d'Amzrou (*Amsra* de Caillié) à Ticint, le nom d'el-Feïdja et, de cette ville à la mer, celui de djebel-Bani.

A l'Est du djebel el-Aïachi et au-delà du col de Tizi-n'Telremt, l'Atlas se continue, formant le massif des Aït-Aïach, quand, brusquement, il s'abaisse pour se terminer soudain par les escarpements du djebel Terneït, prodigieuse falaise environnée de plaines qu'il domine d'environ deux mille mètres. L'étage supérieur de ce massif se prolonge sur la rive droite de la Moulouya sous le nom de Dahara, s'abaissant de plus en plus, pour disparaître complètement par de nombreuses ramifications dans la plaine des Beni Guil et des Mehaïa.

Le djebel el-Aïachi, évidé par les eaux qui rayonnent dans tous les sens, donne naissance au Nord à des massifs secondaires qui constituent des faîtes de partage entre les bassins fluviaux divergents. Vers le Nord-Ouest se prolonge la crête des Aït-Ahia continuée par le massif dont le djebel el-Aïan est le centre, séparant les hautes vallées de l'oued Beh't et de l'Oum-er-Rbia. Cette région, habitée par la puissante tribu berbère des Zaïan, complètement indépendante du Sultan, est presque inconnue des géographes.

Un important contrefort, présentant le caractère du noyau central, se dirige vers le Nord, formant la ceinture de la vallée supérieure de la Moulouya, vaste cirque, probablement d'origine lacustre, dont les eaux se sont ouvertes un passage au défilé de la kasbah el-Maghzen. A l'extrémité de ce contrefort, se dresse brusquement un soulèvement parallèle au Grand Atlas, sorte de nœud orographique secondaire connue sous le nom de djebel Tamarakouit, d'où rayonnent, en s'affaissant au fur et à mesure qu'ils s'en éloignent vers le Nord, le massif des Beni-M'Guild, se terminant au-dessus de Mekness et de Fez par un réseau de montagnes presques impénétrables ; vers le Nord-Est, le chaînon des Aït-Youssi, lequel, interrompu par la Moulouya qui s'y est frayé un passage, se continue sur la rive droite du fleuve par la Gada ed-Debdou et les monts de Tlemcen ; enfin vers le Nord-Nord-Est, entre l'oued Srîma et les oueds Innaouen et Msom, le massif inexploré d'Oulmess formant tout d'abord le pays des Aït-Tseghouchen, puis celui des Riata et venant se fondre en un plateau qui le relie aux montagnes du Riff. C'est au centre de ce plateau que se trouve la ville de Thaza (en berbère ouverture), important point stratégique où passe la route de Fez à Tlemcen.

Au Nord de ce plateau s'étendent, suivant le vaste hémycicle qui va du promontoire des Trois-Fourches à la pointe de Ceuta, les montagnes du Riff (rivage), ensemble de massifs et de hautes terres qu'à tort on a pendant longtemps rattaché au système de l'Atlas. En effet, loin de présenter, comme lui, le caractère d'une chaîne unique, bien orientée, ces montagnes consistent surtout en massifs isolés et en chaînons distincts, dont la direction capricieuse est, le plus souvent, très difficile à déterminer. A travers ce dédale de hauteurs, courent des vallées étroites, peu accessibles, et sans communications entre elles. Elles atteignent leur plus grande hauteur dans le voisinage de la côte, à l'ouest de Tetouan par les montagnes des Beni-Hassen, continuées jusqu'à la pointe de Ceuta par celles du Haouss. Leur altitude varie entre 1000 et 2500 mètres. Elles tombent au Nord et à l'Est presque à pic sur la mer et la Moulouya et s'abaissent progressivement vers le Sud et l'Ouest. L'épaisseur de la masse montagneuse du Riff dépasse 120 kilomètres à hauteur de Fez, tandis qu'elle n'en a plus que 60 au nord de Ksar-el-Kebir. Ses différentes parties portent les noms des tribus berbères qui les habitent.

A l'Est du cours de la Moulouya s'étend vers la frontière algérienne, le massif des Beni-Snassen, qui est, géologiquement, le prolongement du massif des Trara, appartenant à l'Algérie.

Dans la grande plaine marocaine, un chaînon indépendant, parallèle à l'Atlas, les Djebila, serpente au nord de Merrakech atteignant en plusieurs points 900 mètres d'altitude. Enfin de nombreux petits massifs isolés, aux contours arrondis, s'élèvent en divers endroits de la plaine.

Hydrographie

Le Maroc, quoique mieux partagé que l'Algérie sous le rapport des pluies, n'en est pas moins, au point de vue hydrographique, dans une situation très inférieure à celle des époques antérieures relatées par les auteurs anciens. Il est probable pourtant que les pluies sont demeurées à peu près aussi abondantes et aussi régulières qu'anciennement, et que les années de sécheresse absolue arrivaient périodiquement autrefois comme aujourd'hui, environ tous les huit ans.

Monsieur de Campou qui a fait une étude sérieuse du régime des eaux du Maroc, attribue avec raison la situation actuelle du pays au déboisement.

« La destruction des forêts, qui s'est opérée d'une façon permanente depuis cinq siècles, continue encore de nos jours dans le pays. Pour faire du charbon, pour avoir une misérable récolte de céréales, les indigènes détruisent toute espèce d'arbres ou d'abrisseaux ; ils arrachent toutes les broussailles ou plantes qui servent à fixer les terres sur les pentes. Aussi les eaux d'hiver qui tombent par averse sur ces terres sans lien ni consistance, au lieu de filtrer, de suivre un cours sinueux, de pénétrer dans des terres fixées par la végétation, et d'alimenter ainsi les sources en toute saison, vont aujourd'hui brusquement au thalweg par la ligne de plus grande pente, ravinent les coteaux, se réunissent en masse, et y gagnent alors une force vive que rien ne peut arrêter.

« Ces eaux sauvages, déterminent des crues intenses et courtes. Si, autrefois, la goutte de pluie qui pénétrait par les racines dans l'intérieur de la terre, mettait un mois pour arriver au méat de la source, aujourd'hui, c'est en quelques heures qu'elle parcourt le même chemin.

« D'autre part, cet accroissement des crues d'hiver a amené dans les rivières des quantités énormes de limon et de sable qui, plus nombreuses qu'autrefois, ont déterminé l'ensablement total de la plupart des barres ».

Les barres des rivières sont d'un accès difficile; celles de l'oued Oum-er-Rbia, de la Tensift, de l'oued Souss, sont complètement infranchissables.

Tous les cours d'eau du Maroc sont plus ou moins, mais sans exception, à régime torrentiel. Ils comprennent tous une période de crue très forte en février ou mars, crue qui atteint son maximum au commencement d'avril, au moment de la fonte des neiges, alors que les terres fortement humidifiées n'absorbent plus les eaux, qui s'en vont en totalité au thalweg. Après cette période, leurs débits vont en diminuant jusqu'au mois de septembre, où ont lieu leurs étiages, nuls pour quelques-uns, encore assez importants pour d'autres. Ces crues extraordinaires du printemps ou de l'hiver se distinguent par leur intensité et par leur courte durée.

Enfin au pied même de la chaîne de l'Atlas, si haute et si puissante, les eaux sont rares et les terres desséchées. Ce phénomène surprenant a sa raison dans ce que l'Atlas est formé d'une quantité de chaînes parallèles séparées par de nombreuses cluses où l'eau s'arrête ; les vallées longitudinales sont elles-mêmes coupées par quelques vallées transversales dirigées vers le Nord et le Sud. L'eau qui s'échappe de ces dernières est captée presque dès sa source par les habitants, et distribuée par de nombreux canaux pour l'irrigation agricole. De cette manière il en descend très peu dans les plaines.

C'est du massif du djebel el-Aïachi et de ses ramifications que les eaux se déversent dans trois directions différentes : vers la Méditerranée, vers l'Océan Atlantique et dans le Sahara.

Oued Moulouya. — L'unique cours d'eau important du versant méditerranéen est la Moulouya, la *Malva* des Romains. Son développement est d'environ 450 kilomètres ; il se jette dans la Méditerranée un peu à l'est des îles Djaffarines.

Alimenté à son origine par les neiges du djebel el-Aïachi, la Moulouya coule à travers des contrées pour la plupart incultes, grossie, à droite, par l'oued Za et quelques autres cours d'eau de moindre importance, à gauche, par l'oued Msom. La quantité d'eau roulée par la Moulouya est relativement considérable. M. de Campou a relevé, sur la route de Fez à Oudjda, son débit d'étiage, qui était au mois de septembre de vingt mètres cubes avec une largeur de quarante mètres et une vitesse superficielle de un mètre à la seconde.

Les crues d'hiver durent vingt jours, et représentent alors un débit de 800 mètres cubes à la seconde, avec une largeur au plan d'eau de 200 mètres.

La Moulouya est à pente très rapide ; son lit est un peu encaissé entre des berges sablonneuses, couvertes de tamarix ; complètement dépourvue de pont, elle se traverse facilement à gué en été. A partir de l'embouchure de l'oued Za, le fleuve pourrait être rendu navigable.

L'oued Za a son origine dans une des vallées supérieures du pays des Beni-Guil ; il coule sous le nom d'oued Charef au Nord-Nord-Est jusque près de Ras-el-Aïn, pour se diriger ensuite vers le Nord-Ouest par la kasbah bou-Smaïl.

Il reçoit, à droite l'oued Tanekhloufet, l'oued el Mesakhsekha et l'oued Mta-el-Baadj dont le thalweg sillonne le plateau d'El Aricha ; à gauche, l'oued el-Betoum, descendu de la Gada ed-Debdou et qu'alimentent de nombreux cours d'eau venus du chaînon des Oulad el-Hadj. Tous ces affluents viennent se jeter dans le Za, soit à l'entrée, soit à la sortie du défilé de Ras-el-Aïn, qui constitue un point stratégique d'une grande importance.

L'oued Za a, au moment de son étiage et près de son embouchure, un débit moyen de 4 mètres à la seconde, avec une largeur de 50.

L'oued Msom descend du seuil de Thaza ; son débit d'étiage n'est que d'un demi-mètre cube à la seconde.

Oued el-Kharoub. — Sur le versant Atlantique, le premier fleuve a son embouchure à une vingtaine de kilomètres au sud du cap Spartel, c'est l'oued el-Kharoub. Il descend des montagnes des Beni-Hassen, et coule, avec un développement probable de 60 kilomètres, dans une plaine d'alluvion d'une largeur moyenne de quatre kilomètres, composée d'une terre forte bien cultivée.

Oued el-Khoss ou Loukkos (le *Lixus* des anciens). — Cette rivière prend sa source au nœud du djebel Mezedjel, passe près de Ksar-el-Kebir et va se jeter dans la mer à El-Araïch, après un cours d'environ 90 kilomètres. Lors de ses crues fortes, il inonde les basses plaines. Cette rivière est assez encaissée.

L'oued es-Sbou. — A Mehediya, à 120 kilomètres plus au sud, débouche le Sbou. Ce fleuve, le *Subur* des anciens, prend naissance au djebel des Beni-Azrar, dans l'Atlas central, à une centaine de kilomètres au sud de Fez ; il doit aux nombreuses sources qui l'alimentent, d'avoir, dès son origine, un débit assez considérable. Le Sbou descend près de Fez, qu'il laisse à 4 kilomètres de sa rive gauche, se grossit successivement à droite des oueds Innaouen, Ouerra, et Rdat ; à gauche de l'oued Rdem, qui passe à Mekness et l'oued Beh't, forme l'immense plaine d'alluvions de Beni-Ahsen après avoir coupé les massifs du Tselfat, des djebels Zala et Trat, et va se jeter dans l'Océan près de Mehédiya après un parcours d'environ 600 kil., dont la moitié à peu près en pays de montagnes.

Lors de son étiage, au mois de septembre, son débit est d'environ 40 mètres cubes à la seconde, mais au moment des crues moyennes, il atteint 400 mètres cubes, et par les fortes crues, il dépasse 2,000 mètres.

L'utilisation des eaux du Sbou pour la navigation pourrait être fort digne d'intérêt.

Sur les cinquante derniers kilomètres de son cours, jusqu'au souk el-Had, le Sbou serait navigable en toute saison. Pendant la période hivernale seulement, le Sbou serait navigable jusqu'à Fez. Il ne s'y trouve ni courants, ni rapides, ni barrages naturels ou artificiels qui empêcheraient la navigation.

Avec de petits vapeurs d'un faible tirant d'eau remorquant des bateaux plats, on transporterait à meilleur compte jusqu'auprès de la résidence du Sultan, les nombreuses marchandises qui aujourd'hui sont portées à dos de chameau et en de longues journées de marche de Fez à Tanger.

Dans son cours supérieur, en amont de Fez, toujours dans le régime hivernal, il serait flottable, et pourrait servir au transport des bois de génévriers qui sont en grande quantité à ses sources. Le Sbou bien aménagé pourrait ainsi enrichir les provinces voisines.

La vallée de l'oued es-Sbou est la voie de communication naturelle entre le bassin Méditerranéen de la Moulouya et le littoral Atlantique, entre Fez et Tlemcem par l'oued Innaouen, le seuil de Thuza et l'oued Msom. C'est la route stratégique la plus importante du Maroc.

Etangs littoraux de Ras-ed-Doura et de Sidi-Bou-Salem. — Le lac[1] Ras-ed-Doura est situé au Nord de Méhédiya. Il s'étend parallèlement à l'Océan sur une longueur de 30 kilomètres ; sa largeur moyenne est de 2 kilomètres. Il est isolé de la mer par un isthme rocheux.

Ce lac a une profondeur moyenne de 1 mètre

---

1. En arabe marocain merdja.

en hiver. Pendant l'été il est quelquefois complètement à sec.

La merdja Ras-ed-Doura, sans issue vers la mer, communique dans les années pluvieuses avec le Sbou; elle est alimentée par les eaux de l'oued Mda, rivière qui vient du djebel Aïoun, situé à 40 kilomètres environ du lac. Un bourrelet situé à 10 kilomètres sud de la rivière, à la hauteur de la kobba de Sidi-Biraoui, isole, dans les temps de sécheresse, la partie Nord du lac de la partie Sud, qui ne forme alors qu'un chapelet de flaques plus ou moins desséchées.

La merdja de Sidi-Bou-Salem, comprise entre l'oued el-Khoss et la merdja Ras-ed-Doura, a une longueur Nord-Sud de 13 kilomètres, sur une largeur de trois kilomètres. Son émissaire, l'oued Sidi-Bou-Salem, de 500 mètres seulement de développement, la met en communication avec la mer.

La merdja est alimentée par l'oued el-Hadar, qui vient du djebel Oulad-Ahmar, au Nord-Est, à environ 40 kilomètres.

Oued Bou-Regreg. — A Rbat, à une trentaine de kilomètres du Sbou, le Bou-Regreg se déverse dans la mer par une coupure ouverte dans un plateau peu élevé. Vu du large, sa vallée, bordée par de hautes berges à pic, donne au Bou-Regreg l'apparence d'un vrai fleuve; ce n'est pourtant plus qu'un torrent à moins de 10 kil. à l'intérieur quand il abandonne la plaine où se fait sentir la marée. Il prend sa source dans le massif de l'Aïan; sa longueur doit être comprise en 150 et 180 kilomètres.

Ce cours d'eau marquait la limite entre les deux anciens royaumes de Fez et de Merrakech, et sépare le pays des Zemmours de celui des Zaères.

Il reçoit à gauche deux affluents, l'oued el-Agrou et l'oued Korifla.

La barre du Bou-Regreg est périlleuse; les longues vagues de l'Atlantique déferlent incessamment sur elle.

Oum-er-Rbia. — L'oued Oum-er-Rbia n'est pas moins important que le Sbou. Il prend naissance au djebel el-Aïachi, traverse le Tadla, du Nord-Est au Sud-Ouest, remonte ensuite au Nord-Ouest, séparant la province des Chaouïa de celle du Doukkala, et va se jeter dans l'Océan à Azemmour après un parcours d'environ 700 kilomètres.

Ce fleuve est très encaissé, profond, et a peu de largeur; ses eaux sont rapides et toujours limoneuses. Il a deux affluents aussi importants que lui-même: l'oued el-Abid et l'oued Tessaout. Sa barre est considérée aujourd'hui comme absolument impraticable.

Les gués sont nombreux en été, mais néanmoins toujours d'un passage difficile à cause de la disposition à pic des berges. En hiver, on est forcé de traverser la rivière en barque au gué des Beni-Meskin, où passe une des routes de Rbat.

L'oued el-Abid, très encaissé, peu large, très profond, rapide, a un régime analogue à celui de l'Oum-er-Rbia. Ses eaux sont limoneuses et rouges. Il prend sa source au djebel el-Aïachi.

Le Tessaout prend sa source dans une sorte de longue cluse du versant méridional de l'Atlas et se dirige vers le Nord par un déversoir, sorte de porte située au pied Est du massif des Glaoua. Ce cours d'eau a une pente énorme, qui, le 2 juin, donnait à ses eaux une vitesse de 4 mètres à la seconde, avec une simple hauteur d'eau de 0^m 80.

La vitesse vertigineuse de ses eaux rend en toute saison le passage de cette rivière difficile et dangereux. Son affluent principal, l'oued el-Akder, participe à son régime.

Oued Tensift. — L'oued Tensift appelé ainsi de Merrakech à la mer, prend naissance dans le massif des Glaoua sous le nom d'oued Redat.

Ses sources sont peu abondantes en été, mais ce cours d'eau doit son importance à ce qu'il est le grand colateur des eaux de l'Atlas occidental depuis Sidi-Rahal jusqu'au plateau des Chiadma, sur une longueur de 200 kilomètres.

La Tensift, navigable autrefois, passe près de Merrakech, coule Est-Ouest et va se jeter dans l'Océan entre Saffi et Mogador. Sa barre est aujourd'hui complétement ensablée en été.

Ses affluents les plus importants sont tous sur la rive gauche. Ce sont :

1° l'oued el-Hajar, qui passe près de Merrakech, à sec en été, très important en hiver ;

2° l'oued Nfis, peu important en été, mais occupant au commencement d'avril, au moment de la fonte des neiges, un lit de 150 mètres de large;

3° l'assif-el-Ma ou oued Bou-ech-Cherass ;

4° l'oued Chichaoua.

Plus de quarante autres torrents, à sec en été, vont se jeter en hiver dans la Tensift.

Oued Ksob. — Ce fleuve prend sa source dans le massif des Ida-ou-Tanan, et va finir à trois kilomètres au sud de Mogador.

Assif Aït-Amer et *Assif Tamrakht*. — Les eaux de l'Atlas maritime de la région du cap Guir sont drainées par ces deux cours d'eau, assez importants en hiver.

Oued Souss. — L'oued Souss descend du massif des Glaoua. Il joue le rôle de l'oued Tensift pour l'Atlas méridional. En hiver, pendant une vingtaine de jours, son débit est de 800 mètres cubes à la seconde; à cette époque la largeur de son lit est de 250 mètres et la profondeur de deux mètres. En été, son débit d'étiage, tel que M. de Campou a pu l'évaluer dans la partie inférieure de son cours, au mois de juillet, est de trois mètres cubes à la seconde.

De son côté, Lenz qui le traversa en aval de Taroudant, à une centaine de kilomètres de son embouchure, au mois de mars, dit qu'il ne rencontra « qu'un mince filet d'eau courante de 3 à 4 mètres de large et de 30 à 50 centimètres de profondeur ». L'oued Souss a toute l'année un peu d'eau; il n'en vient jamais beaucoup dans sa partie inférieure, parce qu'en amont la culture en absorbe une très grande quantité.

Oued Massa et *oued Noun* (appelé aussi oued *Assaka*). Ces deux importantes rivières traversent le pays situé au sud de l'oued Souss et vont directement, du massif montagneux des Guezoula, à la mer. Elles présentent en permanence un certain volume d'eau, et entretiennent la fertilité du sol.

Trois fleuves, importants surtout par la largeur de leur lit et la longueur de leur cours, descendent le versant sud de l'Atlas ; ce sont : l'oued Drâa, l'oued Ziz et l'oued Guir.

Oued Drâa. — Le Drâa est, par sa longueur, le plus grand fleuve du Maroc, mais, dans les trois quarts inférieurs de son cours, il reste très au-dessous, par sa masse liquide, de ses autres fleuves ; il ne cesse de diminuer, bu par les cultures de ses bords, par l'évaporation et par l'infiltration dans les sables ; il est même rare qu'il atteigne l'Atlantique.

Il naît, par de nombreuses sources, dans les cirques neigeux du Grand Atlas et de l'Adrar-n'Irir. La partie supérieure du bassin forme une immense cuvette très fertile, appelée le Dadès, dont la ceinture est formée par la grande chaîne précitée au Nord, le massif du Siraoua à l'Ouest, la chaîne du Sagheroun au Sud et un faîte de raccordement entre cette chaîne et le Grand Atlas à l'Est. Il s'échappe à travers la chaîne du Sagheroun par une succession de défilés situés au pied du djebel Tifernin, coule au Sud passant près d'Amzrou, de Tamegrout (Rauguerut de Caillié), Adoualil, donne la vie aux oasis du Mehâmid et tourne brusquement au Sud-Ouest à hauteur de Mimcina. Jusqu'à hauteur d'Amzrou, le Drâa est bordé à droite et à gauche d'une lisière de palmiers, dont la largeur varie de

500 mètres à 3 kilomètres, puis, épuisé par les canaux d'irrigation qui se ramifient à droite et à gauche dans les palmeraies, il n'a plus un flot suffisant pour se maintenir en courant régulier. Au-delà du coude de Mimcina, il s'étale en une longue dépression, la Debiaïat, alternativement un lac, un marécage, puis une plaine humide qu'on ensemence en céréales. En aval de la Debiaïat, le Drâa se continue vers le Sud-Ouest jusqu'à la mer entre de hautes berges, si élevées, en certains endroits, dit l'explorateur Rohlfs, qu'en cheminant dans le lit sablonneux du fleuve on semble suivre un défilé entre deux chaînes de montagnes. Son courant n'atteint l'Océan qu'au temps de la fonte des neiges et seulement pendant les années exceptionnellement pluvieuses.

Les principaux affluents de l'oued Drâa sont, à droite, l'oued Zguid qui descend de l'Anti-Atlas et se fraie un passage à travers le Feïdja, au Foum-Zguid ; l'oued Akka, qui descend du massif des Iberkaken, et l'oued Tamanart qui passe à Imi-Ougadir, près du Foum-el-Hessan, où il traverse le Bani.

Oued Ziz. — L'oued Ziz descend du massif du djebel el-Aïachi et se dirige au Sud vers les oasis du Tafilelt, qu'il arrose à 250 kilomètres de ses premières sources, pour se perdre ensuite dans le désert, où nul voyageur n'a pu dire encore si son lit se continue au Sud, à travers les grandes dunes, soit pour se prolonger à l'Ouest vers le Drâa, soit pour se rattacher à l'Est au bassin de l'oued Messaoura, ou pour se maintenir indépendant dans la direction du Niger.

La haute vallée de l'oued Ziz est extrêmement fertile, et l'eau y coule en abondance en toute saison. En été, le flot disparaît en aval de la zaouïa de Sidi-el-Abbès; le fleuve n'a plus alors qu'un cours souterrain, les riverains sont obligés de creuser le sable pour trouver l'eau, si ce n'est dans l'oasis de Tissimi où le courant reparaît pour se perdre de nouveau plus bas. Les habitants du Tafilelt méridional ne reçoivent le flot qu'au printemps, lors de la fonte des neiges, mais il leur arrive parfois de voir tous les jardins inondés; l'oasis de Tafilelt devient alors momentanément un lac. La daya el-Daoura, dans laquelle se perdent les eaux de tous les courants descendus de l'Atlas oriental, se transforme également en un lac temporaire. L'oued Ziz reçoit à droite un important affluent, le Todgha, descendu de la fertile vallée de ce nom.

Oued Guir. — L'oued Guir prend sa source dans le massif des Aït-Aïach et se dirige vers le Sud-Est. Comme tous les cours d'eau du versant méridional de l'Atlas, l'oued Guir, dans la partie supérieure de son cours, coule pendant toute l'année à la surface du sol, et, dès qu'il débouche dans la plaine, glisse sous le sable et continue à rouler ses eaux souterrainement. Le thalweg de l'oued Guir contient en tout temps de l'eau en abondance à quelques mètres de profondeur.

A l'issue, le défilé formé par la grande hamada et la hamada Kenadsa, dans les parcours des Doui-Menia, le lit fluvial devient tellement vaste qu'on lui donne le nom de Behariat ou « petite mer ».

Le Guir se dirige ensuite au Sud jusqu'à Igli, où, se réunissant à l'oued Zousfana, il prend le nom d'oued Messaoura, dont la vallée se prolonge au Sud entre les dunes jusqu'au Gourara. Les principaux affluents du Guir descendent des hauts plateaux des Beni-Guil et des Oulad-Djerir ; ce sont l'oued Ben-Ghiada, l'oued Zelmou qui passe à Aïn-Chaïr, l'oued Talzara et l'oued Gherassa dont un affluent passe à Kenadsa.

CHAPITRE II

Organisation politique

Le Sultan

Le Sultan actuel, Mouley-Abd-el-Aziz, âgé de 16 ans, a succédé récemment à son père, Mouley-Hassan, décédé le 7 juin 1894, au cours de l'expédition qu'il avait organisée contre les Zemmours. Il est le 14e Sultan de la dynastie actuelle et passe pour le descendant en ligne directe d'Ali, oncle et gendre de Mohammed [1].

[1]. Le trône du Moghreb est occupé depuis des siècles par des chorfas (pluriel de chérif) ; le nombre de ces descendants du Prophète est devenu très grand ; mais parmi eux 3 branches bien distinctes ont la prépondérance :

1° Les Alaouïn, descendants de Mouley-Ali, chérif du Tafilelt, auxquels appartient le Sultan actuel ;

2° Les Ouazzana, issus de Mouley-Abdallah, chérif d'Ouazzan, dont le principal représentant est Mouley-el-Arbi

3° Enfin, les descendants d'Idriss, fondateur et premier souverain de Fez, aujourd'hui bien déchus de leur ancienne splendeur royale, mais occupant encore de hautes fonctions comme chefs religieux ou comme magistrats.

S'intitulant « vicaire de Dieu sur la terre », chaque Sultan se croit le grand *Iman*, le pape de tous les musulmans malekites. Les musulmans purs considèrent le Sultan de Stamboul comme un usurpateur presque sacrilège, parce qu'il ne descend pas de Mohammed, et tournent leurs yeux et leurs prières vers le Moghreb, où réside pour eux le vrai successeur du Prophète, le véritable *Emir el-mounemin* (Prince des croyants). A ce titre, sa personne est sacrée, même pour les populations insoumises. La *khotba*, ou prière officielle du vendredi (dimanche des musulmans), est faite dans presque tout le Nord de l'Afrique au nom du Sultan du Maroc.

Mouley-Hassan résidait habituellement dans les deux villes de Fez et de Merrakech, passait environ un mois chaque année à Mekness (Méquinez), et faisait assez rarement de très courtes apparitions à Rbat. Au mois de Septembre 1887, il avait visité pour la première fois Tanger la « chienne ».

Jusqu'aujourd'hui les idées des Sultans ont été les idées du moyen-âge ; leur instruction était généralement limitée à la connaissance du Koran, de ses commentateurs et de la littérature arabe. Leurs connaissances scientifiques étaient nulles. Quant à l'Europe et à ses habitants, ils n'en savaient que ce qu'ils apprenaient par les ambassadeurs qu'ils recevaient de temps en temps. C'était là, pour eux, le seul moyen de recueillir des informations sur l'Occident, l'état des forces de chaque nation et leur puissance véritable, car leur pontificat religieux ne leur permet pas de sortir de leur empire ; et lorsque les ambassadeurs qu'ils envoyaient eux-mêmes en Europe étaient de retour, ceux-ci s'empressaient, afin de les flatter, de leur affirmer qu'ils n'avaient rien vu d'aussi beau que le Maroc, d'aussi redoutable que son armée, d'aussi grand que son souverain.

Aussi, Mouley-Hassan croyait-il le monde borné à peu près aux limites de son pays et faisait-il fabriquer des globes terrestres où le Maroc représentait les trois quarts, tandis que dans le quatrième quart figuraient les quelques villes et peuples qu'il connaissait[1]. Ce tableau n'est pas exagéré, mais réel pour qui connaît le fanatisme musulman, incapable d'admettre une

---

1. A part les rares « savants », les musulmans ne tiennent aucun compte de nos divisions géographiques ; à leurs yeux, la terre, à quelque race qu'elle appartienne, ne doit se partager qu'en deux parties :

1° *Dar-el-Islam*, le pays, littéralement, la maison de l'islamisme. C'est celui qui est soumis aux princes musulmans et aux lois du Koran ;

2° *Dar-el-harb*, le pays, littéralement, la maison de la guerre. C'est celui qui est soumis aux princes et aux lois des infidèles et des idolâtres.

infériorité quelconque des croyants à l'égard de ces « chiens » de chrétiens.

Espérer un progrès quelconque de la part du jeune Abd-el-Aziz serait chimérique, car, pour tout musulman, le progrès est une conception qu'il ne perçoit que pour la redouter, parce qu'elle vient battre en brèche ses habitudes, qui furent de tout temps celles de sa race, et dont, grâce à son fanatisme, il a horreur de changer :

« *Nos aïeux seuls ont eu la mission d'inventer; ils étaient plus près de la création que nous; nous ne saurions donc rien faire de mieux que ce qu'ils ont fait. Vous vivez comme si vous ne deviez jamais mourir, et nous vivons, nous, comme des gens qui savent qu'il faut mourir un jour. Faites donc de cette terre votre paradis ; le notre est dans l'autre monde* [1] ».

Abd-el-Aziz, ou un autre Sultan, voudrait-il même ouvrir les barrières à la civilisation que chez lui l'intelligence ne serait pas à la hauteur du courage ; verrait-il le but, qu'il ne comprendrait

---

[1]. Nous serons amenés à citer quelques-uns des proverbes, maximes ou dictons qui ont cours dans le nord de l'Afrique, parce qu'en Orient, ils contiennent, plus que partout ailleurs, la morale des primitives populations qui l'habitent.

D'ailleurs pour plus de renseignements sur leur esprit, leur caractère, leurs mœurs, etc., se reporter à notre ouvrage fait en collaboration avec M. le médecin-major David : *Guide pratique en pays arabe*. Paris, 1892, Berger-Levrault et Cie, éditeurs.

pas les moyens de l'atteindre ; car il ignorerait toujours beaucoup trop l'Europe pour arriver jamais à l'imiter sérieusement. Du reste aurait-il les meilleures intentions, les projets les plus arrêtés, que le parti réactionnaire fanatique, très puissant à la cour et dans le pays, en arrêterait d'avance l'exécution, fût-ce même par une résistance passive.

Les doctrines mystiques et impitoyables de l'Islam sont l'ennemi absolu de tout progrès humain. L'Orient est resté immobile ; tel il était, tel il demeure, et, si Abraham tombait aujourd'hui du ciel dans une tribu quelconque, il reconnaîtrait, toujours vivantes, les habitudes, les mœurs et les idées de son temps. Dans leur marche à travers l'humanité, les deux races européenne et sémitique s'avancent d'un pas inégal. Nous avons augmenté, nous augmentons chaque jour les connaissances de nos ancêtres ; les musulmans, au contraire, prétendent qu'ils n'ont rien de mieux à faire que de conserver les traditions des aïeux. Nous avançons, ils n'avancent ni ne reculent. Se mettront-ils en chemin ? il est permis d'en douter.

Au Maroc, l'influence de la civilisation ne s'est manifestée jusqu'à ce jour que dans les choses de la guerre. Mouley-Hassan sentait bien d'instinct que des troupes armées et disciplinées à l'européenne, pourraient seule faire du prétendu empire du Maroc une réalité, en domptant les deux tiers de la population qui vivent aujourd'hui dans une complète indépendance. Aussi l'organisation de son armée, la création de bataillons réguliers et surtout d'artillerie, était-elle l'objet de sa constante préoccupation. Très aimé de ses soldats parce qu'il réalisait le type du souverain tel que le comprend et le respecte l'Arabe, son camp était sa vraie capitale, son armée son empire.

Mouley-Hassan, laissait le soin des affaires à son premier ministre et au Maghzen. Personnellement, il ne s'occupait que de l'état d'esprit des tribus, de celui du parti de ses anciens compétiteurs et de la question des impôts. A part ces préoccupations, il passait chaque année plusieurs mois en expéditions (*harka*).

Ces expéditions périodiques sont pour le Sultan un moyen, une nécessité de gouvernement. Les velléités d'indépendance, la turbulence chronique, ainsi que le refus des impôts de certaines tribus, sont pour lui un perpétuel souci, qui l'oblige à montrer de temps en temps la puissance des armes à longue portée et à tir rapide, sous peine de s'exposer à perdre jusqu'à l'apparence du pouvoir. Malheureusement les résultats de ces expéditions sont souvent précaires et momentanés, car les tribus châtiées reprennent habituellement leur indépendance une fois que le Maghzen est rentré dans ses quartiers. Et il ne saurait en être autrement, puisque les tribus sont toujours incomplètement soumises, car le Sultan, étant uniquement militaire, ne songe pas à les organiser après les avoir vaincues.

L'art de gouverner et d'administrer d'une façon rationnelle est, du reste, parfaitement inconnu, et nul n'a souci de l'apprendre ; Mouley-Hassan lui-même en ignorait les principes les plus élémentaires et n'a fait, pendant son règne, aucun effort pour rompre avec le système administratif pourri et immoral de ses prédécesseurs.

La politique intérieure des Sultans a de tout temps eu pour devise : *Divide et impera*. Mouley-Hassan était incomparable dans son application. Nul ne connaissait mieux que lui les cordes qu'il fallait faire vibrer pour mettre deux tribus aux prises, afin de leur enlever leurs biens sous prétexte de les punir. Aucun de ses prédécesseurs, lorsqu'il s'agissait d'attaquer de puissantes tribus berbères, ne savait, au même degré que lui, préparer le terrain par une longue suite de savantes intrigues pour énerver les forces de résistance.

Dans ses pérégrinations militaires et politiques, Mouley-Hassan s'attachait surtout à multiplier le nombre et à diminuer l'étendue des cercles administratifs. Avant lui, le pays comptait quelques grands pachaliks dont il a fait disparaître les pachas héréditaires, pour les remplacer par de simples et nombreux petits fonctionnaires, gouverneurs et caïds, dans l'espoir que cette poussière de petits chefs serait plus facile à réduire que quelques grands personnages. Mais ces petits chefs n'ont qu'une autorité assez précaire dans les régions soumises ; dans les régions éloignées des capitales, cette autorité est nulle.

Néanmoins il faut reconnaître que Mouley-Hassan laisse, au lendemain de sa mort, l'autorité chérifienne mieux établie qu'elle ne l'était après les règnes de Mouley-Abd-er-Rahman et de Sidi-Mohammed, et aussi solidement que peut le comporter un pays tel que le Maroc.

Le Maroc, comme tous les États despotiques, est sujet à de grandes révolutions ; aucune classe n'étant réellement intéressée à soutenir le Sultan, celui-ci peut à chaque instant être renversé par la trahison et par la révolte. La garde nègre, elle-même, est une troupe mutine et séditieuse que l'on a vue plusieurs fois précipiter le souverain du trône, pour élever à sa place le prince qui lui promettait un plus haut salaire ; aussi, le Sultan n'a-t-il personne sur qui il puisse compter absolument.

Cette insécurité a de tout temps rendu les souverains chérifiens inquiets et jaloux ; ils ont tous été plus ou moins cruels et sanguinaires, sinon par instinct, au moins par nécessité de gouvernement. C'étaient des despotes fanatiques, convaincus de leur infaillibilité, qui, sans aucune considération suivaient leurs penchants, leurs passions, à la satisfaction desquels les poussait aussi leur entourage.

Au Maroc, la succession au trône n'est soumise à aucune règle, à aucune loi ; sur les quatorze Sultans de la dynastie des Filali, sept seulement ont succédé à leur père ; les autres étaient les frères ou les oncles du souverain décédé.

C'est, ordinairement, le Sultan qui désigne lui-même d'avance, parmi les membres de sa famille, son héritier présomptif. En général, il a soin de veiller, avant sa mort, à ce que le successeur qu'il s'est choisi puisse s'emparer à temps du trésor impérial, et de lui assurer l'appui de la garde nègre, des *Abid-bou-Khari*, qui jouent auprès du souverain un rôle analogue à celui des prétoriens ou des janissaires. L'élévation au trône du nouveau Sultan est alors soumise à l'acclamation des tribus.

Ce mode de succession au trône par voie d'option, contraire au Koran et aux traditions invariables de l'Islam qui veulent que l'héritage passe à l'aîné de la famille, — dans le cas du Maroc à l'aîné des descendants du Prophète — la procédure tumultuaire à laquelle elle donne lieu, offrent un terrain particulièrement propice aux émeutes, aux soulèvements.

Que le Sultan tombe malade, ou qu'il s'abstienne simplement de donner signe de vie en ne paraissant pas à la mosquée le vendredi, le bruit de sa mort prochaine se répand aussitôt ; les compétiteurs au trône s'agitent, et, signe caractéristique, le prix de la poudre augmente. Si la mort survient, les prétendants et leurs partisans précipitent les tribus les unes contre les autres, dans des luttes d'autant plus violentes que les populations sont complètement étrangères à l'idée de patrie, que la nationalité marocaine n'existe pas.

Si le Sultan venait à mourir sans que son successeur soit aussitôt nommé et accepté par l'armée et une partie des tribus maghzen suffisamment fortes pour en imposer aux autres, rien ne s'opposerait à ce que chacun des trois royaumes de Fez, de Merrakeck et du Tafilelt ne nommât un souverain particulier, et alors les luttes les plus acharnées seraient à craindre entre les diverses races qui peuplent le pays.

Jusqu'à l'avènement du Sultan actuel il n'y a pas eu d'exemple que la volonté dernière du maître défunt ait été acceptée par l'ensemble du pays. Après la mort de son père, survenue en 1873, Mouley-Hassan dût consacrer trois années d'efforts et de combats à faire reconnaître, puis à consolider son autorité, rien que dans les régions accessibles de son empire.

Nous venons d'assister récemment à l'unique changement de règne qui se soit effectué sans secousse apparente, sans que personne n'ait pu ou voulu faire effectivement acte de prétendant, sans que la reconnaissance de ceux qui détiennent l'influence et l'autorité religieuses ait fait défaut au nouveau souverain.

Une ancienne légende veut que le Sultan reçoive, comme une sorte d'investiture morale, l'hommage du chérif d'Ouazzan, chef de la confrérie religieuse des Taïebîa, dont l'influence religieuse est considérable au Maroc, et qu'il ne puisse maintenir sa puissance temporelle s'il n'est appuyé par ce chérif, qui, lui-même, ne peut prétendre au trône. A ce titre, l'appui du chef actuel des Ouazzana a contribué puissamment au passage sans encombre au nouvel ordre de choses.

Abd-el-Aziz, fils d'une Circassienne, Lalla Rekhla, avait été désigné par Mouley-Hassan, avant son départ pour l'expédition des Zemmours, comme son successeur éventuel, à l'exclusion de son frère aîné, Mouley-Mohammed, tombé en disgrâce après avoir été investi par son père de la qualité d'héritier présomptif. Le changement de souverain paraissait donc lié à d'inévitables complications.

C'est au Vizir Si el-Fedoul-Gharnit, aidé de l'ancien chambellan (*hajeb*) et homme de confiance de Mouley-Hassan, Ba-Ahmed, qu'échut l'exécution du coup de théâtre ; elle réussit pleinement, grâce à l'appui de l'armée et d'une bonne partie du Maghzen, et grâce aussi à la période de calme — au sens restreint et relatif que l'on peut attacher à ce mot quand il s'agit d'affaires marocaines — que l'on traversait alors.

Les aoulâmas[1] et les habitants de Fez, habituellement si turbulents et si souvent réfractaires aux ordres du nouveau Sultan, furent des premiers à faire hommage au successeur de Mouley-Hassan.

Le règne d'Abd-el-Aziz débute, par conséquent, sous des auspices relativement heureux, et il ne semble pas à première vue que l'on ait sujet de concevoir des craintes quant à la marche des évé-

1. Pluriel d'ouléma.

nements. Cependant l'avenir n'est pas sans offrir des sujets d'inquiétude. Les épaules d'un enfant de seize ans seront-elles assez robustes pour porter l'écrasant fardeau qu'elles viennent de recueillir? Abd-el-Aziz saura-t-il conserver intact l'héritage qui lui est laissé par son père? Se laissera-t-il, au contraire déborder par les inévitables séditions, sans pouvoir les briser comme l'a fait Mouley-Hassan?

A ces questions, qu'il est impossible de ne pas se poser, on pourrait répondre que si, après l'accalmie qui a succédé à l'acclamation restreinte et plus ou moins sincère du nouveau souverain, une partie de la population se refusait à reconnaître Abd-el-Aziz ; si la dictature du nouveau Vizir Ba-Ahmed n'était pas acceptée, supportée, ou si les rivalités armées de plusieurs compétiteurs amenaient la guerre de tribus à tribus, il se produirait une crise des plus graves, dont il serait impossible de prévoir la durée, dans les conditions d'armement perfectionné où se trouvent la majorité des tribus du fait de la contrebande de guerre.

En réalité, nous n'assistons pour le moment qu'au prologue du nouveau règne, et ce n'est qu'une fois le rideau levé sur la pièce politique qui va se jouer au Maroc, que les difficultés de toute nature auxquelles l'acteur principal va se trouver en butte, apparaîtront clairement et produiront leurs effets.

Dès à présent on peut en prévoir de sérieuses au sein même de la cour et de l'administration. Ba-Ahmed, le nouveau Vizir, est devenu le conseiller omnipotent du jeune Abd-el-Aziz, dont il dirige les moindres actes de la vie politique, aussi bien que de la vie privée. Ne peut-on pas supposer que ceux qui, par droit de naissance ou par habileté, ont eu un rôle au Maghzen sous le défunt chérif, aspirent à conserver auprès du successeur la même haute situation ; ne peut-on imaginer pareillement chez les personnages maintenus jusqu'ici au second plan, un égal désir de parvenir au premier ? Tous les espoirs ne sont-ils pas permis avec un souverain, pour ainsi dire nominal, n'ayant pas encore atteint l'âge de la volonté, incapable encore de faire œuvre personnelle, et qui ne saurait être qu'un instrument entre les mains de tous ces ambitieux ? Aussi doit-on s'attendre à ce que toutes les intrigues, toutes les rivalités se donnent bientôt carrière à l'ombre du parasol impérial.

L'ère des difficultés et des complots va donc commencer pour Abd-el-Aziz. En viendra-t-il aisément à bout ?

Le Maghzen. — Gouvernement et administration

En Europe, on prend généralement au sérieux le Maroc, en tant que puissance politique ; il faut cependant en rabattre.

L'imagination des rédacteurs de journaux a seule inventé les titres d'Empire du Maroc, de gouvernement de sa Majesté chérifienne, de cabinet de Fez, car d'Empire du Maroc, il n'y en a pas, puisque les deux tiers de ce pays vivent indépendants du Sultan. Le gouvernement de sa majesté chérifienne n'existe en aucune manière, car il ne peut y avoir gouvernement sans une coordination entre les différents pouvoirs qui doivent exercer leur action sur le pays. Enfin, le cabinet de Fez n'est que la réunion d'une demi-douzaine d'individus auxquels nous accordons bénévolement le titre de ministres, mais qui ne sont en réalité que de simples secrétaires du premier ministre. Ce pseudo conseil des ministres siège en permanence sous la présidence de ce dernier ; les personnages qui le composent sont accroupis à la mode orientale, soit en plein air, soit sous la tente, soit dans une chambre de l'entrée du palais du Sultan et se parlent toujours à voix basse ; chacun a sous la main une petite caisse du volume de notre cantine réglementaire d'officier, laquelle contient toutes les archives de son département, preuve incontestable que le papier officiel n'a pas encore envahi le Maroc.

Le Sultan est maître absolu du territoire, de la fortune et de la vie même de ses sujets. Il est le pontife suprême, le juge omnipotent, l'exécuteur de la loi, qui émane pour ainsi dire de lui, car les commentaires permettent d'interpréter de toute manière les règles du Koran ; il est libre d'altérer selon son caprice, les monnaies, les impôts, les poids et les mesures.

Cependant, malgré toute l'autorité que leur donnait cette situation, les Sultans ne s'occupaient que d'une façon accessoire des affaires de leur empire et laissaient les rênes du Gouvernement entre les mains de leur Vizir.

Le Vizir actuel, Ba-Ahmed, détient effectivement toute la puissance ; c'est le maire du palais de ce nouveau roi fainéant. Il dispose, pour l'exécution de ses ordres, d'un personnel à la fois civil et militaire. Le Vizir et l'ensemble de ceux qui sont appelés à participer aux actes du gouvernement, s'appellent le Maghzen.

Le Vizir, pour rester au pouvoir et être le seul conseiller du Sultan, veille scrupuleusement, suivant le mode de ses prédécesseurs, à ce qu'aucun individu, musulman, européen, marocain ou étranger, puisse approcher le Sultan et prendre empire sur son esprit.

« *Le Sultan est un palais dont le Vizir est la « porte, si tu veux passer par la croisée, tu risques « fort de te rompre le cou* ».

Le Sultan donne difficilement audience aux Européens ; les ambassadeurs envoyés chaque année auprès de lui ont seuls l'honneur de le voir à cheval pendant quelques minutes.

Les jeunes Marocains qui, après des études techniques en Angleterre, en Allemagne ou en Italie, reviennent dans leur pays avec une teinture de nos institutions industrielles « touchent 14 sous par jour et s'étiolent en croupissant dans les douanes de Rbat et de Tanger ». Ceux qui ont reçu une instruction militaire à Montpellier ou à Spandau sont de même tenus à l'écart du Sultan.

L'omnipotence des Vizirs et la manière dont ils usent du pouvoir, leur créent des ennemi aussi nombreux que puissants et les exposent à de terribles vengeances ; aussi n'ont-ils jamais reculé devant le poison pour se débarrasser de ceux qui les gênent.

« *Le Vizir peut être comparé à un homme qui « serait monté sur un lion : les passants tremblent « en le voyant, et lui, plus qu'eux encore, redoute « sa monture* ».

Les personnages chargés de seconder le Vizir, et qui forment avec lui ce que nous appelons le conseil des ministres, sont : le garde des sceaux, le trésorier, le ministre des travaux publics, l'échanson, le grand maître des cérémonies, le ministre de la guerre, etc... Le gouvernement est représenté à Tanger auprès des plénipotentiaires étrangers, par une sorte de ministre des affaires étrangères, Si Mohammed-Torrès qui n'est, en réalité, qu'un simple intermédiaire entre eux et le Vizir.

Les ministres et les agents du gouvernement reçoivent une solde dérisoire ; en revanche, ils se font octroyer par les intéressés, pour les affaires qu'ils traitent, une commission (*sokhra*) souvent très forte ; sans sokhra, autrement dit sans « pot de vin », il est impossible de rien terminer.

A première vue, le Maroc semble vivre sous le régime d'une centralisation absolue, cependant, en fait, rien n'est moins exact, et l'action gouvernementale, au sens bienfaisant du mot, y est nulle. Quoique le gouvernement possède dans ses rouages, un ministère des travaux publics, il n'y a pas de travaux publics ; l'instruction, le commerce — si ce n'est dans un sens prohibitif, — l'agriculture, ne le préoccupent en rien, pas plus que la manière dont se rend la justice. L'administration n'est soumise à aucune règle : elle est des plus rudimentaire, et le fonctionnarisme est réduit à sa plus simple expression. Le système est très simple, économique et productif.

C'est dans la question financière, que gît le point capital de l'organisation ; et la machine administrative n'est créée absolument que pour remplir les coffres du Sultan, ses affaires se confondant avec celles de l'Etat. La collecte des impôts devient alors la constante et la plus importante préoccupation intérieure du pouvoir central.

Théoriquement, les sujets du Sultan sont assujettis à des impôts absolument précis quant à leur origine et à leur quotité ; dîme agricole, impôt sur le bétail, droits des ports, droits sur les ventes, etc....... Mais, comme dans le fonctionnement des services il n'existe pour ainsi dire pas d'écritures et nul contrôle, les choses ne se pratiquent pas conformément à la loi koranique.

Les fonctionnaires n'étant que peu ou nullement rétribués, se rattrapent sur leurs administrés en pratiquant largement l'exaction.

« *Tu as la main dans la peau de bouc ; si tu n'en tires pas du beurre, tu en tireras toujours du lait caillé* »[1]. Ici la peau de bouc, ce sont les administrés.

1. On fait le beurre dans des outres en peau de bouc.

Cet écueil est inévitable, car les fonctionnaires n'ont à compter que sur eux-mêmes pour assurer leur existence présente et aussi le pain de leurs vieux jours. Aussi, dès qu'ils sont au pouvoir, se hâtent-ils d'en profiter pour édifier par tous les moyens leur fortune aux dépends de leurs administrés, sans que ceux-ci aient la ressource d'en appeler efficacement à une autorité quelconque des spoliations dont ils sont journellement victimes.

Le procédé employé est très simple : si le Sultan demande 500 *douros*[1], l'amel, réclame autant de fois 500 douros qu'il a de caïds sous sa dépendance, les caïds, autant de fois cette même somme qu'ils ont dans leur caïdat de fractions assez riches pour la donner ; chacun d'eux transmet ensuite à son supérieur hiérarchique 500 douros et garde les autres pour lui. Le Sultan et le Maghzen n'ignorent pas ces procédés, mais, loin de s'en indigner, ils en profitent à leur tour pour faire rendre gorge à leurs agents du plus d'argent possible, sans s'inquiéter autrement de la manière dont ceux-ci se le sont procuré.

Lorsque les versements ainsi opérés paraissent trop faibles, et surtout peu en rapport avec les encaissements présumés, on a recours à un

1. Pièce de 5 francs en argent.

moyen infaillible pour amener les fonctionnaires à témoigner une meilleure bonne volonté ; ce moyen consiste à les mander en personne auprès de l'amel, du caïd ou à la cour, suivant le cas. L'interpellé, qui a compris aussitôt le sens de l'appel, empile dans ses coffres le plus possible d'objets précieux et d'espèces monnayées, monte sur sa mule et, suivi de son butin, se rend auprès de son maître. Si le bâgage est considérable, il recevra un bon accueil ; on n'aura pour lui que des faveurs, et, après l'avoir accablé de compliments, on le renverra pour une nouvelle période au milieu de ses administrés dont il s'occupe si fructueusement, chargé de cadeaux. Malheur, en revanche, à celui dont le butin est maigre ! Le moins qui puisse lui arriver est la destitution, bienheureux encore, si, perdant sa place, il conserve la liberté ou la vie !

Voilà de quelle façon on assure, au Maroc, une partie du budget des recettes.

Autre exemple de l'apreté avec laquelle, du haut en bas de l'échelle sociale, se pratique la chasse au bien d'autrui : lorsque passe sur le territoire d'un chef un convoi quelconque, troupes du Sultan, ambassade étrangère à qui est dûe la subsistance (*mouna*), ce chef prélève sur ces ressortissants dix fois, vingt fois, la quantité de denrées qui serait suffisante à l'entretien de ses hôtes.

Enfin, quand des places viennent à être vacantes, ce n'est pas avec des titres de noblesse, ni des services rendus, que les candidats peuvent espérer les obtenir, mais avec de bons douros sonnants : c'est à qui enverra au Vizir, à l'amel, selon que l'emploi est à la discrétion de l'un ou de l'autre, de l'argent, des tapis, des femmes, etc., pour obtenir la succession ; le Vizir ou l'amel, garde préalablement le tout, puis il pèse consciencieusement la valeur de chaque objet, et donne au plus offrant. Au mois de mai 1890, l'un des amels des Beni-Ahsen étant mort, sa charge a été donnée au titulaire actuel moyennant une somme de 15.000 douros (75.000 francs), de nombreux cadeaux et cinq femmes.

Ce système a pour effet d'aspirer comme un gigantesque polype, tous les sucs vitaux du pays, et de renverser ou de pétrifier tout ce qui, dans les autres pays de l'univers, s'agite et progresse.

On prétend que le prédécesseur de Mouley-Hassan avait décidé d'organiser une administration régulière, avec un personnel hiérarchisé et soldé, mais que Si Mouça-ben-Ahmed[1], son Vizir au moment de son avènement au trône, l'y fit renoncer et revenir à l'ancien système.

---

1. Père du Vizir actuel Ba-Ahmed.

Avec un pareil mode de « pressurage », les tribus ne peuvent qu'être dans un état permanent de mécontentement. Il en résulte que la plupart d'entre elles sont constamment en état d'insurrection plus ou moins latent, et que la rentrée des impôts n'a lieu qu'avec le concours de la force armée, des soldats du Maghzen.

C'est, principalement, dans le but de faire rentrer les impôts qu'ont lieu périodiquement des expéditions. Le Sultan part alors à la tête d'une armée, véritable cohue, dont les combattants constituent à peine la moitié, saccage, ruine et incendie tout ce qui l'arrête. Il fait charger de chaînes les chefs des tribus, s'il peut les atteindre, et draîne ensuite dans son trésor le bien des rebelles, rattrapant par d'abondantes *razzias* tout l'arriéré.

Quand il se rend dans une ville ou une localité de son empire réfractaire à l'impôt ou ayant manifesté des velléités d'indépendance, son approche est généralement annoncée par un envoi de têtes destinées à décorer le fronton d'une porte ou la façade d'un palais, en avertissement aux malintentionnés qui songeraient à résister.

La région soumise à l'autorité du Sultan est désignée sous le nom de Bled-el-Maghzen (mot à mot, pays du gouvernement) par opposition au

Bled-es-Seïba (pays des infidèles, des rebelles, des voleurs) où ne pénètrent pas en temps normal les fonctionnaires, et dont les populations refusent de payer régulièrement l'impôt.

Les Maures et les Juifs qui habitent les villes obéissent entièrement au Maghzen ; les Arabes, pour la plupart nomades, reconnaissent en général l'autorité du Sultan. Quant aux tribus berbères, elles ont presque toutes conservé leur indépendance ; et leur autonomie est d'autant plus complète qu'elles sont plus éloignées des capitales. Quelques tribus arabes et berbères qui habitent le voisinage des cités de la plaine ou près des grandes voies de communication, consentent à payer l'impôt et le remettent de bonne grâce, sans que les soldats du Maghzen viennent faire chez eux la collecte à main armée. Mais la plupart des tribus corvéables attendent la visite des garnisaires, et n'acquittent l'impôt que pour se débarasser de ces intrus ; à moins qu'elles n'aient pris le parti de s'enfuir chez des alliés et de laisser les exacteurs errer dans les villages abandonnés.

Il arrive que des tribus se soumettent temporairement au Sultan et acceptent un chef nommé par lui; mais il est rare qu'elles tolèrent longtemps l'immixtion du Maghzen dans leurs affaires, et bientôt elles chassent leur caïd pour reprendre leur liberté.

Des tribus puissantes auxquelles le Sultan n'oserait demander l'impôt, acceptent cependant d'avoir parmi eux un de ses représentants ; celui-ci est alors une sorte d'ambassadeur, que l'on respecte s'il est juste, mais qui, d'ordinaire, n'est que simplement toléré.

Parfois la dépendance d'une tribu est toute spirituelle, et, chaque année, des marabouts vont à la cour porter des *hédiyas* (présents en deniers et en nature), dont on rembourse une partie par des cadeaux correspondants.

D'autres tribus complètement indépendantes, sont les alliées du Sultan, tels, par exemple, les Zaïan, et traitent avec lui en qualité de puissance égale.

Enfin, il en est qui n'entretiennent jamais de relations avec le Maghzen.

Dans ses expéditions, le Sultan entame parfois des territoires de tribus indépendantes où ses prédécesseurs n'ont pu pénétrer ; tantôt il longe des districts dont les habitants sont trop puissants pour qu'il puisse se hasarder à les traverser ; il se borne alors à invoquer son titre de chérif, descendant du Prophète, de grand Iman de la religion, pour réclamer un simple tribut religieux, de manière à affirmer tout au moins son autorité pontificale.

Les expéditions qui ont pour but de châtier quelques tribus turbulentes ou de faire rentrer des arriérés d'impôts, sont, en général, peu sanglantes, car un égal désir de s'éviter préside le plus souvent à ces rencontres, qui rappellent par plus d'un point, celles des *condottieri* d'autrefois.

Si cependant les tribus s'unissaient dans une action commune contre le Sultan, il est certain qu'elles sortiraient victorieuses de la lutte et qu'elles renverseraient rapidement son trône chancelant; mais elles se traitent mutuellement en ennemies. Les tribus musulmanes ont chacune leur histoire, leurs traditions et leurs titres de noblesse; généralement ennemies ou rivales, elles ne s'allient que rarement entre elles et ne se confondent jamais. Elles n'ont aucune conscience du parti qu'elles pourraient tirer, au point de vue de leur bien-être et de leur prospérité, de leur groupement contre le Sultan.

Cette ignorance est la pierre angulaire de la puissance intérieur du Sultan et du Maghzen: entretenir cette ignorance; diviser le plus possible les tribus; nourrir le fanatisme ardent et aveugle qui saurait, le cas échéant, effacer toutes les divisions et grouper, dans l'intérêt de la « cause sainte », ce peuple de dupeurs et de dupés ; enfin, et surtout, s'opposer à l'introduction des idées européennes et de la civilisation en soustrayant le plus possible les populations au contact des Européens, tel est le fond de la politique intérieure du Maghzen.

C'est d'ailleurs dans un but d'éloignement de l'Occident et de la civilisation, que la vie diplomatique est reléguée à Tanger, que le Sultan a trois résidences éloignées les unes des autres, afin de n'en avoir aucune fixe où pourraient venir les représentants des puissances ; c'est dans ce but, enfin, que la sortie des céréales est, pour ainsi dire, prohibée, que les autres matières sont frappées de droits exorbitants d'entrée et de sortie, qu'il n'est fait aucun travail en vue d'améliorer les ports du littoral, et que toute exploitation de mines ou de forêts est interdite.

Le Maroc était autrefois divisé en quelques grands commandements, formant des groupements naturels basés, soit sur la communauté d'origine, soit sur la configuration territoriale. Mouley-Hassan a substitué à ces groupements une division artificielle comprenant de 40 à 50 amalats, de dimension et d'importance diverses, et un nombre considérable, 330 d'après Erckmann, de petits groupes plus ou moins indépendants, qui sont censés relever directement du Sultan et former des unités administratives, tribus ou fractions de tribus.

Aujourd'hui encore, quand des tribus deviennent si fortes qu'elles pourraient à un moment donné faire échec à l'autorité du Sultan, le Maghzen, pour en être maître, pour dompter plus facilement les éléments rétifs, les maintenir sous sa dépendance et les pressurer à l'aise, les partage en un certain nombre d'amalats, entre lesquels il a soin de provoquer ou d'entretenir la division ; ainsi qu'il a été procédé avec les puissantes tribus de Beni-Absen et celles des Chaouïa.

Le nombre des divisions administratives varie donc constamment d'après les exigences du moment, la situation politique et les dispositions du Sultan.

En 1880, lors du voyage de Lenz, le nombre des amalats était de 44, dont 35 pour le pays de Fez et de Merrakech et 9 pour l'oued Souss, l'oued Drâa et le Tafilelt. Ces derniers sont très vastes, parce que la population y est moins dense que dans le Nord.

A la tête de chaque amalat se trouve un amel, ou gouverneur, nommé par le Maghzen ; il habite généralement dans une *kasbah* ou dans un *bordj* c'est-à-dire dans une maison construite en pierre ou en pisé, capable de résister aux attaques des indigènes.

Lorsque l'amalat n'est pas formé uniquement d'une ville, ou d'une étendue de pays très restreinte, il est habituellement divisé en un certain nombre de tribus (*kebilats*) plus ou moins indépendantes, d'origine arabe ou berbère.

Un caïd ou un cheik commande la tribu ; celle-ci se fractionne elle-même en *ferka* (fractions), chez les Arabes de la plaine, ou en *dechour*[1] (groupes de maisons, village) chez les Berbères de la montagne, avec un *cheikh* ou un simple *kebir* (chef) à la tête de chacun d'eux.

L'amel est le représentant du Sultan dans l'amalat ; il est chargé de la police, et centralise entre ses mains la totalité des services administratif, financier, judiciaire, etc. Il commande en temps de paix la force armée (*mekhaznia*) de son amalat, et convoque, en cas de guerre, toute la population mâle en état de porter les armes, pour les conduire au Sultan. Il est aidé dans ses fonctions par un *khalifa* (lieutenant) et par des *guerrey*, ou collecteurs d'impôts.

Dans les districts où le Sultan possède des propriétés privées, des fonctionnaires appelés *oumana* (au singulier *amin*), sont chargés de leur gestion.

1. Pluriel de *dechera*.

Ces propriétés consistent, soit en troupeaux, soit en terres louées, ou enfin, en moulins, en maisons et en magasins dans les villes.

Les chefs du service de la douane dans les ports, sont également appelés oumana. Ils administrent de même les propriétés privées du Sultan dans le rayon de leur résidence.

Divisions naturelles du territoire. — Tribus

Le Maroc est formé d'un ensemble de régions et de zones de parcours habités par des tribus dont elles portent généralement les noms.

Le long de notre frontière d'Algérie, entre la mer, la Moulouya, la Gada ed-Debdou et le Chott er-Gharbi, se trouve la région d'Oudjda, qui n'est qu'à demi soumise. Au sud de cette région, entre l'Atlas, l'oued-Guir et l'Erg, s'étendent les grandes tribus indépendantes des Oulad-el-hadj, des Mehaïa, des Beni-Guil, des Oulad-Djérir, et des Doui-Ménia, avec leurs parcours propres, ainsi que la région des ksour, nominalement marocains, mais également indépendants, de Figuig, d'Ich, d'Aïn-Chaïr, etc.

De la Moulouya à Tétouan, sur une longueur d'environ 250 kilomètres, se développe, le long de la côte, la région montagneuse du Riff, dont les habitants sont presque entièrement insoumis et ne fournissent aucun soldat au Maghzen.

A l'Ouest de Tétouan, jusqu'à l'Atlantique, se trouve la région de Tanger, dans laquelle les tribus voisines des villes sont seules soumises.

Au Nord du Sbou, jusqu'à la région de Tanger, le pays s'appelle Gharb-el-issar (le pays de l'Ouest de gauche). C'est la province la plus riche et la mieux arrosée du Maroc ; les tribus des plaines obéissent au Sultan, celles des montagnes ne paient que très rarement les impôts.

Du Sbou à l'Oum-er-Rbia, l'ensemble du pays porte le nom de Gharb-el-imin (le pays de l'Ouest de droite). Le parcours des Chaouïa en occupent la partie centrale. Les tribus du Gharb-el-imin sont soumises, à l'exception de deux grandes tribus berbères, celle des Zaères, qui habite le massif inexploré et inaccessible de ce nom, et celle des Zemmours, dont les hauteurs séparent l'empire en deux tronçons.

Au Sud du Riff, entre le Haouss-Rbat et la Moulouya, se trouve une région dénommée Foum-el-Gharb (bouche de l'Ouest), dans laquelle les tribus des environs de Fez sont seules soumises ; les autres ne reconnaissent que pour la forme l'autorité du Sultan.

Du pays limité par les Zemmours et les Zaères à

la Moulouya et aux sources de l'Oued-Guir, s'étend une région montagneuse, en partie couverte de forêts, qu'habitent de puissantes tribus berbères, dont les principales sont les Zaïan, les Beni-Mguild, les Aït-Youssi, les Aït-ou-Afella, etc. Ces tribus vivent indépendantes du Sultan et se gouvernent elles-mêmes.

Au nord de Merrakech jusqu'à l'Oum-er-Rbia, s'étend une vaste plaine, riche, et habitée en partie par des tribus soumises, c'est le Haouss-Merrakech. Il est prolongé jusqu'à la mer par le Doukkala, également soumis.

Au Nord-Est de Merrakech, confinant aux Zaïan, on rencontre une région montagneuse dont les populations sont indépendantes, le Tâdla. Le Sultan, il y a peu de temps encore, ne pouvait traverser le Tâdla sans courir le risque d'être pillé, qu'avec la protection de la famille maraboutique des Ben-Daoud, dont la *zaouïa*, ou couvent, est à Bou-ed-Djâd.

Au Sud et à l'Est de Merrakech, les populations ne paient pas l'impôt, mais fournissent assez volontiers des combattants à pied. On les désigne sous le nom de *diara* de Merrakech.

Au Sud de l'Adrar-n'Deren s'étend la province du Souss, dans laquelle le Sultan a un assez grand nombre de représentants nominaux ; ceux-ci sont sans aucune influence effective et ne peuvent même pas prononcer le mot d'impôts sans courir le risque d'un mauvais parti.

A peu de distance au Sud du Souss commence le pays de Tazerouall, appelé aussi Etat de Sidi-Hecham, dont le chef, Sidi el-Haoussin ou Hecham, vit indépendant du Sultan.

Dans l'Oued-Drâa et dans la partie du Sahara qui s'étend au sud du Souss, le Sultan n'a aucune autorité.

Le Sud du Grand Atlas est habité par des populations berbères complètement indépendantes, et qui sont sous l'influence de l'ordre des Derkaoua. Cet ordre, bien que se donnant une apparence exclusivement religieuse, s'occupe, avant tout et par dessus tout, de politique ; il a du reste pour doctrine secrète de refuser l'obéissance à toute puissance temporelle, « Dieu seul étant le maître ».

A la tête de cet ordre, se trouve, depuis peu, le fils du marabout Si el-Haouari, qui habite, au Ferkla, la petite zaouïa d'el-Haouari [1]. Les tribus berbères de cette région, dont les principales sont les Aït-Atta, les Aït-Aïssa-ou-

---

[1]. Cette zaouïa, depuis la mort d'El-hadj-Mohammed-El-Arbi-el-Derkaoui, centralise l'influence de la secte à la place de la grande zaouïa de Gaouz, dans le groupe d'oasis du M'dagha, qui fut un des foyers d'agitation les plus dangereux pour nos possessions algériennes.

Brahim, les Aït-Aiachi, les Aït-ou-Afella, les Aït-Izdeg, et auxquelles il faut encore ajouter la plus grande partie des populations autochtones du Nord du Grand Atlas jusque près de Mekness et de Fez, les Zaïan, qu'on dit pouvoir réunir jusqu'à 20.000 combattants, les Beni-Mguild, les Aït-Youssi. etc..., également affiliés à l'ordre des Derkaoua, forment, par opposition aux Arabes et aux Berbères arabisés, une vaste et puissante ligue, le *soff* des Beraber.

Cette sorte de confédération, dont la doctrine des Derkaoua constitue le lien, le ciment, est la puissance intérieure la plus redoutable contre laquelle pourrait avoir à lutter, le cas échéant, le Sultan, s'il prenait fantaisie au chef actuel de l'ordre de grouper contre son autorité tous les contingents dont il dispose.

Le Tafilelt, situé au sud de l'oasis de M'daghra, sur les deux rives de l'oued Zis, est le centre de populations le plus important du Sahara ; d'après Rohlfs, il n'aurait pas moins de 100.000 habitants, groupés en plus de 150 ksour. La capitale est formée des deux ksour d'er-Rissani, où réside le gouverneur, et d'Abouam (Bou-Aâm), qui n'en est séparé que « par un jet de pierre », et tient le premier rang dans l'oasis par le nombre et la richesse de ses habitants.

Un des oncles du Sultan, Mouley-Rechid, le représente en qualité de khalifa au Tafilelt, berceau de la famille des Filali ; mais il est sans autorité réelle, et les *djemas* locales (assemblées communales) font seules la loi.

C'est au Tafilelt que la croyance populaire place la partie la plus importante du trésor des Sultans.

Le Tafilelt peut être considéré comme le berceau, la source du fanatisme religieux actuel, car c'est de là qu'est venu, avec l'invasion nègre, c'est-à-dire l'avènement de la dynastie chérifienne, le mouvement religieux qui eut pour résultat la décadence de la société marocaine.

Tribus maghzen ou autres reconnaissant l'autorité temporelle du Sultan et payant régulièrement ou assez régulièrement l'impôt.

Région du Tanger...	Beni-Ghorfit (quelques fractions).
	Beni-Arouss (quelques fractions).
Gharb-el-issar......	Hejaoua.
Gkarb-el-imin......	Beni-Ahsen.
	Chrarda.
	Guerouan.
	Oulad-Ali.

	Mdagha.
	Mzamsa.
	Chaouïa.
	Beni-Khiran.
	Beni-Meskin.
Environs de Fez....	Oulad-Aïssa.
	Zerhaouna.
	Oulad-Djemâa.
	Beni-Saddan (quelques fractions).
	Beni-Mtir (quelques fractions).
	Aït-Youssi (quelques fractions).
Foum-el-Gharb......	Hayâna (quelques fractions).
Doukkala..........	Srarna.
	Oulad-Fourg.
	Oulad-bou-Zrara.
	Oulad-Sidi-ben-Nour.
	Oulad-Hasseïn.
	Oulad-Amran.
	Oulad-Sidi-Ghanem.
	Oulad-Sliman.
Haouss Merrakech...	Rahmana.
	Srarna.

	Demnata.
	Zemran.
	Mesfioua.
	Oudaya.
Région de la Tensift.	Abda.
	Ahmar.
	Oulad-bou-Seba.
	Chiadma.
Haha...............	Ida-ou-Zemzem.
	Aït-Zeltem.

Tribus indépendantes ne reconnaissant que l'autorité religieuse du Sultan et ne payant jamais l'impôt que contraintes par la force armée.

Région de l'Andjera.	Toutes les tribus.
Riff...............	Beni-Hassen.
	Beni-Saïd.
	Soumata.
	Beni-Mesguild.
	Beni-Ahmet-Sourrak.
	Rzaoua.
	Beni-Guemil.
	Beni-bou-Khouïa.
	Beni-Ouriaghen.
	Beni-Oulitchit.
	Beni-Saïd-Guelaïa.

	Oulad-Settou.
	Kebdana.
	Beni-Oukil.
Oudjda............	Tribus de la plaine d'El-Ghar.
	Beni-Snassen.
	Beni-bou-Zegdou.
	Angad.
Est de l'Atlas.......	Oulad-el-hadj.
	Mehaïa.
	Hamyan-Djemba.
	Oulad-Sidi-Cheikh-Gharaba
	Beni-Guil.
	Oulad-Djérir.
	Doui-Menia.
Foum-el-Gharb.....	Hayâna.
	Beni-Oulid.
	Oulad-bou-Keur.
	Mghaoua.
	Beni-Ouaraïn.
	Riata (Ghayata).
Environs de Fez	Beni-Mtir.
Gharb-el-issar	Beni-Mestara.
Gharb-el-imin	Zemmours.
	Zaërcs.
Tâdla	Beni-Ameur.

ORGANISATION POLITIQUE

	Aït-Arba.
	Beni-Mellal.
Massif de l'Aïachi et massifs nord subordonnés	Aït-Tcheghouchen.
	Aït-Youssi.
	Aït-Aïach.
	Aït-ou-Afella.
	Aït-Izdeg.
	Beni-Mguild.
	Aït-Chokman.
	Zaïan (ont accepté, il y a peu de temps, de se placer sous le vasselage nominal du défunt Sultan).
	Aït-Atha d'Amalou.
	Aït-Bou-Zid.
	Aït-Attab.
	Aït-Abdallah.
	Aït-Messat.
	Aït-bou-Oulli.
	Aït-Tianellil.
	Haha (fractions des parties inaccessibles).
Région de Adrar-n'Deren et massifs nord subordonnés..	Imzouda.

Aït-Ifen.
Damsiren.
Imtouga.
Ida-ou-Ziki.
Ida-ou-Tanan.
Ida-ou-Guelloul.
Aït-Ameur.

Oued Souss.......... Kima.
Imseguin.
Hamerin.
Houara.
Imentaguen.
Aït-Elti.
Azrar.
Indouzal.
Ida-ou-Sekri.
Ilalen.
Aït-Ilougan.
Chtouka.
Aït-bou-Iefàa.

Tazeroualt (Etat de Sidi Hescham).... Ida-ou-Semial.
Oulad-Djerrar.
Ida-ou-Baakil.
Ida-ou-Izid.
Ida-ou-Brahim,

Oued Noun	Aït-bou-Amran.
Massif des Guezoula.	Iberkaken.
	Ida-ou-Kensouss.
	Aït-Jelial.
	Aït-ou-Mribet.
	Ida-ou-Belal.
	Zenaga.
	Ameur.
	Aït-Touaïa.
	Aït-bou-Delal.
	Oulad-Yahia.
Région du Tafilelt...	Aït-Atha.
	Aït-Ounir.
	Aït-Aïssa-ou-Brahim.
	Aït-Meghad.
	Aït-Izdeg.
	Aït-Khabek.

Villes

L'aspect extérieur des villes arabes est toujours agréable et grandiose. C'est généralement un fouillis de maisons entouré d'une haute muraille en pisé garnie de tours. Ce fouillis de maisons, d'une éblouissante blancheur, est émaillé d'élégants minarets, et se détache gaiement comme une île blanche sur le fond sombre des jardins et de la campagne, dominé par la masse imposante des fortifications et des bâtiments de la kasbah.

Mais quel contraste, quand on pénètre dans l'intérieur des murs ! A chaque pas se rencontrent les traces les plus évidentes d'une décadence complète ; on marche de ruine en ruine. Les rues sont étroites et sales, les maisons basses et tristes, sans fenêtres extérieures ; enfin le tout a ce cachet de monotonie qu'on rencontre dans toutes les villes orientales.

Les villes marocaines se divisent généralement en trois parties :

1° la kasbah, où sont logés les personnages officiels et le *guich* (soldats) de la ville, et renfermant aussi l'arsenal, le magasin à poudres et les prisons.

2° la ville proprement dite, habitée par les bourgeois, les artisans, et où se trouvent les bazars ; c'est l'agglomération la plus importante.

3° le *mellah* ou quartier des Juifs, ayant son enceinte particulière.

Ces trois quartiers sont nettement séparés par des murailles dans les villes de l'intérieur ; dans celles de la côte, ils tendent à se confondre.

Quelques villes du Maroc ont une certaine importance, soit politique, historique, commerciale ou stratégique ; ce sont, notamment, dans l'intérieur : Fez, Mekness, Ouazzan, Tétouan, Oudjda, Merrakech, Taroudant ; sur la côte : Tanger, Arzila, El-Araïch, Méhédyia, Rbat-Sla, Dar-el-Beïda, Mazaghan, Saffi, Mogador, Agadir.

Aucune de ces villes ne mérite une description détaillée ; nous nous contenterons d'en indiquer sommairement les particularités et leur importance.

Fez — (el Fass, la pioche), première capitale du Maroc et la plus ancienne, est divisée en deux parties, Fez-el-Bali, renfermant le palais du Sultan, le mechouar, le sérail, le mellah et un certain nombre de maisons particulières, et Fez-ed-Djedid[1], qui contient la plus grande partie de la population urbaine. Une dérivation de l'oued Fez, se jetant dans le Sbou à 4 kil. de la ville, traverse cette dernière et la rend humide et malsaine.

Fez est situé dans une position stratégique importante, à l'entrée du Foum-el-Gharb ; c'est-à-dire de la dépression séparant les montagnes du Riff des contreforts septentrionaux de l'Atlas et que suit la route naturelle du Gharb à Tlemcen. La route qui longe la base occidentale de l'Atlas, passe également à Fez.

Une des particularités de Fez est non-seulement la grande quantité d'eau qui ruisselle à travers les

---

1. Fez-el-Bali c'est-à-dire l'ancien Fez ; Fez-ed-Djedid ou Fez le nouveau.

rues de la ville, mais encore le parfait aménagement pour la circulation de cette eau.

Fez a joui longtemps d'une réputation littéraire et scientifique méritée, mais de cette gloire lointaine il ne reste aujourd'hui rien ; tout est effacé jusqu'au souvenir. Cependant, si ignorante qu'elle soit, Fez n'en a pas moins gardé un grand prestige aux yeux des musulmans, et des étudiants y arrivent en foule de tous les points de l'Afrique pour s'y former aux études théologiques, réputées les seules dignes d'occuper un vrai croyant. Il est impossible de préciser le nombre d'habitants de Fez ; Erckmann les estime à environ 50.000.

Ceux-ci, par suite de leurs rapports commerciaux avec les Européens, sont, en général, plus tolérants et plus polis que leurs compatriotes de l'intérieur du Maroc.

Fez est un centre commercial d'une réelle importance. L'industrie, tout en ayant perdu de son importance passée, n'en est pas moins encore florissante. On y fabrique des étoffes de soie, de laine et de coton, des draps, des *haïks,* des bonnets rouges appelés, à cause de leur origine, *fez,* de beaux tapis, des nattes en *alfa* artistement ornées, des poteries émaillées, des armes damasquinées, des poignards recourbés (*khoumïa*), des cuirs, des harnachements et de la poudre.

Mekness — (*Mekinez*), situé à 52 kil. à l'Ouest de Fez, peut être considérée comme la troisième capitale du Maroc. La kasbah est très grande et forme un quartier très important. Plusieurs palais, construits par les Sultans à différentes époques, tombent en ruine. Dans un jardin de l'un de ces palais, se trouve une tour que la croyance populaire désigne comme l'un des trois dépôts des trésors du Sultan.

Les rues sont plus larges et plus régulières que celles de Fez. La ville possède une immense citerne, néanmoins insuffisante pendant la sécheresse.

Le commerce est très peu important.

La population peut être évaluée à 20.000 habitants au plus ; elle se compose en grande partie de Bou-Khari ou descendants de la garde noire du Sultan Mouley-Smaïl.

Ouazzan — la ville sainte, où se trouve la zaouïa-mère de l'ordre de Sidi Mouley-Taïeb, serait, d'après M. de la Martinière, d'origine moderne. Elle est située à 9 kilomètres environ au Nord de Mekness, sur le versant septentrional de la vallée du Sbou. La ville entière est un « *dar demdna* », c'est-à-dire un lieu d'asile où les criminels ne peuvent être poursuivis.

Le chérif d'Ouazzan, Si Mouley-el-Arbi, chef de

l'ordre, habite parfois Tanger ; il est alors représenté à la zaouïa par un de ses frères.

La famille de Mouley-Taïeb est d'origine chérifienne comme celle des Filali, et en est très proche parente ; mais l'immense majorité des populations marocaines attribue la *baraka* (bénédiction céleste), non pas au Sultan filali, mais au chef de la famille taïebienne.

Le chérif d'Ouazzan est protégé français.

Tétouan — appelée Tettaouène par les Berbères, c'est-à-dire l'endroit des sources, est surtout connue par la guerre de 1859-60, entre l'Espagne et le Maroc.

Tétouan est située à 49 kilomètres de Tanger, à 40 de Ceuta et à 5 de la Méditerranée. Une imposante kasbah domine, dans une position très forte, la ville, entourée elle-même d'une haute enceinte en briques flanquée de tours. La population comprend environ 30.000 habitants, dont 6000 juifs habitant un mellah pourvu d'une enceinte particulière. Les rues sont sales, étroites et sombres ; de temps en temps on rencontre un bâtiment du plus pur style arabe. Celles qui contiennent les *souks* (bazards) sont couvertes. La ville renferme une grande quantité de mosquées et de *kobbas* (mausolées à coupole).

Les montagnes qui dominent Tétouan au Sud

sont les monts des Beni-Hassan, qui dépassent l'altitude de 1000 mètres.

Au pied de la ville, dans le fond de la vallée, coule le torrent de l'oued el-Jelou ; un fort, occupé par la douane, le fort el-Martil, situé près de l'embouchure, défend la barre du torrent.

Tétouan fait un commerce assez important avec l'intérieur ; c'est la seule localité par laquelle les Riffains entrent en contact avec la civilisation européenne, et par laquelle ils peuvent se procurer ses produits.

C'est à Tétouan que l'industrie musulmane est le plus prospère ; on y fabrique, notamment, des articles de menuiserie, meubles, appliques, encoignures guillochées, ornementés dans le style arabe et peints de couleurs éclatantes, des plateaux et aiguières en cuivre repoussé ; des poignards recourbés ; de longs fusils, *mkahel* (pluriel de *moukala*), plus ou moins richement ornés de morceaux de corail, de turquoises, etc., et incrustés d'élégantes arabesques d'argent ; des *djellaba*, sorte de burnous à manches courtes, des haïks, des selles arabes, des *djébira* (sacoches), des babouches, etc... Quelques Européens habitent Tétouan, et, depuis le traité de paix de 1860, il s'y trouve une mission catholique espagnole avec une église.

Thaza (la porte) — petite ville située à 850 mètres d'altitude, sur un plateau dominant de 80 mètres l'oued Thaza, non loin du seuil de partage des bassins de la Moulouya et du Sbou, dans la longue dépression qui sépare les montagnes du Riff du système de l'Atlas et que suit la voie historique de l'Algérie au Maroc.

Pour cette raison Thaza est, de toutes les villes de l'intérieur du Maroc, celle qui occupe la position stratégique la plus importante; elle deviendra certainement un jour l'une des stations maîtresses de la grande voie ferrée du Moghreb, entre Tunis et Fez.

Thaza, entourée de murs en pisé, appartient officiellement au Sultan, qui y entretient un caïd et une petite garnison; mais en réalité la ville est à la merci de la sauvage tribu des Riata, qui la bloquent littéralement et ne permettent à personne d'en sortir sans leur permission et sans être accompagné d'un Riati. En 1883, lors du passage dans cette ville de M. de Foucauld, la population, lasse de l'état d'oppression dans laquelle elle était tenue par les Riata et ne pouvant rien espérer du Sultan, soupirait après « le jour fortuné où viendraient les Français ».

Oudjda — située dans ce qu'on est convenu d'appeler la plaine des Angad, à 12 kilomètres à l'Ouest de Lalla-Maghnia, première localité française du Tell algérien, doit son importance à sa proximité de notre colonie, qui a forcé le Sultan d'y établir solidement sa puissance. Un amel y réside, ainsi qu'un certain nombre d'employés du Maghzen et une garnison assez nombreuse.

L'amel relève directement du Sultan, et correspond avec le commandant-supérieur de Lalla-Maghnia et avec le Général commandant la subdivision de Tlemcen.

C'est à une douzaine de kilomètres d'Oudjda, sur les bords de l'oued Isly, que le maréchal Bugeaud défit, le 14 août 1844, les troupes marocaines.

Oudjda comprend environ 8000 habitants.

Maroc — (*Merrakech* en arabe, *Temrrakech* en berbère) est située à une soixantaine de kilomètres au Sud de l'Adrar-n'Deren, dans la partie haute de la vallée de l'Oued Tensift.

L'aspect extérieur de la ville, venant par la route de Mogador, est superbe avec ses immenses jardins, ses imposantes murailles flanquées de tours, ses maisons blanches, du milieu desquelles émerge le haut minaret de la grande mosquée el-Ketoubia, et la longue chaîne dentelée de l'Atlas qui limite l'horizon, « déjà bleue à la base, azurée et striée de blanc vers le sommet ».

Le contraste n'en est que plus frappant quand

on est près de pénétrer dans l'enceinte. Les places qui avoisinent les sept portes de la ville sont couvertes d'ordures et de décombres de toute sorte ; des cadavres d'animaux en putréfaction empestent l'air. Les rues, assez larges dans le voisinage des portes, deviennent, dans le centre de la ville, d'étroits passages encombrés ; à chaque pas l'on rencontre des amas de décombres, des maisons en ruines, des monticules d'ordures. La plupart de celles qui sont habitées ont une apparence sordide. Le seul édifice vraiment beau est la mosquée de la Ketoubia, c'est-à-dire des libraires, dont le minaret atteint 70 mètres de hauteur. Cette mosquée a été construite sur le même modèle et à la même époque que la tour Hassan à Rbat et la Giralda de Séville.

Le commerce de Merrakech, sauf celui des peaux, a très peu d'importance. Quant à l'industrie, elle est en décadence. Les cuirs appelés maroquins, qui sont tannés avec de l'écorce de grenade, ne sont plus fabriqués dans cette ville, mais à Fez ; les tissus, djellaba, haïks, ne peuvent non plus lutter avec les siens. Les tapis sont inférieurs à ceux de Rbat. Cependant, Merrakech paraît maintenir son rang dans le tissage des étoffes de soie, broderies et passementeries.

La population est évaluée à 60.000 âmes.

Taroudant — capitale du pays de la vallée de l'oued Souss, située à environ 90 kil. du littoral et à une dizaine de kilomètres au Nord de ce fleuve, sur un de ses affluents, l'oued Oua, ordinairement à sec. Une nappe d'eau à faible profondeur alimente la ville par de nombreux puits. Une enceinte extérieure de 6 kilomètres de développement, formée d'un mur de 6 à 8 mètres de haut et construit en pisé ou en pierres, avec des tours massives, distantes de 60 à 100 mètres les unes des autres, entoure Taroudant. A l'angle Nord-Est de la ville se trouve la kasbah.

La sécurité est nulle à Taroudant, et l'on s'y assassine en plein jour et en pleine rue. Les habitants ne reconnaissent que malgré eux l'autorité du Sultan et se révoltent à toute occasion.

L'industrie spéciale est la chaudronnerie ; les batteries de cuisine des marchés de Kouka, de Kano et de Timbouktou, proviennent de Taroudant. Enfin, dans le Sud de la ville, se trouve une grande fabrique de salpêtre servant à la fabrication de la poudre, que l'on produit en grande quantité dans l'oued Souss.

Taroudant compte de 6 à 7000 habitants.

Tanger — (*Tandschah*), l'ancienne Tingis, capitale de la Mauritanie tingitane, est située près du cap Spartel, à l'entrée du détroit de

Gibraltar, dans une position maritime de premier ordre, au bord d'une baie semi-circulaire qui offre quelque abri contre les vents d'Ouest.

Tanger est la capitale diplomatique du Maroc et le centre des échanges rapides entre ce pays et les ports de l'Europe.

La ville s'élève en amphithéâtre sur deux collines séparées par une petite vallée dont l'une est couronnée de la kasbah. Vue de la mer, son aspect est magnifique. Une ville européenne est en voie de formation à Tanger; l'intérieur de la ville arabe est misérable.

Le port est aujourd'hui d'une profondeur insuffisante, et les navires d'un fort tirant d'eau sont obligés de rester au large ; il pourrait cependant être facilement aménagé en un port excellent, mais, depuis plus de trente ans, le Maghzen en remet l'exécution à... « l'année prochaine ». Malgré ces conditions désavantageuses, Tanger fait un commerce considérable, surtout avec Gibraltar qui, par sa position péninsulaire dépourvue de zone de ravitaillement, est, au point de vue de l'alimentation, entièrement sa tributaire.

La population de Tanger est estimée à 20.000 âmes dont 7.000 Juifs et 4.000 Espagnols.

Arzila. — L'ancienne ville romaine de Zilis, plus tard colonie portugaise importante, n'est plus aujourd'hui qu'un amas de ruines et n'a plus aucune importance et aucun commerce.

La ville est entourée de hautes murailles flanquées, du côté de la mer, par de petits bastions. Au-dessus de la grande porte d'entrée d'El-Araïch, ainsi que sur quelques maisons de l'intérieur, on remarque encore l'écusson du Portugal.

Arzila peut avoir 1000 habitants, dont 300 Juifs et quelques Espagnols.

El-Araïch. — C'est-à-dire la treille, ville de 5000 habitants, dont 400 Juifs et 50 Européens, est située sur la rive gauche de l'oued el-Khoss, à l'embouchure même du fleuve, dans une position superbe et au milieu d'un pays splendide.

El-Araïch fait un commerce assez important avec l'Europe et notamment avec Marseille.

A 4 kilomètres à l'Est se trouvent les vestiges de la cité libyenne, puis phénicienne et romaine, de Lixus, que les indigènes désignent sous le nom de Tchemmich.

Méhédiya. — Ce village, l'antique *Mamora*, est un point stratégique d'une grande importance, car, outre qu'il est situé à l'embouchure du Sbou, navigable sur une longueur de 80 kilomètres, qu'il serait facile d'y créer un port, il est le nœud des principales routes de Tanger, de Fez, de Merrakech et de Mogador. Méhédiya serait, sans aucun doute, un des points de débarquement que choisirait une armée d'opération européenne qui, de la côte, voudrait se lancer à la conquête du Maroc. Les Portugais y avaient créé un port, et l'on remarque, près du Sbou, les restes des quais et des magasins qu'ils y avaient élevés.

Aujourd'hui, la ville n'est plus qu'un amas de ruines, au milieu desquelles vivent environ 400 Arabes.

Sla-Rbat. — Sont deux villes opposées, la première sur la rive droite, la deuxième sur la rive gauche, et à l'embouchure de l'oued Bou-Regreg.

Sla est une ville tout à fait déchue, dont la population, descendue en majeure partie des Maures andalous chassés d'Espagne, a conservé toutes les traditions de haine contre les chrétiens. Elle était autrefois le siège d'une petite république de pirates qui bravaient l'Europe entière ; ces forbans étaient aussi redoutés de leurs amis que de leurs ennemis.

Le commerce et l'industrie sont nuls à Sla.

Le chiffre des habitants est de 6000 environ.

Rbat, en arabe *Er-Rbat*, est, par contre, une ville importante, qui possède une colonie européenne assez nombreuse.

La ville est entourée d'importantes et nombreuses fortifications assez bien entretenues ; elle est fortement dominée par une solide kasbah, dans laquelle on conserve comme une relique la « clef sainte » de la ville de Cordoue.

A l'extrémité Est de Rbat se trouve un des plus beaux monuments de l'architecture arabe, c'est la tour Hassan, haute de 65 mètres, et qui rappelle le style de la Giralda de Séville et de la Ketoubia de Merrakech. Ces trois tours auraient été construites, sous le règne du Sultan Yacoub-el-Mansour, par le même architecte, le Maure Guever, et par des esclaves chrétiens.

Rbat est une ville industrielle ; on y fabrique notamment des tapis et des couvertures qui ont une renommée parfaitement justifiée, des nattes en paille et en alfa tressé, des poteries, des pantoufles. Une quarantaine de tanneries préparent un cuir appelé aussi *filali* (maroquin), mais inférieur au filali du Tafilelt. Le commerce serait dans une situation très prospère s'il n'était gêné par les périls d'une barre, peu profonde sans doute, mais qui se déplace sans cesse, suivant les crues du Bou-Regreg.

La position de Rbat a une certaine importance stratégique, parce qu'elle se trouve au milieu du couloir compris entre la mer et les hauteurs des Zemmours et des Zaërs, qui partagent l'empire en deux parties.

Rbat a environ 30.000 habitants.

Casablanca. — (*Dar-el-Beïda*, la maison blanche), ville de 7000 habitants environ, dont 1200 Juifs, fort malpropre, malsaine et fournissant, à chaque épidémie qui sévit sur le Maroc, le plus fort contingent de victimes. Colonie européenne d'environ 300 personnes, la plus importante de la côte.

Casablanca est le débouché de la plaine des Chaouïa, une des plus fertiles et la plus peuplée du Mogareb ; elle exporte, notamment, de la laine et les tapis que l'on fabrique dans la ville même, mais qui sont moins estimés que ceux de Rbat.

La ville est entourée d'une enceinte continue en pisé assez bien entretenue, avec deux bastions en saillie sur la mer ; deux portes donnent accès dans la campagne, une troisième sur le port.

Mazaghan. — (*El Djedida*, la nouvelle), ville de 4.000 habitants environ, dont 1000 Juifs et 150 Européens, est le débouché des produits de la province du Doukkala. Merrakech écoule également par ce port une partie de ses produits.

Malgré ses petites dimensions et le nombre restreint de ses habitants, Mazaghan est un des ports de commerce les plus importants de la côte de l'Atlantique ; il approvisionne les Canaries de céréales et de légumes secs.

Les fortifications de Mazaghan, vues de la mer, ont un aspect imposant ; elles ont été élevées par les Portugais, et sont toutes en pierre de taille. Il ne reste plus qu'une seule porte, les deux autres ont été murées.

Le port est situé à l'extrémité Sud de la ville, entre le mur d'enceinte et une sorte de mur en pierre qui s'avance dans la mer, faisant office de jetée.

On remarque, dans la ville, les restes d'une ancienne église catholique et une citerne immense, abandonnée à cause de la quantité d'immondices qu'elle renferme.

Saffi — (*Asfi*), est le débouché de la province des Abda et le port le plus rapproché de Merrakech, dont il est éloigné de 160 kilomètres. Les fortifications ont également été construites par les Portugais. Une kasbah importante domine la ville. Elle renferme des palais qui ont servi de résidence à des Sultans, et qui tombent en ruine.

Trois portes donnent accès dans la campagne et une quatrième sur le port.

Saffi dépasse toutes les villes du littoral en malpropreté et en infection.

Le commerce est peu important ; cependant il se développerait rapidement si les brisants, plus dangereux ici que sur le reste du littoral, ne rendaient l'embarquement et le débarquement extrêmement difficiles. On exporte notamment de la laine, à laquelle il faut également ajouter la cire, l'huile, la gomme arabique, des céréales et des légumes secs.

L'importation du sucre est très importante, car c'est Safti qui fournit de cette denrée Merrakech et tout l'intérieur du pays.

La ville renferme environ 9000 habitants dont 1500 Juifs.

Mogador. — (*Soueïra*, la belle), est bâtie sur un plan régulier dû à un ingénieur français du nom de Cornut. Les rues sont tirées au cordeau, mais trop étroites ; elles ont néanmoins l'avantage d'être propres.

Mogador est bâtie à l'extrémité d'un promontoire sablonneux qui s'avance dans la mer suivant une direction Sud-Ouest. Au-delà de ce promontoire, séparé de la mer par un canal, s'élève, à une altitude de 30 mètres, un îlot rocheux de 900 mètres de long qui ferme la rade. Celle-ci, par les vents du Sud-Ouest est de très mauvaise tenue.

Mogador a eu une certaine importance commerciale, beaucoup diminuée par le développement de Casablanca. Il est le port principal de Merrakech.

Mogador rivalise, pour la douceur et l'uniformité de son climat, avec Madère, et la température se maintient presque en permanence à + 23°.

On compte à Mogador environ 18.000 habitants dont 150 Européens.

Agadir. — (*Agader-n'Ighir*), ville très ancienne, située à 140 kilomètres au Sud de Mogador. Les Portugais l'occupèrent en 1500 et y construisirent des fortifications qui tombent aujourd'hui en ruine. Un fort situé à 200 et quelques mètres d'altitude sur un rocher, commande l'entrée du port.

Le port d'Agadir était autrefois relativement commerçant, et les Européens y étaient admis ; sa décadence date de la création du port de Mogador, où le Sultan appela les Européens établis dans les ports du littoral et notamment à Agadir, leur promettant une foule d'avantages qu'il s'est gardé plus tard d'accorder.

Agadir n'a plus aucun commerce et n'est aujourd'hui qu'un poste de douaniers pour les caravanes allant du Souss à Mogador. La rade est vaste et sûre et constitue le meilleur hâvre de tout le littoral marocain.

Le poisson est très abondant dans la région.

Agadir est habité par 400 Arabes des plus misérables. Au pied d'Agadir, au bord de la mer, se trouve le village de Fonti, habité par des pêcheurs.

Communications intérieures

Des routes semblables à celles d'Europe n'existent pas au Maroc, et ce que l'on y désigne sous ce nom n'est autre chose qu'un large réseau de petits sentiers tracés par la fantaisie des bêtes de charge, suivant la direction généralement adoptée pour se rendre d'un point à un autre, en évitant les difficultés du terrain. Cette direction peut même varier selon la saison ou l'état politique du pays. Souvent, pour éviter un mauvais pas, les voyageurs et les animaux coupent à travers les cultures, sans que personne trouve à redire à cet abus; il en résulte un élargissement continuel de la route.

Quelques ponts ont bien été jetés autrefois sur le Sbou, aux environs de Fez et de Mekness, et sur l'Oum-er-Rbia, mais le ministre des travaux publics ne s'en occupant pas, les culées se déchaussent par suite des affouillements de l'eau et les parties supérieures tombent en ruines. Du reste, il est prudent, en général, de passer à côté des ponts, si l'on ne veut pas s'exposer à être malmené par les coupeurs de route, qui choisissent de préférence ces points de passage, pour y exercer, dans une sécurité presque absolue, leur lucratif métier.

Les cours d'eau sont, dès lors, franchis, soit à gué, soit sur de mauvaises barques plates en bois, ou sur des radeaux en joncs tressés.

Les principales routes sont jalonnées par des *nzala*, ou caravansérails, près desquels on peut passer la nuit et où on trouve quelquefois de quoi nourrir les animaux et les domestiques arabes. Les maîtres de ces établissements sont responsables des accidents qui pourraient arriver, et prélèvent un droit de passage sur les voyageurs ordinaires.

Les chemins de fer et le télégraphe sont totalement inconnus au Maroc ; le Sultan et le Maghzen se gardent bien de laisser s'introduire ces « diaboliques » institutions [1].

Les voitures n'existent que dans les villes et pour le seul service des environs immédiats ; ailleurs, tous les transports sont faits à dos d'animaux.

Le service de la poste est assuré, de la manière la plus primitive, par une corporation de coureurs de profession appelés *rekass*. Un rekass fait en

[1]. A l'époque où il représentait la France au Maroc, M. Ordéga pressentit le Sultan sur l'accueil qu'il ferait à l'ouverture d'une ligne ferrée à travers le Figuig : « Je ne vois pas, « lui répondit Mouley-Hassan, comment je pourrais consentir « à ce que vous me proposez. *Mes aïeux n'ont jamais connu* « *les chemins de fer, et je ne dois pas faire ce qu'ils n'ont pas* « *fait* ».

quatre jours la course que les coureurs ordinaires font en dix : il ne s'arrête presque jamais, et quand il éprouve le besoin de se reposer, « il compte cent vingt aspirations et repart aussitôt ». La solde est en moyenne de 4 francs par 100 kilomètres, et, si le métier est rude, il n'en est pas moins fort recherché et considéré comme le meilleur parmi le peuple, un rekass pouvant gagner en moyenne 40 francs par mois. Dans chaque ville, les coureurs ont leur *amin*, ou chef, ancien rekass lui-même, qui est tenu d'avoir toujours sous la main un nombre d'exprès suffisant pour tous les besoins du service. L'amin est personnellement responsable des lettres et des dépôts qui lui sont remis.

Il résulte du fait que les cinq sixièmes du Maroc sont fermés aux chrétiens par le fanatisme et la méfiance des populations, que les cartes parues jusqu'à ce jour sur le Maroc sont fort imparfaites. Toutefois, grâce à un certain nombre d'itinéraires, et surtout à la remarquable exploration du vicomte de Foucauld, la cartographie du pays s'est considérablement améliorée.

Les itinéraires des grandes plaines marocaines et jusqu'à Tanger sont dûs aux voyageurs suivants : l'espagnol Badia-y-Leblich (Ali-bey-el-Abassi); Washington, lieutenant anglais; Auguste

Beaumier, consul de France ; Tissot, ministre de France ; Crema, capitaine italien ; Hooker et Ball, voyageurs anglais ; Erckmann et Berquin, capitaines d'artillerie ; Le Vallois, commandant du génie ; de Breuille, commandant d'infanterie ; de Foucauld, lieutenant de cavalerie.

Le dangereux itinéraire de Fez à Oudjda a été parcouru par le capitaine anglais Colville ; par M. de Campou et par M. de la Martinière.

C'est à René Caillié, aux capitaines Erckmann et Berquin ; aux commandants Le Vallois et de Breuille, au lieutenant de Foucauld, au voyageur allemand Gerhard Rohlfs, à M. de la Martinière et aux renseignements recueillis par les officiers qui se sont succédés aux bureaux arabes de Maghnia et de Sebdou, que l'on est redevable des quelques données que l'on possède sur les régions montagneuses habitées par les Zemmours, les Zaërcs, les Zaïan, les Beni-Mguild, les Aït-Youssi, etc...

Parmi les voyageurs qui ont franchi l'Atlas, nous citerons René Caillié en 1828, Davidson en 1835, Panet en 1850, Gerhard Rohlfs en 1862, Lénz en 1879, Erckmann en 1882, de Foucauld en 1883, de Breuille en 1886, et, tout dernièrement, en 1891, de la Martinière.

Nous allons indiquer sommairement les principaux itinéraires de l'intérieur [1], décrits par ces courageux explorateurs.

De Fez a Oudjda

C'est la communication directe entre Fez et Tlemcen. Le chemin le plus sûr, le plus praticable, et le plus habituellement suivi par les caravanes et les voyageurs isolés bien qu'il soit le plus long, coupe les affluents de droite de l'oued Innaouen vers leurs sources, traverse le territoire des Hayâna, passe à la kobba de Sidi-ben-Ahmed, à la kasbah du cheik Abdallah, à la kobba de Sidi-Lehal, au village fortifié de Meknassa, situé à 15 kilomètres environ au Nord-Ouest de Thâza, et à la kasbah du caïd Ahmar. La route coupe ensuite deux fois l'oued Msom, entre dans le pays d'el-Jell, désert et inculte, gagne la Moulouya, qu'il franchit à la kobba de Sidi-Abd-er-Rahman, parcourt ensuite la plaine de Gattara, atteint, pour le traverser, l'oued Za à la kasbah Bou-Smaïl, passe à la kasbah des Aïoun Sidi-Mellouk, et se continue enfin par le pays des Angad jusqu'à Oudjda.

Longueur approximative, 350 kilomètres.

---

[1]. Nous passerons sous silence les itinéraires partant de Tanger ou y conduisant, ainsi que ceux longeant la côte, ces itinéraires étant trop connus pour qu'il soit utile de les mentionner ici.

De Fez a Mekness

L'itinéraire traverse une plaine limitée au nord par les montagnes des Cherarda, et au Sud par celles des Beni-Mtir. La route traverse quatre cours d'eau et l'oued Bou-Fekran, tous des affluents de l'oued Rdem, que l'on peut franchir sur des passerelles en pierre. La distance est d'une soixantaine de kilomètres.

De Fez a Rbat

On franchit l'oued Mekass sur un pont — Kasbah du caïd Embark — Souk el-Khemis — Bab-Tiouka, long défilé de 10 mètres de large sur 400 mètres de long, traversant le massif des Cherarda par la porte que l'oued Rdem s'y est taillé — Franchir à gué l'oued Beh't — Kobba de Lalla-Itou et kasbah, — Terrains marécageux où se perd l'oued er-Remel, — Kasbah du caïd bou-Salem — Forêt de la Mamora — Oued bou-Regreg, que l'on traverse en bateau — Rbat. — Cette route est à la rigueur carrossable. Distance approximative 250 kilomètres.

De Mekness a Rbat

La route descend l'oued bou-Fekran jusqu'au

pied Ouest du djebel Zerhouan, près du village sacré de Mouley-ed-Driss et des ruines de Volubilis (*dar-Faraoun*), passe au souk el-Khemis et franchit le massif des Cherarda par Bab-Tiouka, pour suivre l'itinéraire précédent. Distance approximative 190 kilomètres.

De Ouazzan a Mekness

A la sortie d'Ouazzan, on contourne le djebel Ouazzan, ou djebel Bou-et-Tôl, pour traverser une plaine mamelonnée et atteindre la vallée de l'oued Ouergha — Souk-el-Arba, où l'on traverse l'oued Rdat — Mechrâ[1] Aoucacha — Sbou, que l'on traverse en bac à la mechra de Sidi-el-hadj-Abd-es-Slem — Col de Zeggota, entre les massifs du Zerhouan et du Tselfat — Ancienne voie romaine de Tingis à Volubilis et à Tocolosida — Montée d'Akabat-el-Arbi, d'où l'on distingue le plateau de Mekness.

De Merrakech a la côte

Quatre routes, carrossables à la rigueur :
a). *De Merrakech à Mogador*. — 1ᵉʳ itinéraire : jalonné par des *nzala* — Oued en-Nfis (gué) — Bir Sedra — Oued er-Ralmta (gué) — El-Mzoudla

---

1. Gué.

— Aïn el-Beïda — Oued Chichaoua (gué), sujet à grossir rapidement — Kobba de Sidi el-Mokhtar — Aïn Oumast — Souk et-Tléta-el-Hanchen, au pied du djebel Azaghar — Mogador.

b). 2ᵐᵉ itinéraire : Oued en-Nfis (gué) — Frouga Dar mta-el-caïd-Athman — Kasbah ou-Smida — Ras el-Aïn-Chichaoua — Dar es-Seba — Souk et-Tléta-el-Hanchen — Mogador — (Distance approximative de chacun des deux itinéraires : 200 kilomètres).

c). De Merrakech à Saffi. — Route la plus courte de toutes, mais peu fréquentée, à cause de l'infériorité du port de Saffi. — Oued Tensift — Traversée, en deux heures, de la chaîne d'el-Djebila — Bou-Izeffen — Aougla — Oum-Erik — Souk et-Tléta — Dar Heddi-ben-Dho — Souk el-Khemis — Dhaya es-Zima — Ech-Châaba, où la route traverse une chaîne de collines — Kobba Sidi-Hamdan — Kobba Sidi-Embark — Saffi. — Cette route traverse les territoires des Ahmar et des Abda, tribus soumises. (Distance approximative : 170 kilomètres).

d). De Merrakech à Mazaghan. — Pont de l'oued Tensift — Chaîne d'el-Djebila — Soutnia — Citerne d'el-Saharidj — Nezla[1] es-Smira — El-Hamra — Défilé entre le djebel Fathnassa

1. Singulier de *nzala*.

et le djebel el-Akhdar — Kobba Sidi-Rahal — Souk et Tléta-ben-Nour — Souk el-Arba et kobba de Sidi-Haddou — Kobba Sidi-Brahim — Kobba Sidi-Amara-bou-Djemâa — Mazaghan. — Cette route traverse le plateau de Doukkala, dont le terrain est praticable même en temps de pluie. Les populations sont soumises. (Distance approximative : 190 kilomètres).

De Merrakech a Mekness et a Fez

La route directe passe par le territoire des Zaïan, tribus berbères indépendantes, chez lesquelles la haine de l'étranger est très vivace. Le Sultan lui-même n'osait pas traverser le pays des Zaïan avant son entente avec les Ben-Daoud, la puissante famille maraboutique de Bou-ed-Djad. On passe donc habituellement par Rbat, soit par Mazaghan et le chemin de la côte, soit directement par le Gharb-el-imin, c'est-à-dire la province des Chaouïa. C'est la route la plus commode et la plus sûre.

M. de Foucauld a eu la hardiesse de suivre l'itinéraire direct de Dar ould-Zidou à Mekness, par le pays des Zaïan et le Tâdla. Le commandant Le Vallois a, de son côté, parcouru la route allant par le Tâdla à Rbat et longeant le territoire de la tribu insoumise des Zaërcs. Les points importants traversés par M. de Foucauld sont : kasbah des Beni-Mellal — Kasbah des Aït-Arba, dans le Tâdla, où l'on franchit l'Oum-er-Rbia sur un pont en pierre — Bejad ou Bou-ed-Djad — El-Kaser — Djebel el-Hasia — Dar Si el-Mati — Dar cheik Mohammed — Aït-Omar, au pied du plateau d'Oulmess — Dar Mouley-Abd-el-Ouahad — Dar ech-chérif Mohammed, — (Distance approximative jusqu'à Mekness : 400 kilomètres).

DE MERRAKECH A RBAT

a). Par la kalaa Tessaout. — Oued Tensift, rarement guéable en hiver — Zaouïa ben-Sessi — Kobba de Sidi-Abd-er-Rahman — Zaouïa de Tamelelt — Kalaa-Tessaout — Dar Allel-Cherkaoui — Kasbah des Beni-Meskin — Ksar ben-Daoud — Kobba Sidi-Mohammed-el-Aïd — Kasbah ben-Rechid — Kasbah des Mediouna — Kobba Sidi-Mohammed-el-Mellal — Route du littoral jusqu'à Rbat. (Distance approximative : 310 kilomètres).

b). Par Tamelelt et Dar ould-Zidou. — On peut suivre trois voies : 1° par la kalaa-Tessaout ; 2° par El-Gnater ; 3° enfin, par la kobba de Sidi-Ahmed-ben-Abd-el-Aziz, Bzou et l'Entifa.

La première passe dans un terrain plat et traverse successivement l'oued Tessaout, dont le lit a, habituellement, 1000 mètres de large, et l'oued el-Abid, très encaissé, avec une largeur de 500 mètres au maximum. Ces rivières ne sont pas toujours guéables, principalement en temps de pluie et au mois de mai, au moment de la fonte des neiges de l'Atlas.

Par la route passant par Bzou, le pays est plat jusqu'à l'oued Lakhdar, aussi difficile que l'oued Tessaout ; puis on pénètre dans le pays des Entifa. On descend ensuite vers l'oued el-Abid, que l'on passe sur un pont de 50 mètres de long. On traverse ensuite une région insoumise, et l'on arrive dans la plaine, à Dar Ould-Zidou. De ce point on suit alors la route précédente.

De Merrakech au Souss

Six passages font communiquer la vallée de l'oued Tensift avec celle de l'oued Souss ; ce sont les cols de Tizi-n"Tagherout ; de Tizi-n'Ouicheddan ; de Tizi-n'Tast ; des Bibaouan ; d'Amskhoud et de Tizi-di-Tichka.

1°. La route par le col de Tagherout remonte la vallée de l'oued Nfis et passe par Arround ; le col est à 3500 mètres environ d'altitude ; les ravins d'accès sont en maints endroits très difficilement accessibles aux animaux de transports,

2°. Le col de Tizi-n'Ouicheddan, situé au pied du djebel Ouicheddan, est très difficile.

3° Celui de Tizi-n'Tast est également appelé Tizi-n'Oumchach ou col des chats « les chats seuls y pouvant passer facilement ».

Les voyageurs suivent très rarement ces routes, parce qu'elles sont impraticables aux chameaux et qu'en hiver on risque d'y périr de froid. Les opérations militaires dans cette région seraient extrêmement difficiles.

4° La route directe entre Merrakech et Taroudant, que l'on suit le plus ordinairement, passe dans une profonde échancrure d'environ 1200 mètres de dépression, entre des sommets qui atteignent de 3500 à 4000 mètres. Cette échancrure est le col des Bibaouan, c'est-à-dire « les portes »; elle est située à une altitude de 1300 mètres. Ce col est également assez difficile à franchir; cependant il est praticable aux chameaux, mais la nature rocheuse du sol et les fortes pentes font qu'ils se blessent aux pieds.

Par cette voie, la distance de Merrakech à Taroudant est d'environ 200 kilomètres, soit 50 heures de marche de caravane. C'est aujourd'hui un chemin commercial qui ne pourrait être pratiqué que par de petits détachements pourvus de convois restreints.

5° Avant d'arriver au col des Bibaouan, à peu de distance de celui-ci, une autre route, qui fait communiquer directement Merrakech avec Agadir, se détache de celle de Merrakech à Taroudant; cette route passe au col d'Amskhoud, dont l'altitude est de 1000 mètres environ. Ce col, très resserré pendant une trentaine de kilomètres, est, en somme, d'un parcours assez facile, et la nature du sol (grès schisteux), permettrait d'y ouvrir un bon passage. Cette route a déjà été suivie par l'armée du Sultan lors de ses expéditions dans le Souss.

De Merrakech a Taroudant par Agadir

C'est la route la plus sûre et la plus commode; elle a été suivie par l'armée du Sultan quand il s'est rendu dans le Souss en 1882 et en 1886.

On suit l'itinéraire de Merrakech à Mogador jusqu'à Aïn Oum-Ast. De ce point, on marche au Sud-Ouest vers Bou-Riki, par Souk-el-Khemis-Meskala. De Bou-Riki, on se dirige sur Dar-Ould-Emflouss par le défilé de Mina-Takandout. On traverse ensuite le massif des Ida-ou-Guelloul, l'oued Aït-Tmar, l'oued Tamrakt, pour arriver à Agadir. De cette localité on continue par Tagadirt et Glercha jusqu'à Taroudant.

Du Souss dans l'oued Noun

La nature montagneuse du pays situé au Sud du parallèle de Tiznint restreint les communications entre les deux vallées. Il n'y a que deux routes habituellement suivies :

la 1ʳᵉ conduit à Aouguelmin par la vallée de l'oued Massa, les Ida-ou-Semlal, Tiznint, les Oulad-bou-Beker et les Aït-bou-Amram ; il serait aisé de la transformer en une bonne route ;

la 2ᵉ, très difficile, va de Taroudant à Aouguelmin à peu près directement, sur de hauts plateaux, en passant par Iligh, dans le Tazeroualt, Akislim et Andja.

Du Souss dans l'oued Draa

Les communications à travers le massif touffu des Guezoula et l'Anti-Atlas sont très difficiles ; on ne connaît jusqu'à présent que deux itinéraires, suivis l'un par Lenz, du pays des Chtouga à Tintazart, par le pays des Iberkaken ; l'autre, suivi par Rohlfs, de la haute vallée du Souss à Ticint par le col de Tizi-n'Azrar et Iligh.

A travers le noyau central de l'Atlas

De Merrakech à Tikirt, dans le haut Drâa, par deux mauvais chemins passant, l'un à Tasseremout, au col de Tizi-di-Tamanat et à Tadoula ; l'autre, à la kasbah el-Mechoua, au col de Tizi-di-Tichka, entre le Goundafi et les Glaoua, c'est-à-dire entre les deux massifs les plus élevés, les plus tourmentés et les plus boisés de l'Atlas.

A travers le Grand Atlas

a). Du Demnata dans l'Askoura et le haut Drâa le chemin le moins mauvais de cette région est celui passant chez les Aït-Imgoun et au pied du djebel Anremar.

b). De l'Entifa au Dadès par Bzou et le col de Tizi-n'Mouinil.

c). Du Tâdla au Dadès et au Todgha par la kasbah des Beni-Mellal et le chemin d'Ousikis.

Tous les chemins passant à l'ouest du col d'Amskhoud sont, dans le voisinage du faîte de l'Atlas, rendus impraticables pendant près de la moitié de l'année par les neiges.

Du Nord du Maroc au Tafilelt

Le Grand-Atlas offre deux passages allant de la haute vallée de la Moulouya dans l'oued Ziz d'une part, et dans l'oued Guir de l'autre.

Le premier, le col de Tizi-n'Telremt, situé à 2180 mètres d'altitude, est la voie historique des caravanes entre Fez et Timbouktou par le Tafilelt; c'est un long défilé terminé vers le Sud par une sorte d'immense portail appelé du nom caractéristique de Bab-Slamou-alikoum (porte le salut soit sur vous).

Le deuxième, le col de Tizi-n'Berlat est beaucoup moins fréquenté et surtout plus mauvais.

De Fez au Tafilelt

La route passe à Sfrou, à Khimet-el-Arbi, à la kasbah el-Maghzen[1], au col de Tizi-n'Telremt, au Guerso, au M'daghra, à Douéra, pour aboutir à Abouam.

D'Oudja au Tafilelt

a). Un itinéraire peu fréquenté passe par Belmat-Youness, Ras-el-Aïn, remonte l'oued Charef jusqu'à sa source, pour gagner ensuite la vallée de la Moulouya et continuer jusqu'à la kasbah el-Maghzen.

b). Le chemin ordinairement suivi passe à l'Aïn Sidi-Mellouk, à la kasbah bou-Smaïl sur l'oued Za, à la kasbah Foum-el-oued, à Debdou, gagne la rive droite de la Moulouya qu'il longe par Tissaf et Sidi-Bou-el-Alem, pour atteindre la kasbah

1. Point stratégique d'une grande importance.

el-Maghzen. De cette kasbah, les caravanes prennent, à de rares exceptions, le col de Tizi-n'Telremt.

Considérations militaires et stratégiques

Le Maroc ne subsiste pas par lui-même et comme puissance musulmane, mais seulement comme une des nécessités provisoires de l'équilibre méditerranéen. Or, cet état provisoire ne saurait, malgré tout, persister indéfiniment. L'on peut donc prévoir que dans un avenir plus ou moins éloigné une intervention armée d'une ou de plusieurs nations européennes se produira pour y mettre fin et amener le pays à réduction, soit dans un but d'annexion pure et simple, soit dans un but de civilisation, soit simplement en vue d'une exploitation commerciale et industrielle complète du pays.

En entrant dans quelques considérations militaires et stratégiques sur le Maroc, nous n'agissons donc nullement sous l'influence d'idées de conquête, mais simplement pour obéir à ce principe d'après lequel il faut, pour bien juger l'ensemble d'une question, être en état de pouvoir l'envisager sur toutes ses faces. Il nous a paru utile, dès lors, de fournir au lecteur quelques données sur les ressources défensives dont dispose ce pays, les difficultés qui en résulteraient pour des troupes européennes opérant dans l'intérieur, et les lignes de pénétration qui se présentent à l'invasion.

Quand on examine attentivement une carte du Maroc, on est frappé des avantages exceptionnels qu'offrent au pays sa situation géographique et son ensemble topographique, au point de vue de la résistance aux attaques étrangères.

Au Nord et à l'Ouest, la mer ; au Sud, le désert ; à l'Est, le puissant rempart de l'Atlas s'unissent pour l'isoler et le préserver de l'invasion. Dans l'intérieur, le vaste chaos de montagnes qui le couvre aux deux tiers, forme une immense citadelle naturelle, permettant de faire face de tous les côtés, et où on pourrait concentrer la résistance.

Cette situation privilégiée du Maroc n'a pas peu contribué à lui conserver jusqu'à ce jour son indépendance.

Cependant il ressort de l'étude aussi approfondie que le permettent les renseignements actuels du système montagneux, que ces avantages, dans le cas d'une défense générale, seraient considérablement atténués par une conformation orographique des plus préjudiciable à la coordination des efforts.

A l'Ouest du djebel el-Aïachi, la masse montagneuse de l'Atlas est formée de chaînes justaposées, aux arêtes vives, aux crêtes escarpées, entrecoupées fréquemment par des redressements et des fractures formant des entassements informes et puissants de pierres et de rochers. Aucune grande vallée n'ouvre une communication parallèle ou perpendiculaire au front de défense ; on ne voit partout que des ravins profonds, sans corniches, ni retraits, des gorges étroites et sauvages formant d'innombrables cantons séparés les uns des autres par des obstacles presque infranchissables, et dont les habitants ne peuvent qu'avec beaucoup de peine échanger leurs produits et même leurs idées.

À l'Est de l'Adrar-n'Deren, du djebel el-Aïachi, centre de divergence des eaux de cette partie de l'Atlas, le système orographique semble s'étendre en éventail vers le Nord, se divisant en une série de massifs séparés par d'importants cours d'eau aux vallées étroites. Cette région, presque entièrement inexplorée et que nous ne connaissons que par renseignements, paraît constituée par une succession de terrains allongés, d'altitude variable, formant des pâtés montagneux entre lesquels les communications sont souvent très difficiles.

Le groupe orographique du Riff, l'Andjera, les montagnes des Zemmours, celles des Zaërs, le contrefort des Ida-ou-Tanan, celui des Guezoula, etc., forment autant de massifs séparés et indépendants les uns des autres.

Cette division du sol, le caractère de réduits, d'îlots montagneux séparés les uns des autres, que présente le pays, ont eu pour résultat d'isoler les tribus les unes des autres, d'empêcher les habitants du Moghreb de se réunir en un corps de nation. Le particularisme géographique des provinces et des différentes contrées a amené logiquement un particularisme dans les intérêts et les tendances. C'est là, pour le Maroc, une cause sérieuse de faiblesse, qui s'est fait sentir à toutes les époques. C'est ce qui explique pourquoi les populations aborigènes n'ont pu résister à l'ouragan des invasions barbares ; c'est ce qui donne à supposer qu'elles ne sauraient davantage résister aux invasions futures.

Une centralisation éclairée et puissante pourrait seule faire disparaître ou tout au moins atténuer ces inconvénients ; l'absence de ces beaux bassins hydrographiques où, ailleurs, se sont concentrés la richesse d'un pays, le défaut d'un centre politique et commercial naturel, l'incapacité du Maghzen, le manque de certaines ressources sont autant d'obstacles au groupement des moyens de défense, à une direction rationnelle de la résistance.

L'accord indispensable dans les combinaisons de la guerre se heurte encore ici à un autre obstacle, peut-être le plus grave de tous : celui de l'antagonisme des races arabe et berbère. Partout où ces deux peuples vivent en contact, un abîme infranchissable les sépare ; ils ne s'entendent que sur un point : le Berbère déteste l'Arabe, l'Arabe déteste le Berbère. Il serait téméraire toutefois de conclure de cet antagonisme à une défaillance de l'une de ces races par opposition à l'autre, dans une guerre contre une nation chrétienne. Les deux peuples sauraient, au contraire, faire taire momentanément leurs rivalités pour résister à l'ennemi commun, l'infidèle.

« *Rappelle-toi que, lorsque les sloughis* (levriers)
« *se disputent avec acharnement un morceau de*
« *viande, s'ils voient passer un chacal, ils aban-*
« *donnent leur proie et se réunissent tous pour*
« *s'élancer sur lui* ».

Le lien qui réunira tous ces éléments hostiles dans la même idée de lutte contre l'étranger, c'est la haine du chrétien, c'est la loi imposée par le fanatisme musulman, à l'Arabe aussi bien qu'au Berbère ; car il ne faut pas oublier que les deux races obéissent les yeux fermés à un Sultan autrement puissant que le monarque chérifien, et qui leur ordonne de faire aux chrétiens une guerre permanente et implacable. Ce Sultan, c'est le Koran, et le Koran, d'après eux, est la parole même de Dieu.

« *La guerre avec les infidèles,*
« *Quand bien même avec des pertes* ».

Qu'une invasion chrétienne soit imminente, aussitôt les marabouts prêcheront le *djehad*, la guerre sainte, et toutes les populations berbères et arabes prendront les armes

Les Berbères formeront dès le début un seul et même *soff*[1]. Il en naîtra même plusieurs, animés d'un même esprit, si l'on apprend que l'ennemi doit déboucher par un certain nombre de points à la fois. Les tribus menacées dans chaque direction, se concentreront alors en autant de soffs particuliers, qui chercheront, autant que possible, à lier leurs opérations ensemble ; mais l'égoïsme, les rivalités ordinaires et d'anciennes querelles y feront presque toujours obstacle. Il arrive, en effet, invariablement, que dans les réunions berbères trop nombreuses, certaines familles rivales aspirent au commandement ; l'amour-propre et l'intrigue se mettent alors de la partie. Tantôt on se sépare sans avoir rien pu

---

1. Ligue offensive et défensive.

décider, tantôt des dissidents abandonnent la cause commune.

« *Les Berbères s'assemblent le matin pour adopter une sage résolution ;*

« *Ils se dispersent le soir sans avoir rien décidé :*

« *La sagesse ne leur vient qu'après la catastrophe* ».

Enfin, quant à obéir à une direction venant du Maghzen, dont tous les membres sont Arabes, sinon d'origine au moins d'esprit et de tendance, les Berbères démocrates sont trop fiers, et ils y ont quelque droit, de leur indépendance immémoriale pour y consentir. Leur action et leur défense seront, par suite, purement locales et ne s'étendront jamais au delà du territoire de leur tribu.

Du fait même de ce défaut de cohésion de la défense, conséquence de la nature du sol et du caractère des habitants, la conquête de la région berbère serait longue, difficile, laborieuse, parce que le conquérant, pour arriver à réduire une contrée, serait forcé de se rendre maître successivement de chaque îlot de montagnes. Or, cette région embrassant à peu près les 4/5e du territoire, c'est surtout le Berbère que l'envahisseur aurait à combattre.

Les Berbères sont né fantassins ; ils défendent

leurs montagnes avec une grande énergie, mais ne valent pas grand chose quand ils en sortent ; ils se défient de tout pays inconnu et surtout de la plaine.

« *Le berbère, dans la montagne, c'est un lion ;*
« *Mais, dans la plaine, ce n'est qu'une vache.* »

Courageux, doués d'une vigueur et d'une agilité extraordinaires, ils connaissent les moindres sentiers des montagnes, les ravins les plus profonds et les plus boisés ; ni précipices, ni broussailles les plus dures ne les arrêtent. Excellents tirailleurs, armés en grand nombre de fusils à longue portée se chargeant par la culasse, grâce à une contrebande effrénée des armes à feu [1], particulièrement aptes à la guerre d'embuscade, à la défense des positions et des localités, sachant

---

[1]. C'est par milliers que les Remington, les Mauser, les fusils à répétition Winchester ou Colt sont livrés en contrebande aux tribus de l'intérieur par des négociants de la côte peu scrupuleux. Jusque sur notre frontière oranaise, les Beni-Snassen, les Mehaïa, les Angad, etc., possèdent des Remington que l'on appelle dans le pays des « kilata » ; et, fait digne de remarque au point de vue algérien, la cartouche du fusil gras modèle 1874 peut être tirée avec ces dernières armes.

Le développement extraordinaire que ne cesse de prendre cette contrebande au Maroc constitue un véritable danger, un péril qui pourrait modifier à un moment donné le *statu quo* du pays ; car, il ne faut pas se le dissimuler, nous assistons en ce moment aux préparatifs du drame qui se jouera quand le Sultan, débordé à la prochaine insurrection un peu étendue de ses tribus, sera impuissant en face de la supériorité numérique des rebelles munis d'armes modernes.

combiner une attaque de front avec une attaque de flanc, assurant toujours leur ligne de retraite, les Berbères seraient des ennemis presque irréductibles s'ils n'étaient indisciplinés et sujets aux défaillances et aux paniques dès que leur ligne de retraite est menacée.

Habitant de beaux et nombreux villages dont les maisons sont construites en pierres et en briques, attachés par conséquent au sol, ils ne sauraient s'échapper. Cultivateurs par excellence, ne s'occupant que de leurs champs et de leurs jardins, ils les défendront jusqu'à la mort, mais ne les abandonneront pas. Ils sont donc vulnérables sur tous les points.

Mais pour les réduire, l'emploi des seuls moyens tactiques n'amènerait aucun résultat déterminant; en se bornant à la prise et à l'occupation de quelques points ou de quelques localités, on n'exercerait aucune influence décisive sur la véritable population. Il ne suffirait pas davantage de présenter de temps en temps aux tribus quelque lourde colonne qui, la pelle et la pioche à la main, ne peut s'écarter des routes connues, ne peut que recevoir le combat sans le donner.

Ces colonnes, avec leurs impédimenta, une fois engagées dans une direction, ne peuvent que bien difficilement s'en écarter pour aller chercher l'ennemi à droite ou à gauche, dans les montagnes, dans les ravins, dans les vallées latérales ; les indigènes, tranquilles sur le sort de leurs femmes, de leurs enfants et de leurs richesses, combattent quand ils le veulent, se retirent quand cela leur plaît, ne faisant, le plus souvent, d'efforts énergiques que sur les arrière-gardes, où quelques bataillons supportent le poids de toutes leurs forces réunies. On pourrait continuer ainsi la guerre pendant cent ans sans obtenir le moindre résultat décisif.

Les errements suivis jusqu'ici par les Sultans dans leurs expéditions, sont un exemple frappant de l'insuffisance de ces colonnes isolées. Quand la *harka* se présente dans un pays montagneux, les Berbères se dérobent devant elle, abandonnent les villages, et cachent familles et bestiaux dans des ravins impénétrables. Les guerriers seuls observent ou tiraillent du fond des bois, de derrière les rochers ou les buissons. Le Sultan ne parvenant pas à atteindre ces populations farouches, fait couper les arbres fruitiers, incendier les villages, et, le fer et la flamme à la main, ne s'arrête que lorsque le Berbère, livré au désespoir, reconnaît sa folie et vient demander l'*aman*, le pardon. Mais dès que le Maghzen a disparu, les tribus reprennent leur indépendance.

Un grand coup frappé sur un point donné, ne suffirait donc pas pour réduire une contrée entière à l'obéissance. C'est alors à la stratégie qu'il faudrait avoir recours, en opérant avec plusieurs colonnes simultanées et convergentes, de manière à tourner les îlots montagneux, à occuper les points stratégiques et à s'appesantir sur le pays ; car pour que les Berbères s'avouent réellement vaincus, il ne suffit pas de leur infliger un dommage temporaire, il faut cerner les populations, les rejeter dans une vallée, ou dans un massif dont on occupe toutes les issues, de manière à ne leur laisser d'autre alternative que la mort ou la soumission à merci.

Les contingents arabes contre lesquels pourrait avoir à lutter une armée d'invasion européenne, sont très peu nombreux comparativement aux contingents berbères ; aussi la guerre dans les plaines du versant atlantique serait-elle de courte durée et moins pénible.

L'Arabe est un cavalier incomparable, brave, audacieux et d'une endurance extraordinaire, mais il redoute le combat en masse et recherche surtout le combat individuel. Sa méthode contre un adversaire organisé consiste à le désagréger par de fausses démonstrations. Il agit par ruse et par surprise, et le caractère propre de son offensive est la soudaineté. Il se disperse à la vue de l'ennemi, mais il est partout, au coin d'un bois, sur le revers d'un fossé ; en un mot, on le voit sans cesse, et il n'est nulle part.

Le combat, avec lui, n'est possible que s'il le *veut,* s'il l'*offre* ou l'*accepte.* Sa tactique se résume dans l'élan d'attaque et l'élan de retraite. Les cavaliers se précipitent ventre à terre sur les carrés, en poussant des cris, déchargent leurs armes, font demi-tour et reviennent fondre de nouveau sur les carrés ; les fantassins, dissimulés derrière les cavaliers, s'approchent le plus possible des lignes ennemies et font feu. Une troupe calme et disciplinée, maîtresse de son feu, aura toujours raison de cette fantasia plus bruyante que dangereuse.

A l'encontre du Berbère, agriculteur et sédentaire, l'Arabe est pasteur et nomade. Sa richesse consiste en troupeaux. Quand il a chargé sa tente sur le dos d'un mulet ou d'un chameau, il emporte avec lui sa patrie ; il est donc presque insaisissable dans les pays à grand parcours et surtout dans le Sahara. Mais l'Arabe marocain est un nomade à parcours restreint qu'il serait facile d'amener à composition en ne lui laissant aucun repos, aucun espoir d'échapper, et en lui prouvant que nulle part il n'est à l'abri des coups. En atteignant ses intérêts fixes : smalas, ksour, silos, points d'eau, marchés, etc., il peut être soumis rapidement.

Enfin l'armée soi-disant régulière du Sultan constituerait un dernier élément de résistance à une invasion européenne. Cette armée, d'une valeur plus que médiocre, fera l'objet d'une étude spéciale au chapitre III.

A toutes ces considérations viennent s'ajouter celles relatives à l'approvisionnement des troupes.

En pays purement arabe, les ressources locales disparaissent dès l'approche de l'ennemi ; les troupeaux sont poussés au loin, les grains sont cachés dans des silos « sauvages », perdus au milieu des plaines et loin des directions qui pourraient être suivies par les colonnes ennemies.

Dans la montagne, malgré la richesse des villages berbères, on ne saurait compter avec certitude sur des ressources alimentaires, car le bétail est toujours caché dans des ravins inextricables au moment de l'arrivée des colonnes. Néanmoins il y a des chances pour que l'on trouve toujours, dès l'arrivée, dans les villages, des légumes, des oignons, de l'huile et autres produits des jardins et quelquefois des jarres de beurre fondu. Ce n'est qu'après qu'une tribu aura fait sa soumission, qu'elle aura livré des otages, qu'on pourra lui imposer la fourniture de bétail ou autres denrées. Toutefois, si la guerre se faisait au printemps, on trouverait les vallées garnies à perte de vue d'abondantes récoltes.

Il résulte de cette impossibilité de tabler avec certitude sur les ressources du pays pour faire vivre les colonnes, qu'une armée d'invasion se trouverait dans l'obligation de se pourvoir d'encombrants convois administratifs pourvus de tout ce dont les troupes peuvent avoir besoin pour leur subsistance. Et cette obligation serait rendue beaucoup plus gênante encore par l'absence de routes carrossables, qui ne permettrait point le transport des denrées à l'aide des voitures.

Ce rapide exposé de la situation militaire du Maroc exige, pour être complet, que nous indiquions, d'après une étude anonyme[1] due à un officier bien au courant des questions marocaines, de quelle manière et dans quelles conditions pourrait s'effectuer la pénétration dans le pays par une ou plusieurs armées européennes.

En l'absence de toute organisation sérieuse et rationnelle, et malgré des avantages défensifs considérables, les frontières terrestres du Maroc, comme les frontières maritimes, peuvent être violées partout où le désert ne leur assure pas une protection qui est la seule efficace.

1. Revue du Cercle militaire n°s 21, 22, 23 et 24 de l'année 1892.

La situation géographique des deux capitales, Fez et Merrakech, les désigne, autant que leur importance politique, comme les objectifs principaux de toute invasion ; et c'est vers elles que se dirigent toutes les lignes de pénétration que nous allons rencontrer sur chacun des fronts vulnérables.

FRONT ORIENTAL OU ALGÉRIEN

Au Nord, entre le Riff et l'Atlas, au Sud, entre l'Atlas tellien et l'Atlas saharien, se trouvent deux régions affaissées ouvrant chacune une voie naturelle de pénétration, l'une vers l'Ouest, l'autre vers le Sud-Ouest. Ces deux voies ont pour point de départ Tlemcen, qui doit à sa position géographique l'importance stratégique qu'elle a eue de tout temps et qu'elle conserve encore de nos jours. La première et la plus importante de ces deux voies a pour objectif l'une des capitales, Fez ; la seconde, le Tafilelt et l'extrême Sud marocain, extérieurs au Maroc politique, et dont il n'y a pas lieu de s'occuper ici.

Ligne de Tlemcen à Fez. — Cette ligne traverse le plateau intermédiaire entre le Riff qui est, comme l'indique le nom de la ville de Thaza (ouverture), située au centre, la porte qui relie les deux

Moghrebs, celui du milieu, *el-Aousa*, et celui de l'extrême couchant, *el-Aksa*.

Les nombreux événements militaires dont il a de tout temps été le théâtre témoignent de son importance. Les légions romaines, les invasions vandales et arabes suivirent cette ligne, et c'est dans cette contrée que les dynasties almoravide, almohade et mérinide vinrent successivement vider leurs querelles, et que les Sultans de Tlemcen et de Fez se disputèrent la suprématie.

La région entre Tlemcen et Oudjda est accidentée, couverte de collines et de plateaux, séparés par de longues vallées transversales. Aucun obstacle sérieux ne s'oppose à la marche d'une armée, qui est assurée de trouver partout de l'eau et des ressources de toutes sortes. Tlemcen, Maghnia et Oudjda avec ses 7 à 8.000 habitants et son marché bien approvisionné, sont des points de ravitaillement tout indiqués.

D'Oudjda à Thaza, on trouve une succession de plaines unies presque sans culture et de plateaux pierreux, incultes et déserts, complètement dépourvus d'eau. Seuls les abords des rivières ont quelque population et présentent quelques ressources.

De Thaza jusqu'à quelques kilomètres de Fez, le pays est très accidenté et se ressent du voisinage des montagnes. Partout la population est assez dense, et l'eau ne manque nulle part. Une succession de villages et de kasbahs jalonnent la route jusqu'au Sbou.

Entre l'oued Innaouen et le Sbou, à portée de canon de Fez, se trouve un plateau, sorte de dos de pays à pentes raides, qui est le point de station obligé pour une armée qui veut concentrer tous ses moyens avant d'agir sur la ville. Entouré de tous côtés par les nombreux méandres des deux rivières, il forme une sorte de bastion où l'on peut s'établir en toute sécurité pour préparer le passage du Sbou.

La ligne de pénétration Tlemcen-Fez est, dans son ensemble, favorable à la marche d'une armée.

Son seul inconvénient est qu'elle se développe entre les montagnes du Riff et de l'Atlas, où vivent de chaque côté des tribus berbères guerrières qui menaceraient constamment les flancs des envahisseurs. Mais les kasbahs qui jalonnent la route et les centres relativement importants d'Oudjda, de Thaza et de Meknassa, sont capables de servir d'excellents points d'appui pour maintenir la communication avec la frontière algérienne. En outre, les rivières d'Isly, Za, Moulouya, Msom et Innaouen, sans être assez importantes pour constituer des obstacles sérieux, assurent des points d'eau successifs, ressource capitale quand on opère en Afrique.

Enfin, il y a lieu de remarquer que la partie la plus difficile de la ligne, entre Thaza et Fez, est la plus abondante en ressources, et que la partie la plus pauvre est celle située le plus près de la base d'opérations.

FRONT SEPTENTRIONAL OU MÉDITERRANÉEN

Le Riff constitue une contrée peu abordable de tous les côtés et extrêmement difficile à tous égards. Les trois points de Ceuta, Melila [1] et des Djaffarines, occupés par l'Espagne, sont néanmoins trois bases d'opérations que cette puissance ne saurait négliger, le cas échéant.

Ligne de Melila à Fez. — Melila et les îles Djaffarines forment une base unique, car de ces dernières on ne peut tenter par la vallée de la Moulouya que des opérations secondaires.

De Melila à Thaza, la distance peut être évaluée

---

[1]. Il manque malheureusement à Melila, si l'on voulait en faire une base d'opérations pour un corps expéditionnaire d'un effectif respectable, non-seulement des casernes ou des baraquements, des hôpitaux, un arsenal, etc., mais encore et surtout un port en harmonie avec son importance. La construction de ce port a été maintes fois proposée. Tant que les transports et les navires de guerre ne pourront trouver un abri sûr à Melila, on ne saurait donner à cette ville, dans le sens propre du mot, le nom de place militaire.

à 150 kil. Pendant la première partie de la route, on suit la vallée de l'oued Kert ; on traverse ensuite le massif des Beni-bou-Jahi et, par Sidi-Bel-Gassem, on atteint la kasbah de l'oued Msom.

L'eau est rare et mauvaise dans la vallée de l'oued Kert, mais le pays est relativement facile. Dans la partie montagneuse, on trouve de l'eau en abondance.

A partir de l'oued Msom, la ligne d'opération issue de Melila se confond avec la ligne d'opération Oudjda-Thaza-Fez.

Le plus grand inconvénient de la ligne Melila-Theza est de prêter ses deux flancs aux attaques des tribus les plus guerrières du Riff disposant de plus de 10.000 fusils, dont un grand nombre à tir rapide, et qui ne manqueraient pas d'opposer une assez sérieuse résistance.

Ligne de Ceuta à Fez. — La ligne Ceuta-Tétouan-Fez est plus courte que la précédente, mais elle traverse la partie la plus accidentée et la plus peuplée du Riff.

Pour éviter les épais massifs des Beni-Hassen et des Beni-Mestara, on serait vraisemblablement obligé de se rejeter vers l'Ouest et de reprendre, par Ksar-el-Kébir, l'expédition malheureuse du roi Don Sébastien au xve siècle. L'opération serait presque aussi longue et aussi difficile.

Mais si Ceuta est mal placée pour agir directement contre Fez, elle est admirablement située pour servir de base à des opérations dirigées, soit contre Tanger ou Tétouan, soit contre tout le pays situé entre ces deux villes.

Tétouan pourrait servir de point de départ aux opérations si elle était plus accessible, mais sa situation à l'intérieur des terres la rend peu propice à un débarquement. En raison de ses ressources, elle constitue toutefois un point de ravitaillement important dont il est indispensable de s'emparer avant de pousser la marche dans l'intérieur du pays.

FRONT OCCIDENTAL OU OCÉANIEN

On distingue sur le front océanien jusqu'à l'Atlas deux théâtres d'opérations, l'un au Nord du Bou-Regreg qui a pour objectif Fez, l'autre entre le Bou-Regreg et l'Atlas, ayant pour objectif Merrakech.

Tous les deux ont ce caractère commun qu'aucune opération ne peut s'y développer, sans qu'on ait commencé par s'établir solidement sur un point du littoral.

Cette entreprise présenterait des difficultés provenant non des fortifications, aux trois quarts ruinées, ou de l'artillerie, dont les pièces sont démodées et les affuts hors d'état de servir, mais de l'absence sur toute la côte Ouest de port digne de ce nom, ou même seulement d'une rade sûre. Les quelques mouillages qu'on rencontre en face d'estuaires fermés par des barres ou dans des criques mal abritées, sont intenables pendant la moitié de l'année. Un débarquement ne saurait s'y effectuer que dans la belle saison et par une mer tranquille, et l'on ne pourrait réussir qu'à la condition de disposer d'une armée nombreuse et munie d'un matériel suffisant pour pouvoir rapidement créer un établissement abondamment pourvu d'approvisionnements de toute nature. Ce ne serait qu'après l'achèvement de cette installation, et après avoir mis son point de départ à l'abri de toute attaque, qu'on pourrait se porter vers l'intérieur.

Mais on ne saurait trop répéter que, pendant tout le cours des opérations, le concours de l'escadre serait excessivement précaire.

Lignes de pénétration de l'Océan vers Fez

Fez occupe sensiblement le sommet d'un triangle isocèle, dont la base est le littoral de l'Atlantique de Tanger à Rbat, et les deux autres côtés, les lignes Fez-Tanger et Fez-Rbat. Dans cette région, quatre points s'offrent comme bases des opérations qui pourraient être dirigées de l'Océan vers Fez : Tanger, El-Araïch, Méhédiya et Rbat.

Ligne de Tanger à Fez. — Tanger est le meilleur et l'unique port du Maroc ; sa proximité de l'Europe et la sécurité relative de sa rade le désignent comme objectif à tous les envahisseurs.

De Tanger, on peut marcher directement sur Fez, comme on peut agir tout le long de la côte jusqu'à Mogador, ou prendre à revers le Riff attaqué de front par la Méditerranée. La distance qui sépare Tanger de Fez est de 240 kilomètres.

Jusqu'à Ksar-el-Kebir, le pays se prête à la marche d'une armée nombreuse ; partout on trouve de l'eau, du bois, et nulle part on ne rencontre d'obstacles sérieux. Le passage des lignes d'eau ne peut, quels que soient le temps et la saison, occasionner, sur le même point, un arrêt de plus de 24 heures.

Le flanc droit est protégé par l'Océan, le flanc gauche est appuyé au difficile massif de Chechaouen qui sépare les populations du Riff de celles du Fahs, ces dernières incapables du moindre effort commun.

La valeur stratégique de Ksar-el-Kebir est de premier ordre. Située à peu près à mi-chemin entre Fez et la côte Nord du Maroc, c'est vers elle qu'aaboutissent les communications venant du Riff, de la côte Nord, de la côte Ouest et de l'intérieur.

A partir de Fez, on peut suivre deux routes. La première, la plus sûre et celle qui offre le plus de ressources, va couper le Sbou au gué de Msaïda ; mais le passage à gué du Sbou à moins de 100 kil. de son embouchure constituerait, pour une armée chargée d'impedimenta de toute nature, une opération longue et délicate qu'il y a tout intérêt à éviter. En outre, la traversée de la plaine des Beni-Ahsen formée des alluvions du fleuve, impossible dans la mauvaise saison, pourrait devenir très pénible même en été s'il survenait la moindre pluie.

La deuxième route, que suit toujours l'armée du Sultan et qui s'impose à une colonne de quelque importance, s'élève à travers le pays des Hejaoua, sur les hauteurs qui bordent la vallée du Sbou. Cette route est praticable en toute saison ; les plateaux que séparent les divers affluents du fleuve offrent partout de belles positions où une armée pourrait stationner à l'aise. Elle a sans doute l'inconvénient d'être très rapprochée du Riff, mais cet inconvénient est compensé, en partie, par la protection qu'assure, sur le flanc droit, la présence du Sbou.

Ligne d'El-Araïch à Fez. — Du cap Spartel à l'embouchure du Sbou, la côte n'est interrompue que par les petites pointes d'Arzila et d'El-Araïch.

Arzila, ville déchue, n'offre plus aucune ressource.

El-Araïch est, sur la côte de l'Océan, le port le plus rapproché de Fez; il n'en est qu'à 170 kilomètres, tandis que Tanger en est à 240 et Rbat à plus de 200. Cette localité doit à cette circonstance de disputer à Tanger le commerce de Fez et d'acquérir de jour en jour plus d'importance.

D'El-Araïch, on peut, pour se rendre à Fez, passer par Ksar-el-Kebir, distant de 40 kil. seulement, ou pousser droit au Sud et suivre la route des Beni-Ahsen. Cette base d'opérations est bien tentante. El-Araïch est un des points du littoral Ouest qui mérite de fixer l'attention, et cela d'autant plus que la barre de l'oued el-Khoss est généralement praticable en été et même assez souvent en hiver.

Ligne de Méhédiya à Fez. — Le Sbou porte ses eaux à la mer par un étroit canal à Méhédiya. L'accès de ce canal est plus difficile que celui de l'oued el-Khoss, et, depuis longtemps, aucun navire ne s'y risque plus.

Pour se porter de ce point sur Fez, on peut, ou éviter le fleuve et traverser dans toute son étendue la plaine des Beni-Ahsen, ou passer sur la rive droite et aller rejoindre la route issue d'El-Araïch.

L'avantage d'un débarquement à Méhédiya repose exclusivement sur l'utilisation possible de la partie navigable du Sbou, c'est-à-dire jusqu'aux environs de Fez, par des canonnières et des petits vapeurs d'un faible tirant d'eau. C'est ce qui explique l'importance que certains écrivains militaires espagnols accordent à la ligne Méhédiya-Fez. L'absence de toute ressource à Méhédiya ne leur paraît pas un motif suffisant pour la faire rejeter. La proximité de Sla et de Rbat, faciles à occuper en partant de Méhédiya, diminue, il est vrai, considérablement cet inconvénient.

Ligne de Rbat à Fez. — Le Bou-Regreg débouche dans la mer à 30 kil. du Sbou, entre les deux villes de Sla et de Rbat.

Le bassin de ce fleuve, d'une pénétration difficile, trace la limite entre le Nord et le Sud du Maroc. Les communications entre les deux régions ne se font que par le bord de la mer, tant à cause de la nature du pays que du caractère des populations qui l'habitent. Rbat est le point de passage obligé de tous ceux qui ont à se rendre d'une capitale à l'autre. Cette situation exceptionnelle suffit pour expliquer la nécessité d'occuper Rbat. Mais si on envisage la ville comme base d'opérations à diriger sur Fez, on trouve qu'elle présente des conditions peu favorables. Les difficultés de la barre du Bou-Regreg sont sensiblement plus grandes que celles de l'oued el-Khoss ; le port de Rbat est de moins en moins fréquenté, et il est à présumer qu'aucune escadre n'y risquera jamais un débarquement. La distance Rbat-Fez est d'ailleurs plus considérable que la distance El-Araïch-Fez, et les communications ne sont pas plus avantageuses.

Deux routes peuvent être suivies : celle du Nord traverse la plaine des Beni-Ahsen dans sa plus grande largeur, évitant difficilement des passages bas et marécageux ; celle du Sud reste sur les hauteurs et est plus facile et plus courte, mais elle prête le flanc aux attaques des Zemmours.

LIGNES DE PÉNÉTRATION AU NORD DE L'OUM-ER-RBIA VERS MERRAKECH

La région que traversent ces lignes est connue sous le nom de Tamezna et forme aujourd'hui le pays des Chaouïa. Aucune communication directe n'existe entre la région et Fez : le Tamezna relevant autrefois du royaume de Merrakech, c'est avec cette ville que se sont établies toutes les relations.

Les voies qui traversent le pays ont pour origine Rbat et Dar-el-Beïda.

Ligne de Rbat à Merrakech. — Les difficultés de la barre du Bou-Regreg et l'énorme distance à parcourir (plus de 320 kil.) n'expliqueraient le choix de cette base par une armée européenne devant marcher sur Merrakech, que si elle ne pouvait disposer d'un autre point de débarquement. Il est utile, cependant, d'étudier les deux directions qui conduisent de Rbat vers Merrakech, car elles sont suivies fréquemment par l'armée du Sultan et méritent, à ce titre, de fixer l'attention.

La première longe le littoral jusqu'à Fedhala, laisse à une quinzaine de kilomètres à l'Ouest Dar-el-Boïda, traverse la plaine des Chaouïa, franchit l'Oum-er-Rbia au gué de Mechera Chaïr, et atteint Merrakech par le plateau des Srarna. Cette route rencontre, dans sa première partie, une série de cours d'eau encaissés entre des berges abruptes, dont le passage ne peut se faire que près de la mer, à marée basse.

La plaine des Chaouïa, bien que formée de terres grasses, ne présente de difficultés à la marche qu'après des pluies prolongées. Fertile et bien peuplée, elle est jalonnée par une série de kasbahs dont les plus importantes, celles de Ben-Rechid et de Settat, auxquelles sont adossés de véritables villages, peuvent constituer d'excellents points d'appui et de ravitaillement. Sa population, très attachée au sol, ne paraît pas en état d'opposer à l'envahisseur une résistance sérieuse.

Entre Dar-el-Beïda et Settat, l'eau ne se trouve que dans des puits souvent assez espacés ; pour n'être pas exposée à une dissémination dangereuse, l'armée devrait être pourvue d'un convoi.

Le pays des Srarna, arrosé par le Tessaout, est légèrement accidenté ; il n'est pas moins riche que le pays des Chaouïa.

La seconde voie qui relie Rbat à Merrakech, au lieu de suivre le bord de la mer, pénètre de suite dans l'intérieur du pays ; elle évite ainsi la plupart des cours d'eau que coupe l'autre route, longe la plaine des Chaouïa, et, par le pays accidenté mais bien arrosé et toujours praticable du Tâdla, aboutit au pays des Srarna. Elle coupe l'Oum-er-Rbia au gué des Beni-Meskin.

L'eau y existe partout en abondance, et cette circonstance explique que l'armée du Sultan la suive de préférence à la première, bien qu'elle offre moins de ressources. On n'y rencontre, en effet, qu'un seul centre digne d'être cité, c'est la kasbah de Bejad, résidence des marabouts du Tâdla. Ce pays est habité par des populations guerrières qui tiennent beaucoup à leur indépendance et ne manqueraient pas d'opposer une résistance tenace, augmentée par le voisinage de l'Atlas. Les communications seraient donc excessivement précaires, et l'armée devrait constituer de nombreux détachements pour escorter ses convois rendus nécessaires par l'absence de tout point de ravitaillement entre la côte et Merrakech.

Ligne de Dar-el-Beïda à Merrakech. — La petite baie de Dar-el-Beïda assure aux navires une sécurité relative. C'est, après Tanger, le hâvre le plus fréquenté du Maroc.

De Dar-el-Beïda à Merrakech, la distance est d'environ 250 kil. La route à suivre se confond, à quelques lieues de Fedhala, avec celle décrite plus haut, de Rbat à Merrakech, à travers les Chaouïa, par les kasbahs de Ben-Rechid et Settat. Dar-el-Beïda est, à tous égards, préférable à Rbat comme point de débarquement et base d'opérations.

LIGNES DE PÉNÉTRATION AU SUD DE L'OUM-ER-RBIA

Ces lignes ont pour bases Mazaghan, Saffi et Mogador ; elles se développent à travers des pays qui ont sensiblement les mêmes caractères et ne diffèrent que par leur longueur et les conditions spéciales des ports où elles ont leur origine. Séparées entre elles par des distances relativement courtes, elles pourraient être utilisées simultanément ; mais la liaison ne pouvant se faire pendant la marche, chaque colonne devrait posséder des moyens d'action lui permettant de se suffire à elle-même.

Ligne de Mazaghan à Merrakech. — L'Oum-er-Rbia est loin d'avoir la valeur stratégique du Sbou. Au lieu de couler dans une large vallée où aboutissent toutes les communications, il roule ses eaux dans un lit encaissé, qui n'a que la valeur d'un obstacle qu'on peut éviter au Nord et au Sud. Les gués sont nombreux en été, mais néanmoins d'un passage difficile à cause de la nature des berges. En hiver, on se sert de barques pour traverser la rivière au gué des Beni-Meskin, où passe une des routes de Rbat. Sa barre est considérée aujourd'hui comme absolument impraticable, et le petit port d'Azemmour, autrefois si florissant, est complètement fermé. Il a été remplacé par le port de Mazaghan, situé au fond d'une baie spacieuse, et auquel il ne manque, pour former un abri très sûr, qu'une digue l'abritant des vents du Nord-Ouest.

Tel qu'il est, Mazaghan est un point de débarquement presqu'aussi avantageux que Dar-el-Boïda.

De Mazaghan à Merrakech, la distance n'atteint pas 200 kil., inférieure, par conséquent, de plus de 50 kil., à celle de Dar-el-Boïda à la capitale. La route se développe à travers le pays montueux qui sépare le bassin de l'Oum-er-Rbia de celui de l'oued Tensift. Habité par les Doukkala et les Rhamna, d'humeur assez pacifique, ce pays est presque aussi fertile que celui des Chaouïa. Aucun centre important ne s'y rencontre, mais les points d'eau sont nombreux, et partout on trouve des villages et des ressources.

La route se heurte, aux environs de Merrakech, au petit massif montagneux des Djebila qui protège la ville à l'Ouest, et dont les passages assez rares pourraient être facilement défendus.

Ligne de Saffi à Merrakech. — Saffi est le point du littoral le plus rapproché de Merrakech (160 kil.). Sa rade, abritée seulement du côté du Nord, est complètement ouverte à l'Ouest et n'offre qu'un mouillage dangereux. Néanmoins les Portugais la choisirent au xvi° siècle comme base de leurs opérations à l'intérieur.

La route traverse le pays des Abda et des Ahmar, et a sensiblement les mêmes caractères que la route de Mazaghan, qu'elle rejoint au-delà des Djebila.

Le port de Saffi étant plus accessible, l'envahisseur aurait tout intérêt à reprendre cette voie qui lui permettrait d'arriver à Merrakech en moins de huit jours.

Ligne de Mogador à Merrakech. — La rade de Mogador, grâce à la protection qu'elle tire d'un îlot qui la ferme à l'Ouest, est, malgré son fond rocheux et de très mauvaise tenue, réputée la meilleure de toute la côte Ouest. C'est, après Tanger, le point où le débarquement serait le plus facile.

Mogador est distant de Merrakech d'environ 225 kil. Le pays qu'on parcourt se ressent du voisinage de l'Atlas, et est assez tourmenté. Dans la partie la plus rapprochée de Merrakech, il est coupé par de nombreux affluents de l'oued Tensift, dont le passage n'est pas sans présenter des difficultés. Deux d'entre eux, l'oued Chichaoua et l'oued Nfis, ont un volume d'eau considérable et sont infranchissables par les crues.

La population, clairsemée au Nord, est plus dense vers le Sud. De ce côté abondent les cultures ; au Nord, on ne traverse que des terrains de parcours où paissent quelques bœufs et de nombreux chameaux et moutons.

Deux voies conduisent de Mogador à Merrakech. Le chemin du Nord se rapproche de l'oued Tensift ; il traverse une succession de plateaux presque incultes où l'eau est rare ; il est cependant habituellement suivi par les caravanes et les voyageurs isolés, parce qu'il reste constamment sur le territoire des Oulad-Bou-Seba et des Ahmar, tribus complètement soumises à l'autorité du Sultan.

Le chemin du Sud longe les territoires de tribus pillardes et indépendantes. Il est abondamment pourvu d'eau et passe à proximité de centres de populations d'où l'on pourrait tirer les denrées de première nécessité. Son seul inconvénient est de prêter le flanc droit aux attaques des Imtouga et autres tribus berbères qui pourraient descendre de l'Atlas et venir menacer les communications. Cette éventualité, presque négligeable pour la colonne expéditionnaire, deviendrait redoutable pour les convois ultérieurs; aussi semblerait-il préférable d'adopter la route du Sud pour marcher sur Merrakech, mais d'assurer ensuite les communications avec la côte par la route du Nord.

Conclusions

Il résulte de cette étude que si le Maroc est attaquable de tous les côtés, une seule base d'opérations se présente dans des conditions favorables. Cette base est entre les mains de la France et lui donnerait toutes les facilités d'envahir le pays, sans rencontrer aucun obstacle.

Sans doute l'Angleterre pourrait, grâce à la supériorité de sa marine, effectuer un débarquement sur un point quelconque de l'Océan, mais l'état de son armée ne lui permettrait guère de tenter seule une opération à l'intérieur. Elle devrait se borner à prendre en gage les principaux ports de la côte et à faire le blocus maritime du Maroc.

L'Espagne paraît bien placée pour menacer le Maroc, à la fois par la Méditerranée et par l'Océan, en prenant pour bases les présidios et les îles Canaries. De Melila, elle marcherait sur le haut Sbou par Thaza et Fez ; et, de Ceuta, elle opérerait vers Tanger et Tétouan. Mais, outre que le pays dans lequel se dérouleraient les opérations présente des difficultés spéciales, ni Melila, ni Ceuta ne sont, en l'état actuel, des points d'appui suffisants pour une expédition de longue durée. Rien ne pourrait être tenté sans le concours permanent de l'escadre, ce qui rendrait l'entreprise fort précaire.

Dans l'hypothèse d'une action commune de la France avec l'Espagne, le Maroc peut être attaqué à la fois par l'Est, le Nord et l'Ouest. Le rôle principal dans ce cas, reviendrait à la France qui aurait à diriger, conjointement avec l'Espagne, une expédition sur Thaza et Fez.

Les divers ports de l'Océan, et notamment El-Araïch, Mazaghan et Mogador, pourraient être les points de départ d'opérations secondaires dirigées sur Fez et sur Merrakech.

CHAPITRE III

Organisation sociale

Population

Comme il n'existe pas d'état civil au Maroc, l'évaluation de la population est fort difficile, et la grande diversité d'appréciation des divers auteurs s'explique par l'absence de tout document.

Le Maroc comprend cinq races principales, de mœurs et d'habitudes tout à fait différentes ; les Berbères[1], les Arabes, les Maures, les Juifs et les nègres ; on y trouve, en outre, un petit nombre de chrétiens et de renégats.

Les Berbères sont les descendants authentiques

---

1. Quoique différents voyageurs prétendent que la dénomination de « Berbères » est inconnue au Maroc, Gerhard Rohlfs, un des explorateurs qui ont le plus voyagé au Maroc, a soutenu, dans un article de la Gazette de Cologne du 10 août 1892, que les indigènes du Sud de l'Atlas se donnent à eux même le nom de Breber, d'où dérivent évidemment Berbère ou Beraber.

des anciennes races indigènes du Nord de l'Afrique, que l'on appelle, avec beaucoup de justesse en Algérie, *Kbaïli*, de l'arabe *kbel*, avant (ceux d'autrefois, les autochtones) et que l'on désigne au Maroc sous les termes génériques d'*Imazighen*, et de *Chleuh* ou *Chellaha*. Ils occupent la plus grande partie du territoire; Rohlfs estime qu'ils forment les 4/5 de la population totale.

Les Imazighen peuplent le Riff, les hautes régions montagneuses de l'Atlas, jusqu'au loin dans le Sud; les Chellaha habitent les pays de collines, quelques hautes vallées du Nord de l'Adrar-n'Deren, le Sud de la chaîne de l'Atlas, la vallée de Souss et le Tafilelt.

Les physionomies les plus diverses se rencontrent chez ces populations au teint clair, issues du mélange des deux races primitives lybienne et éthiopienne, avec lesquelles se sont fondus plus tard les colons romains et les Vandales.

Leurs idiomes sont des dialectes de la langue tamazight, qui s'est bien mieux conservée dans le Moghreb el-Aksa que dans le reste de la Berberie, grâce au refuge qu'offrent aux tribus les montagnes de l'Atlas. Les caractères de cette langue s'étant perdus, l'arabe est devenu, dans presque toutes les tribus du Nord, le langage civilisé, compris même par les femmes et les enfants, tandis que beaucoup de tribus du Sud ne connaissent que le tamazight.

Les Berbères marocains sont grands, forts, d'une structure admirable. Amoureux de l'indépendance et de la liberté, ils ont des dispositions marquées aux formes de gouvernement moderne à caractère parlementaire et démocratique. Apres au travail, courageux, ils ont un haut sentiment de la valeur individuelle et demandent avant tout à être traités avec justice. Sobres et fiers, ils sont peu hospitaliers, rancuniers, sauvages et féroces partout où ils ont subi le contact des Arabes. Excellents agriculteurs, attachés au sol, ils ont quelque industrie et sont beaucoup plus positifs que l'Arabe.

Chez les Berbères de l'Atlas et du Riff, un des membres de la famille s'expatrie momentanément en Algérie pour aller chercher fortune. Ils y travaillent comme maçons, jardiniers, moissonneurs ou terrassiers, et, lorsqu'ils ont amassé un peu d'argent, ils rentrent au village, achètent un fusil, un bœuf, et se marient.

La constitution politique des Imazighen et des Chellaha est basée sur l'autonomie communale. Le pouvoir est aux mains de la *djema*, ou *anfaliz*, assemblée générale des citoyens ; c'est la démocratie la plus radicale, puisque le peuple décide de tout. La plupart des tribus ont des *kanouns*, ensemble de coutumes et de traditions qui forment leur code social. Les tribus se groupent diversement, suivant les intérêts politiques du jour, pour former des *soffs*, sortes de confédérations ou de ligues offensives et défensives, dans lesquelles les tribus contractantes sont obligées de partager la bonne comme la mauvaise fortune. Aucun Berbère n'est exempt de l'esprit de soff.

Le Koran est le code religieux des Berbères, mais ils croient et pratiquent beaucoup moins que les Arabes. La vie plus dure et moins régulière des montagnes les empêche d'exécuter avec la même rigueur les prescriptions de la religion. Leur haine des chrétiens et des étrangers en général, semble provenir moins du fanatisme religieux que de la crainte de les voir envoyés par le Sultan pour reconnaître le pays en vue d'une occupation future.

De tout temps les Berbères ont opposé dans leurs montagnes peu accessibles une résistance acharnée à la domination, et presque toujours avec succès ; aujourd'hui encore les Imazighen en particulier, sont pour ainsi dire indépendants et ne paient d'impôts au souverain que sous forme de *hédiya*, présents, à moins que lui ou ses lieutenants ne pénètrent de force dans leur pays, auquel cas tout est razzié sur le passage des troupes. Leur but constant est de payer le moins possible de redevances au Sultan, dont ils ne sont pas moins les dévoués serviteurs en tant que Khalife ou représentant du Prophète.

La côte du Riff et les montagnes qui le bordent sont habitées par des Imazighen grands chasseurs, pirates et bandits, cultivant peu leur sol, d'ailleurs assez ingrat ; la rapine et le meurtre ont pour eux un singulier attrait. Leur respect pour les *chorfa*, descendants du Prophète, est très médiocre, et leur haine des chrétiens n'a d'égale que la soif du butin. Quand ces forbans ne sont pas occupés à repousser les troupes qui viennent annuellement lever chez eux les impôts, ils ont les yeux sans cesse dirigés sur une double proie, les présidios espagnols et les navires que le courant ou un accident quelconque entraînent à la côte, ou que le calme de la mer tiennent à leur portée. Ils se précipitent alors en foule vers les rochers qui abritent leurs embarcations et se dirigent vers le navire qu'ils abordent et mettent au pillage. Quant à la population ou à la garnison des présidios, malheur à celui qui s'écarte du cercle de protection toujours très rapproché de l'enceinte de la place, les plus atroces tortures et la perte de la vie lui sont réservées.

Les Arabes sont les descendants des conquérants venus de l'Est, altérés par des croisements notables depuis l'émigration de leurs ancêtres, dont ils ont conservé la vie et les allures nomades. Pasteurs par excellence, ils vivent du produit de leurs troupeaux, sillonnant chaque année les parcours sur lesquels l'antiquité de leurs migrations leur a départi un droit d'usage, droit, il est vrai, souvent contesté par les voisins, mais que les armes règlent toujours à l'avantage du plus fort.

Moins vigoureusement formé que le Berbère, plus foncé de peau, l'Arabe est plus adroit, plus intelligent et aussi plus dissimulé que lui. Cavalier incomparable, il est essentiellement guerrier ; il aime à faire « parler la poudre »; il rêve l'aventure belliqueuse, surtout si elle peut aboutir à la razzia. Fataliste parce qu'il croit à sa religion, fanatique parce qu'elle le pousse à l'être, il est brave sans réserve et résigné à tout. Il est mobile de caractère comme d'allures et essentiellement impressionnable; par suite, très accessible à diverses influences et particulièrement aux influences religieuses.

L'Arabe a conservé de l'époque reculée où il fut un grand peuple et eût une histoire propre, un reste de grandeur, mais il révèle aussi des marques d'abaissement, de décadence, de barbarie, et l'on constate en lui la perte des caractères distinctifs de la civilisation, qui sont la prévoyance et la perfectibilité par soi-même ou par l'assimilation.

L'Arabe est à la fois généreux et bas, hospitalier et cruel. Il recherche les joies de l'activité sans travail, de l'imprévu et du péril, et il s'en grise. Réfléchi et sérieux dans la forme, il connaît peu ou pas le rire, et cependant enfant par dessus tout et jusqu'à tout compromettre pour une boutade, pour la satisfaction d'un faux amour-propre, par condescendance aveugle et enthousiaste pour un marabout guerrier qu'exalte la « guerre sainte ».

L'Arabe peut se résumer dans le cavalier brillant du goum fièrement debout sur ses larges étriers, maniant aussi élégamment son cheval fringant et son fusil. L'instant présent l'absorbe seul ; il y est tout entier ; du passé, il n'en est plus question ; l'avenir sera ce qu'il plaira à Dieu qu'il soit :

« *L'écrit de Dieu t'arrivera,*

« *Quand bien même tu le fuirais avec des ailes* ».

L'Arabe, à l'encontre du Berbère égalitaire et démocrate, est d'instinct le sujet d'un gouvernement aristocratique ; il y a en lui du patriarcal et du féodal ; il est encore au Xe ou au XIIe siècle de notre ère.

L'influence de la consanguinité a contribué à former une unité politique et administrative, la tribu, *arch*, dans laquelle les mesures communes sont discutées par l'assemblée, *djema*, des cheikhs. L'individu dans la tribu n'est rien ; il appartient à sa famille, à sa collectivité.

Dans cette société, où les distinctions hiérarchiques sont profondément gravées dans l'esprit de chacun, une noblesse[1] souveraine depuis des siècles « mange » le peuple des agriculteurs et des pasteurs, les *fellahs* et les *khammès*[2], sans que ceux-ci y trouvent à redire.

Très attachés et très dévoués à ceux des leurs qui, par droit de naissance ou par l'éclat des services rendus pourraient prétendre au commandement, les Arabes n'obéissent à ceux de leurs chefs imposés par le Maghzen en dehors de cette noblesse, que sous l'empire de la crainte qu'ils leur inspirent ; mais que ces chefs, dans une action de guerre, subissent un échec, non-seulement ils les abandonneront, mais encore ils livreront au pillage leurs tentes, leurs bagages et leurs biens.

« *Le sloughi (lévrier), quand il va à la chasse dit :*
« *Si mon maître tue, je mangerai ;*

---

1. Cette noblesse comporte trois échelons ; la noblesse de race, fournie par les chorfa, qui font remonter leur origine à Fatma, fille du Prophète ; la noblesse militaire, formée par les *djouad*, descendants des *mehal*, conquérants venus de l'Est, et par les *douaouda*, rejetons de la tribu des *koraïch*, dont faisait partie Mohammed ; enfin la noblesse religieuse, celle des marabouts.
2. Métayers au cinquième.

« Et si mon maître est tué, je mangerai encore ».

A lui seul, ce proverbe suffirait pour peindre le caractère des Arabes : mobile, pillard, fataliste et égoïste. Vous êtes vainqueur, Dieu l'a voulu, je suis à vous ; vous êtes vaincu, Dieu vous a retiré sa protection, gare à vous !

Les populations complètement arabes n'occupent que les provinces du Gharb, des Beni-Hassen, le littoral, du cap Spartel à Mogador, et le voisinage de la frontière algérienne. Ailleurs, à l'exception des villes où la race arabe forme toujours l'élément prépondérant, on ne rencontre que çà et là les descendants des conquérants du Moghreb. Cependant on trouve quelques tribus arabes dans le Souss, dans l'oued Noun, et les oasis de l'oued Drâa renferment de nombreux *ksour* purement arabes. Enfin, une grande tribu arabe, celle des Beni-Mohammed, habite les oasis du Tafilelt, au milieu d'une population de race exclusivement berbère.

Les Maures ne constituent pas une race à part ; ils sont le produit du mélange de toutes les races qui se sont établies aux différentes époques dans le Nord de l'Afrique. Les Berbères et les Arabes chassés de la péninsule ibérique par les Espagnols, en ont formé sans doute la masse principale.

Avides, astucieux, fanatiques, de mœurs dissolues, rampants avec les grands, orgueilleux avec les petits, ils constituent la bourgeoisie marocaine et fournissent au pays tous les fonctionnaires civils et religieux.

Le Maure habite surtout les villes; il a le teint clair du Berbère et l'intelligence plus élevée de l'Arabe. Son extérieur est efféminé et délicat, ses vêtements sont élégants et ses allures des plus courtoises. L'Arabe nomade le regarde avec mépris, fier qu'il est de sa mâle existence, de son vieux costume et de ses mains hâlées.

Les Maures ont presque tous ce genre de demi-culture, caractéristique pour ceux qui connaissent l'Islam dans le Nord de l'Afrique; il sait lire et écrire, connaît par cœur un certain nombre de versets du Koran, croit à l'alchimie et à l'astrologie de ses savants, et cherche à s'enrichir par tous les moyens, que ce soit par les voies pratiques du commerce, ou que ce soit comme fonctionnaire du Sultan.

Les Juifs sont répandus depuis fort longtemps dans toutes les parties du Maroc. Les uns descendent de ceux venus de l'Asie à une époque que l'histoire n'a pu déterminer; les autres ont pour ancêtres ceux qui furent chassés de l'Espagne et du Portugal du xive au xvie siècle. Ceux qui proviennent de la première émigration parlent encore un ancien dialecte syro-chaldaïque.

Les Juifs sont surtout nombreux dans les villes de l'intérieur et dans les ports, où ils jouissent d'une liberté plus grande, grâce à la présence des consuls. Ils sont traités très durement. Dans toute autre ville que Tanger, ils sont parqués dans un quartier spécial, *mellah*, entouré d'une enceinte dont les portes sont fermées chaque soir, et d'où les immondices ne doivent jamais être enlevées.

Un costume spécial leur est imposé, afin qu'ils ne puissent être confondus avec les croyants. Dans certains quartiers, et dans certaines villes, il ne leur est permis de circuler que pieds nus, et les rues adjacentes aux mosquées leur sont interdites. Leur témoignage n'a aucune valeur en justice, et, attaqués par des musulmans, ils ne doivent pas se défendre.

En dépit de cette situation humiliante, les Juifs se multiplient en conformité des paroles de la Bible « comme les sables de la mer ». Le nombre des enfants des mellahs marocaines surprend tous les voyageurs.

Tandis que dans les autres parties du Nord de l'Afrique les Juifs s'adonnent presque exclusivement au commerce, au Maroc ils sont en grande partie artisans et se montrent aussi adroits qu'ils sont laborieux et économes.

Quoique relativement peu nombreux, les Juifs ont une grande influence sur l'ensemble du commerce et de l'industrie. Le manque de scrupules dans leurs fructueuses affaires les a, il est vrai, fait haïr de tous, mais l'appui qu'ils se prêtent mutuellement et le soutien moral de l'alliance israélite universelle, les font toujours prospérer en dépit de toutes les exactions. Enfermés dans leurs quartiers étroits et malpropres, ils mènent visiblement une vie familiale plus heureuse que les Arabes riches et nobles dans leurs palais, avec leur harems, leurs esclaves, etc...

Il est aussi difficile de fixer le nombre des Juifs du Maroc que celui des Arabes et des Berbères, quoiqu'ils ne forment qu'une fraction insignifiante de la population totale. Les évaluations les plus diverses ont cours à ce sujet. Jusqu'ici, on estimait généralement leur nombre à 200,000.

Le nombre des nègres est également fort difficile à fixer ; cependant il doit dépasser celui des Juifs. Les uns sont libres et les autres esclaves. Le nègre libre est avec le blanc sur le pied d'égalité sociale et peut aspirer à de hautes fonctions. En entrant au Maroc, il est obligé d'embrasser l'islamisme ;

mais à la religion de Mohammed il mêle toutes sortes de pratiques superstitieuses.

Les chrétiens, peu nombreux, dépassent à peine quelques mille ; ils habitent presque exclusivement les villes de la côte. Les Espagnols, surtout nombreux à Tanger et à Tétouan, dominent ; puis viennent les Portugais. Ces deux peuples détiennent presque tout le petit commerce et les auberges.

Les Anglais, les Français, les Allemands, etc., sont uniquement fixés comme négociants dans les ports.

Les renégats, Espagnols, Portugais, Français, Italiens, sont en général des déserteurs des présidios ou de notre armée d'Afrique. Aventuriers venus au Maroc pour chercher la fortune ou une existence agréable, et ayant embrassé l'islamisme pour gagner d'abord la confiance des indigènes, ils sont bientôt honnis et méprisés ; la plupart exercent un métier ou une industrie quelconque ; quelques-uns font partie de la garde du Sultan.

Les Juifs et les chrétiens ne sont pas sujets du Sultan ; mais les premiers sont soumis à un impôt de capitation spécial appelé *djezta*.

Gerhard Rohlfs évalue la population totale du Maroc à un maximum de 3,000,000 [1].

[1]. Die Bevölkerung Marokkos, Gazette de Cologne, 10 août 1892.

État social

Le territoire que nos cartes désignent sous le nom de Maroc ne constitue pas, pour ses habitants, un pays dont les diverses tribus forment les éléments. En effet, pour eux, la nation telle que nous l'entendons, la patrie, en tant qu'expression politique et géographique, sont des mots vides de sens; la patrie du Marocain, c'est sa tribu, à laquelle se limite son sentiment de la solidarité; hors de ce clan il ne voit qu'indifférents ou ennemis. De là viennent ses révoltes quand on veut toucher à son indépendance, ne serait-ce que pour l'amener à contribuer par les impôts au fonctionnement de la machine gouvernementale, dont il n'entrevoit même pas le principe et dont il refuse absolument de se considérer comme un rouage.

Moins belliqueux de caractère, et aussi moins secondé par la nature de son pays dans ses tentatives de résistance, l'Arabe de la plaine a de tout temps accepté le joug du pouvoir, et, si l'idée d'unité nationale ne dit rien à son esprit, tout au moins exécute-t-il les obligations d'un bon sujet.

Mais il n'en est pas de même des populations berbères des montagnes, et là est l'explication de l'état d'anarchie où elles vivent et dont s'accomodent fort bien leurs allures.

Il règne en effet, même parmi les tribus de la même race, des variétés singulières non-seulement dans les mœurs et les coutumes, mais encore dans le régime social et politique. Ici, la tribu demeure indivise ; là, on se partage en districts, en cantons, ou on s'agrège en communes. Au Nord de l'Atlas, chaque tribu fait son ménage à part, et on y vit sous un régime de démocratie absolue. La plupart ont des kanouns, les autres n'en ont pas. Les unes comme les autres se gouvernent par des djemas où chaque famille a son représentant. Point de pouvoir exécutif, et, au surplus, l'assemblée souveraine ne s'occupe que des affaires générales, laissant les particuliers libres de régler leurs différents à coups de fusil. Dans cette région, la politique se réduit à l'art d'organiser l'anarchie.

Au Sud du Grand Atlas, telle tribu est régie par des cheikhs héréditaires, mais ces dictateurs ne sont pas exigeants ; leurs administrés ne sont tenus que de les accompagner à la guerre, de leur payer une légère redevance et de ne pas trop se piller entre eux ; pour tout le reste, ils font ce qu'il leur plaît. D'autres tribus, tiennent des assemblées, mais elles confient le pouvoir exécutif à un cheikh électif et révocable, nommé quelquefois pour un an. Quelques-unes se réunissent en confédérations ; ailleurs, une tribu faible entre dans le vasselage d'une tribu forte et guerrière.

De lieu en lieu, on trouve dans le Maroc à l'état embryonnaire toutes les formes de gouvernement que les hommes ont inventées ; mais, de quelque façon que les tribus marocaines se gouvernent, une habitude leur est commune : partout on s'y fait la guerre à feu et à sang ; les sédentaires se battent avec les sédentaires pour des questions d'eau et de canaux ; les nomades se battent avec les nomades pour venger les injures de leurs protégés, de leurs clients ; sédentaires et nomades s'entrebattent, les uns pour garder ce qu'ils ont, les autres pour le leur prendre : « Je n'ai pas été « dans une seule région du Sud de l'Atlas, nous dit « M. de Foucauld, sans y trouver pour une de ces « trois causes, la guerre, soit intestine, soit avec « voisins. » Lorsque les tribus se sont assez battues, la paix est ordinairement rétablie entre elles par les marabouts.

Un peuple qui vit ainsi perpétuellement à l'état de guerre civile est un peuple qui penche à sa ruine.

En l'absence d'une action directe et vigoureuse du gouvernement central pouvant maintenir les tribus, les deux tiers du Maroc échappent à l'action du Sultan, souverain temporel ; néanmoins, l'autorité religieuse du Chérif, devant un péril venant de l'extérieur, il faut bien s'en pénétrer, saurait soulever dans l'intérêt de la cause « sainte », tous ces éléments épars, dont le fanatisme ardent et aveugle effacerait momentanément les divisions.

Comme dans tous les pays musulmans, la famille marocaine est organisée sous le régime patriarcal. L'autorité du père de famille est au-dessus de quelque loi que ce soit; il reste toujours le gardien, le maître de ses enfants, alors même que le divorce aurait été prononcé contre lui. Le droit d'aînesse est reconnu.

Les Arabes profitent en général de la faculté que laisse le Koran' à tout musulman d'avoir quatre femmes légitimes ; le Berbère au contraire est généralement monogame. L'union conjugale est une sorte de marché dont le prix, ou don nuptial, est débattu par les deux pères et versé par le futur époux entre les mains de la famille de celle qu'on lui destine.

La femme arabe vit dans un état d'abaissement qui est le fait des institutions, et non celui d'une infériorité qui lui soit propre. Sans éducation morale sérieuse, livrée encore adolescente à l'inconnu qui n'a le plus souvent sur son cœur d'autre droit que celui qu'il vient d'acheter, elle est pour son mari la servante, presque jamais la compagne.

Chez les tribus arabes, les femmes ont sous la tente et autour de la tente, la besogne la plus dure, la plus incessante, la plus étendue :

« *Mule le jour,*
« *Reine bien-aimée la nuit* ».

La femme arabe ne peut assister aux réunions des hommes ; elle doit toujours paraître voilée et ne peut manger avec son mari, encore moins avec ses hôtes. Rarement elle est consultée par son époux, et, s'il la consulte, il se souvient du proverbe :

« *Consulte ta femme,*
« *Mais fais à ta tête* ».

Chez les populations berbères, la femme est plus considérée, plus influente, et participe à toutes les évolutions de la famille ; elle prend ses repas en commun, même quand il y a des étrangers, et peut circuler librement, à visage découvert.

Le divorce, autorisé par le Koran, est très usité, aussi bien chez les Arabes que chez les Berbères[1]. Les formalités sont très simples : on va chez le cadi, ou le cadi vient lui-même, assisté de deux témoins. Il se fait d'abord expliquer les griefs, puis il essaie de concilier les parties ; s'il ne peut

---

1. La femme peut demander le divorce pour raison de mauvais traitements, et aussi pour cette « *injure conjugale* » qu'elle fait connaître au cadi, publiquement mais éloquemment, quand elle se présente devant lui tenant ses souliers la semelle en l'air.

y réussir, il prononce le divorce. Chez les Berbères, le divorce est, pour ainsi dire, livré au caprice du mari. Celui qui veut divorcer dit simplement à sa femme : « Je te quitte pour tant de douros » et la femme se retire chez ses parents avec cette somme.

Suivant son origine, sa bravoure ou sa piété, il se groupe autour de chaque chef ou personnage important un certain nombre de clients, qui viennent vivre sous sa protection et en partie à ses frais. Ces clients font son influence politique.

La domesticité comprend les serviteurs, *khoudam*, travaillant, soit pour des gages, soit pour le seul entretien, en général très attachés à leurs maîtres ; et les esclaves. La dénomination d'esclave, avec ce qu'elle comporte à nos yeux de pénible et de misérable, ne convient pas à leur situation ; car si le Koran a autorisé l'esclavage, il a eu soin d'édicter des dispositions qui, bien observées, sont de nature à le rendre très tolérable. L'esclave fait partie de la famille ; il est nourri et vêtu et il ne doit pas être maltraité. Si la loi n'est pas observée à son égard, il peut demander au cadi à changer de maître. La femme esclave enceinte ne peut plus être vendue : son enfant est légitime [1].

[1]. La traite des esclaves était récemment encore très floris-

Au point de vue des conditions de l'existence, les populations du bled el-Maghzen et celle des régions accessibles aux troupes du Sultan, se débattent au milieu d'une misère qui est le fait d'une administration ignorante, brutale et corrompue au suprême degré. Accablés d'impôts toujours en excès des bases prescrites par les lois musulmanes, forcés de prélever fréquemment sur leur maigre pécule des parts exagérées de hédiyas; contraints de fournir à chaque instant la mouna à des amels, à des corps de troupe, aux agents de tous ordres du Maghzen, etc.; frappés d'amendes importantes en argent ou en nature sur un simple caprice des chefs, les malheureux Marocains sont condamnés à ne jamais posséder que l'indispensable pour vivre, eux et leurs familles. Quiconque a de l'argent est exposé aux extorsions impudentes, effrontément violentes des amels et des caïds.

Avoir la réputation d'un homme riche est un

---

sante au Maroc; l'occupation de Tinibouktou par nos troupes a porté un coup mortel au commerce du *bois d'ébène*. Malheureusement un assez grand nombre de riches Marocains se livrent depuis longtemps à un véritable élevage humain, en unissant des négresses à de superbes noirs. Les enfants sont vendus dès l'âge de sept ans sur les marchés, à des prix qui atteignent 300 francs pour les sujets les plus beaux et les plus forts. Le Sultan Mouley-Hassan, dans ces dernières années, s'est livré lui-même à cette honteuse pratique, et a fait vendre, notamment sur le marché de Merrakech, en décembre 1891, un lot d'une centaine d'enfants âgés de 7 à 10 ans.

malheur, et celui qui a quelques douros, les enterre, dépense en secret, simule la misère et la faim. Nul n'accepte en paiement un écu noirci, même quand il est certain de son authenticité, parce qu'il peut paraître avoir été tiré d'une cachette souterraine et attirer ainsi les soupçons des chercheurs de trésors. Quand un homme aisé meurt, ses parents s'empressent d'offrir un important cadeau à l'amel pour éviter d'être dépouillés de l'héritage. Enfin, on offre des cadeaux pour obtenir justice, pour prévenir les persécutions, pour n'être pas réduit à mourir de faim. Et quand, finalement, ces hommes sont affamés et que le désespoir les aveugle, ils plient leurs tentes, s'emparent de leurs fusils et lancent le cri de la révolte. Qu'arrive-t-il alors ? Le Sultan lance contre eux 3.000 mokhazna ou asker, véritables démons ne rêvant que la razzia, qui sèment la mort dans le pays rebelle, coupent les têtes, s'emparent des troupeaux, enlèvent les femmes, vident les silos, incendient les maisons, réduisent les terres à l'état de désert, et retournent avec les têtes qu'ils ont coupées au mechouar, annoncer que la révolte est domptée.

Instruction publique

L'instruction publique est presque nulle au Maroc. A quelques mosquées sont annexées des écoles publiques ; les enfants y apprennent à lire en épelant les versets du Koran, et à écrire en traçant sur des planchettes polies, *louh*, les mots du livre saint. On trouve également quelques écoles particulières, mais elles ne sont guère fréquentées. Quand on veut pousser plus loin l'éducation de l'enfant, on l'envoie dans une sorte de collège, d'où il ne sort que pour entrer à l'université de Fez, appelée Dar-el-alem (maison du savoir).

On y enseigne les éléments de la géométrie d'Euclide, la cosmographie de Ptolémée, quelques manipulations alchimiques, la grammaire, la poésie, une sorte de rhétorique ou de métaphysique, enfin, assez d'astronomie, pour qu'on puisse prendre l'heure au soleil avec de mauvais astrolabes. On y explique les traditions musulmanes, on y commente le Koran, et on y développe les principes de la jurisprudence civile et religieuse. Quant à la géographie, elle est exclue du plan d'études ; l'histoire se borne à narrer les hauts faits du Sultan. La physique est celle d'Aristote, et la superstition religieuse a banni l'étude de l'anatomie et de l'histoire naturelle.

En résumé, la théologie musulmane, seule base du droit et des lois, est toute la science des savants du Moghreb.

L'université de Fez peut seule donner les trois

grades littéraires : celui de *taleb*, c'est-à-dire érudit ; de *faki*, docteur ; enfin, celui d'*alem*, ou *ouléma*, le plus élevé de tous.

Il n'existe dans tout le Maroc aucune bibliothèque ; en 1760, il y en restait une dans la mosquée d'El-Kharoubin, composée de plus de 40,000 volumes. Sidi-Mohammed en distribua une partie aux cadis de l'empire, Mouley-Sliman vendit à l'Espagne ce qui restait, en conservant à peine quelques livres de théologie.

La langue enseignée dans les écoles est l'arabe du Koran, mais le langage vulgaire est tout autre ; c'est un arabe mêlé d'expressions et de locutions tamazight, espagnoles, portugaises, italiennes et même françaises. Cette différence s'observe en outre dans l'écriture. Ce n'est plus la méthode orientale, où les lettres, les points, les accents, tout se confond ; la prononciation des voyelles, des consonnes et des doubles lettres est ici très distincte, et la construction des phrases affecte souvent une tournure inconnue des écoles d'Orient. L'écriture est très difficile à déchiffrer, ce qui oblige toujours à lire en chantant. Il n'y a du reste pas d'imprimerie au Maroc, aussi, la calligraphie y est-elle en si grand honneur que tout individu qui possède une belle écriture passe pour un homme supérieur.

La littérature est au degré des littératures qui

commencent ; cependant on rencontre quelquefois sur les places publiques des improvisateurs dont les chants et les récits sont pleins de verve et d'imagination.

Médecine

La médecine n'est exercée au Maroc que par quelques guérisseurs, qui n'ont en pathologie et en thérapeutique que des connaissances très bornées et purement empiriques. L'anatomie et la physiologie leur sont complètement inconnues ; cependant il est quelques plantes dont ils savent apprécier les propriétés et qu'ils emploient parfois avec un rare bonheur.

Les médecins français jouissent dans le Maroc d'une grande réputation, et, quoique *roumis*, ils y sont à l'abri des injures et des mauvais traitements. Le gouvernement français a attaché à notre légation au Maroc un médecin militaire, qui donne aux indigènes des soins gratuits et a sur la population une grande influence.

Les maladies sont peu nombreuses ; les plus fréquentes sont l'éléphantiasis, l'ophtalmie, la syphylis sous toutes ses formes, et enfin les affections que détermine l'usage abusif du *kif*.

Arts

Les arts sont encore plus négligés que les sciences et les lettres ; pas de peinture, pas de sculpture, la religion défendant la représentation des êtres animés; pas de musique non plus, si ce n'est une espèce de psalmodie sans harmonie et sans rythme.

Les Marocains accompagnent leurs chants en frappant dans leurs mains et avec des instruments tout à fait primitifs. L'intonation qu'ils modulent va crescendo, et varie du sol au fa, mais sans jamais dépasser les limites d'un octave.

Architecture

L'architecture n'est guère plus florissante, et on a peine à retrouver des traces de l'élégant style arabe sur les murailles du Maroc, lourdes et massives, avec leurs grosses tours et leurs portes à arcades du haut desquelles tombent des herses de fer. On retrouve bien ça et là dans les mosquées et dans quelques palais de Fez, la profusion des colonnes, les portes à ogives, les nefs surbaissées, le cintre rétréci à sa base en forme de croissant renversé ; mais ce n'est plus cette gracieuse et charmante architecture d'autrefois dont l'Alcazar, l'Alhambra, la Mesquita de

Cordoue sont encore aujourd'hui des modèles inimitables.

Justice et protégés

Le Sultan est à la fois le juge et législateur supérieur du pays; mais il en coûte cher pour s'adresser à sa justice. Pour en appeler même à l'amel, les frais sont grands, et peu de justiciables peuvent y faire face. C'est donc le cadi, en définitive, qui est seul chargé d'exercer la justice.

Quoique en principe, d'après le Koran, tous les musulmans soient justiciables du cadi, il arrive que les crimes et délits sont jugés directement par les amels, qui ont droit de haute et de basse justice, contrairement aux prescriptions du rite maleki.

Le cadi rend la justice en matière criminelle et civile. D'après le Koran, il donne audience tous les jours, assisté de deux *adoul* (notaires), qui sont de simples témoins pour les actes et les jugements, en même temps que des greffiers.

Il existe un cadi par amala. Tous les *cadis el-amala* sont nommés par le cadi de Fez, appelé *cadi ed-djema*, le juge le plus élevé de l'ordre judiciaire, désigné généralement par le Sultan parmi les membres de sa famille. Chaque amala comprend, en outre, un nombre plus ou moins grand, suivant l'importance des tribus, de cadis de tribus, *cadis el-kebila*.

L'appel des cadis el-amala au juge suprême de Fez est non seulement facultatif, mais souvent les parties franchissent la première instance et portent leurs plaintes directement au siège du cadi ed-djema.

Dans les causes criminelles, le cadi peut prononcer la peine de mort, mais la confirmation du jugement et l'ordre d'exécution sont réservés au Sultan. Les condamnations à mort pour meurtre ou assassinat sont rares, car la législation musulmane permet de racheter le sang versé au moyen d'une compensation pécuniaire ou en nature, appelée *dya*, « prix du sang versé ».

Les cadis relevant plus ou moins des amels n'ont pas, de ce fait, l'indépendance nécessaire pour juger en toute conscience. En outre, comme fonctionnaires judiciaires et religieux, ils doivent être payés sur les fonds des mosquées (*habbous*), ce qui n'a lieu que très rarement ; de sorte qu'ils en sont réduits aux présents des parties. Enfin, d'après le Koran, un fait ne peut-être considéré comme démontré que lorsqu'il est confirmé par deux témoins. Il résulte de ces particularités, et ceci est commun à tous les pays musulmans, que la corruption des cadis et l'achat de faux témoignages sont à l'ordre du jour. Les jugements, au civil comme au criminel, sont rendus au bénéfice du plus offrant ; aussi, ni la propriété, ni la vie des personnes, ne sont-elles en sécurité.

La justice arbitrale est exercée en grande partie par les adoul, quoique les cadis soient aptes à recevoir des actes notariés. Les actes établis par les adoul sont quelquefois présentés au cadi pour leur légalisation. Comme les notaires ne tiennent aucun registre, que la signature de deux d'entre eux donne une valeur légale à un acte, et qu'enfin les parties ne les signent pas, beaucoup de faux se produisent avec la complicité des adoul ; les parties cherchent souvent à y parer au moyen de la légalisation de leurs contrats par le cadi.

Les peines sont au Maroc, d'une effrayante cruauté, et si la peine de mort est en réalité supprimée hors pour les crimes politiques, elle est remplacée par la prison perpétuelle où les condamnés meurent de faim et de misère. C'est dans la férocité à l'égard des prisonniers, qui ne sont pas tous des criminels de droit commun, que se révèle sous son jour le plus triste, l'état de barbarie dans lequel se trouve encore le pays.

Les prisons sont des lieux d'effroi que notre imagination est impuissante à se représenter dans toute leur horreur. Généralement formées d'une immense cave à compartiments nombreux, presque sans air ; parfois surmontées d'un rez-de-chaussée, elles offrent le spectacle de ce que l'on peut rêver de plus immonde. Là croupissent, au milieu des rats, de la vermine et des excréments, dans la plus épouvantable malpropreté, privés d'air respirable, des malheureux souvent presque nus, quelquefois attachés par le cou à des carcans de fer scellés dans le mur les forçant à rester debout ; ailleurs on en voit qui sont fixés au fond de leur case par une chaîne et un anneau rivé à la ceinture. Dans la cour, circulent des individus, dont quelques-uns traînent par le cou une chaîne à laquelle est attachée un boulet plein ; d'autres, les fers aux pieds, portent à la ceinture, cerclée de fer également, une chaîne massive. Les plus heureux sont dépourvus de ces instruments de torture.

Quelques-uns de ces malheureux reçoivent encore, chaque fois que leur état physique le permet, un certain nombre de coups d'*asfel* (corde en cuir tressé). Quant à leur nourriture, l'État ne s'en occupe que s'ils n'ont point de famille ou d'amis qui puissent y pourvoir ; dans ce cas, on leur donne juste assez de pain pour qu'ils ne meurent pas de faim. Chaque prison est pourvue d'un tronc où les croyants compatissants déposent leur obole pour la nourriture des prisonniers ; mais quand cet argent n'est pas volé en partie par le geolier, il l'est par le fonctionnaire chargé de la prison ou par l'amel.

Le registre d'écrou est un document inconnu. On incarcère, sans aucune formalité, tous les individus surpris en flagrant délit, ceux poursuivis par la vindicte publique, ceux sur lesquels reposent des présomptions, et même ceux qui sont simplement accusés par leur ennemis à titre de vengeance. La durée de la détention n'est jamais fixée, de sorte qu'un malheureux, emprisonné pour un simple tapage dans la rue, peut être oublié pendant des années si personne ne s'occupe de le faire libérer.

L'amel et ses agents cherchent à extorquer le plus d'argent possible aux prisonniers, et la libération, pour quelque crime ou délit que ce soit, hors le crime politique, s'achète avec une somme en rapport avec la gravité de l'accusation et la fortune du prisonnier.

Les peines ordinaires sont : l'amende et la bastonnade; personne n'est à l'abri de cette dernière, pas même les fonctionnaires de l'ordre le plus élevé.

L'adultère est puni de la lapidation, mais le mari trompé est obligé, aux termes du Koran, de présenter quatre témoins dignes de foi, chose difficile, s'il ne veut pas recevoir quatre-vingt coups d'*assa* (bâton).

Le vol est puni, soit par l'amputation de l'une ou des deux mains, soit en formant les mains des voleurs pour toujours : chaque poing est serré dans un morceau de peau de bœuf, de manière à faire pénétrer les ongles dans la chair vive ouverte préalablement par le couteau ; une peau fraîche se tend peu à peu sur la main ; au bout d'un certain temps on enlève la peau de bœuf, et la main se maintient à l'état de moignon. Les ongles, entrant dans les chairs, causent des douleurs atroces. Les individus soumis à ce supplice finissent presque toujours par se casser la tête contre les murs.

La vénalité de la justice et les abus de pouvoir d'un gouvernement absolu et arbitraire ont mis les puissances qui confient à des indigènes, soit une collaboration dans l'exercice de leur politique, soit la gestion d'une partie des intérêts matériels de leurs nationaux, dans l'obligation de les soustraire à l'autorité locale, qui pourrait exercer son action dans un sens préjudiciable à l'accomplissement de leur mission. De là des arrangements conclus entre les différentes nations et les représentants du Sultan[1], et plaçant les indigènes employés par elles dans une situation particuliè-

---

1. Convention de Madrid de 1880.

rement garantie et sous la juridiction de leurs consuls respectifs.

Les protégés se divisent en trois catégories :

1° les protégés officiels, c'est-à-dire les employés, interprètes, janissaires, domestiques des ministres, chefs de mission, consuls, vice-consuls et agents consulaires des puissances étrangères.

2° les protégés exceptionnels, au nombre de 12, adoptés par les puissances étrangères pour prix de services rendus.

3° les censaux, ou autrement dit, les agents des commerçants étrangers chargés de leurs achats ou de l'écoulement de leurs produits dans l'intérieur du pays ; en un mot, les aides et les mandataires de ces commerçants.

Cette question des protégés est une des grandes préoccupations du Maghzen ; il fait tous ses efforts pour en pallier les effets, en même temps qu'il en poursuit, sans succès d'ailleurs, la suppression.

Sans doute la protection donne lieu à des abus criants ; sans doute certains représentants étrangers accordent des patentes à des individus quelconques dans le seul but de se créer une clientèle ; mais on ne voit pas trop, dans l'état actuel des choses au Maroc, par quoi il serait possible de la remplacer.

Lorsque des Européens ont des différents à

régler avec des indigènes, ils ont le choix entre la juridiction des cadis et celle des consuls ; mais ils n'ont presque jamais recours à la première, parce qu'elle a pour base le Koran, qui ne donne aucune valeur au témoignage d'un chrétien contre un musulman.

Culte

Les Marocains suivent le rite orthodoxe maleki, du nom de Malek, l'un des commentateurs du Koran.

Comme dans tout l'Islam, on ne trouve pas à exactement parler, une organisation sacerdotale au Maroc. Le Sultan est le grand pontif, l'Iman de tous les musulmans malekites. Le *mufti* est le chef de la circonscription religieuse et l'interprète de la loi ; sa décision, *ftoua*, est souveraine. L'*iman* est celui qui préside à une assemblée de croyants en prière ; le *hazzab* est un lecteur du Koran dans la mosquée. Le *mouddin*, du haut du minaret crie aux quatre directions l'heure de la prière. Le vendredi est le jour du prône, *khotba*, qui, pour tous les Marocains, s'accompagne d'invocations en faveur du Sultan.

Les marabouts existent plus nombreux que dans les autres pays musulmans, car il faut y ajouter tous les *chorfa*, c'est-à-dire les descendants du Prophète, qui pullulent au Maroc; ils constituent la plus haute noblesse religieuse.

L'Islamisme n'est sérieusement compris et pratiqué que par les chefs religieux et les lettrés; le peuple, quoique en général bon observateur de la loi, pratique certaines cérémonies et garde des superstitions qui portent la trace des différents cultes qui se sont succédé sur le sol qu'il habite. Cette remarque s'applique surtout aux Berbères.

Un grand nombre de Marocains sont affiliés à des ordres religieux, dont l'influence est considérable. Tous ces ordres ou confréries, divisées autrefois, semblent au contraire aujourd'hui obéir à une impulsion unique dont on ignore encore l'origine.

Les *mokkaddim*, ou représentants des chefs de ces ordres, ont sur les affiliés, ou *khouans* (frères) une autorité considérable, et souvent leur intervention suffit pour maintenir les tribus et empêcher les querelles que les chefs, des marabouts locaux ou des illuminés essayent de fomenter. Au milieu de ce peuple décadent, sans notion de nationalité et ayant à peine l'idée de confédération, l'esprit de discipline des khouans ne se dément jamais. « Comme un cadavre entre les mains du *rsal el-maouta* (le laveur des morts[1]) ». Telle est la règle de conduite des affiliés.

L'organisation de ces confréries dont on connaît à peine les détails, les ramifications, est formidable, et, quoiqu'existant à l'état latent, ces confréries constituent un danger permanent pour les puissances musulmanes.

Le *dkeur* est le signe de reconnaissance des affiliés ; il consiste en une formule d'initiation, d'invocation. Certains ordres se reconnaissent au chapelet, à la façon d'en rouler dans les doigts les 99 grains, à certaines prières sans cesse répétées, aux attitudes que l'on doit prendre en prononçant telle ou telle voyelle des textes sacrés.

Les ordres comprennent une véritable hiérarchie, suivant le degré d'initiation. Au début, l'affilié est *telmid*, c'est-à-dire assistant, puis il devient successivement *mourid* (aspirant) ; *faqir* (pauvre) ; *çoufi* (parfait) et *salek* (marchand vers Dieu). Ici la hiérarchie se divise : l'affilié devient tantôt *medjdoud* (attiré vers Dieu) ou *mohammedi* (plein de l'esprit du Prophète). Enfin, au dessus de l'état de mohammedi, il y a celui de *touhidi* (inspiré

---

1. C'est la même formule de passivité que prononça le fondateur d'une société célèbre, quand il dit : « *perinde ac cadaver* ».

ou possédé de Dieu) qui se traduit parfois par la folie.

Tous les ordres sans exceptions aspirent au çoufisme. Le çoufi est détaché des choses matérielles ; il a fait abnégation de ses intérêts et de tout ce qui préoccupe l'humanité. C'est l'état de pureté parfaite.

Bien que ces ordres se donnent une apparence exclusivement religieuse, ils s'occupent avant tout et par dessus tout de politique, et les correspondances des *chioukh*[1] religieux, chefs des différentes congrégations, montrent qu'on a affaire à des diplomates remarquables comme habileté, comme ruse et comme érudition. Leurs conseils et leurs correspondances se transmettent avec une rapidité inouïe, à des distances énormes ; et, à de rares exceptions près, ce sont eux la cause des rebellions, les moteurs des désordres, les chefs de révoltes.

Les principaux ordres qui ont des adeptes au Maroc sont : les *taïebia*, les *qâdrya*, les *tedjania*, les *derkaoua* et les *snoussya*.

Les taïebia, appelés *thouama* au Maroc, dont la maison-mère est à Ouazzan, jouissent d'une grande considération dans tout le Nord du Moghreb.

---

1. Pluriel de cheikh.

Fondée il y a trois siècles par un membre de la famille impériale, cette congrégation est en quelque sorte l'ordre national marocain. Les taïebia sont en mauvaises relations, du moins en apparence, avec quelques autres ordres, entre autres, les qâdrya, les tedjania et les derkaoua ; ce qui ne les empêcherait nullement de se joindre à eux ou de les appeler dans certaines occasions.

Les taïebia ont des affiliés dans toute l'Afrique occidentale, et leur influence est également très grande dans le Tafilelt, dans l'Adrar, dans le haut Sénégal. Une zaouïa taïebia existe à Tamentit, dans le Touat. Le chef de l'ordre, Mouley-el-Arbi, fils d'El-hadj-Abd-es-Slem, décédé en 1892, est protégé français. Le chapelet des taïebia se reconnaît à un anneau de cuivre.

Les qâdrya ou *djilala* ont pour fondateur Sidi-Abd-el-Kader-el-Djilani. Le centre de l'ordre est à Bagdad. C'est l'ordre qui a le plus d'adhérents, soit dans le Sahara, soit dans le monde musulman tout entier. Le Sultan de Constantinople en fait partie. Ses khouans sont des agents très actifs de la propagande islamique ; ils reçoivent, le cas échéant, le mot d'ordre de Constantinople même. L'émir Abd-el-Kader était l'un de ses mokkaddim, et Bou-Amama y était affilié.

Les qâdrya forment un ordre très tolérant et

très charitable, ouvert à tous ; ils ne se cachent jamais et cherchent à se faire accepter partout, même en pays chrétien.

Les derkaoua ont leur maison-mère dans les oasis du Ferkla qui s'étend à une journée de marche au Nord-Ouest du Tafilelt. Ils constituent une sorte d'ordre mendiant et ont pour doctrine de refuser l'obéissance à toute puissance temporelle « Dieu seul étant le Maître ». La plupart de leurs khouans paraissent inoffensifs ; mais en réalité ils sont très dangereux, et l'on peut les considérer comme les précurseurs et les initiateurs du snoussysme.

Les Berbères du massif central de l'Atlas, les Zaïan, les Beni-Mguild, les Aït-Youssi, les Aït-Tseghouchen, etc., sont tous sous l'influence des derkaoua.

Les snoussya sont les ennemis les plus acharnés des chrétiens, mais ils se disent également les ennemis des Turcs, parceque ceux-ci entretiennent des relations amicales avec les premiers. Leur maison-mère est à Djerboub, dans le pays de Barca. C'est l'ordre religieux qui affecte le plus de se tenir en dehors des choses politiques ; c'est au contraire celui qui est le plus actif et dont l'influence est la plus dangereuse.

Leurs mokkaddim ne prêchent pas la révolte,

mais l'émigration ; cependant, les snoussya pousseraient volontiers les peuplades musulmanes à empêcher par la force tout établissement chrétien, français ou autres, sur les territoires de l'Afrique encore inoccupés par les Européens. Tous leurs efforts tendent à englober dans leur association les autres confréries religieuses. Ils ont déjà réussi en partie sur de nombreuses zaouïas du Maroc, et leurs progrès s'accentuent tous les jours. Leurs adeptes sont répandus sur toute la surface du pays.

Armée

Sous le règne de Mouley-Hassan, le Maroc était partagé en trois grands commandements, celui de Fez, celui de Merrakech et celui du Tafilelt.

Il n'existe pas de système militaire au Maroc basé sur des institutions définies. Pas plus pour le recrutement, pour la constitution des effectifs et des réserves, que pour le fonctionnement du commandement ou de l'administration, il n'y a de règles fixes.

Le recrutement s'opère à raison d'un soldat par famille. Les recrues entrent fort jeunes dans l'armée et y restent jusqu'à ce qu'ils ne puissent plus faire de service ; aussi, voit-on dans les rangs des enfants et des vieillards à peine capables de tenir une arme.

L'armée marocaine comprend :

l'infanterie régulière ;

le maghzen (cavalerie) ;

les tobjia (artilleurs) ;

quelques troupes de marine.

INFANTERIE RÉGULIÈRE

L'infanterie, soi-disant régulière, est constituée par environ 12.000 *asker* (du mot turc *askri*, soldat). Ce nombre augmente à chaque retour d'expédition par l'incorporation des prisonniers faits. Les recrues proviennent surtout du bled-el-Maghzen ; le plus gros contingent est fourni par Merrakech, le plus faible par Tanger et Tétouan. Chaque ville fournit un *tabor*, d'un effectif variant de 200 à 1000 hommes ; il en est peu cependant qui en dépassent 400. Le tabord est la véritable unité ; il est commandé par un *caïd-agha* (chef de 1000 hommes) assisté d'un *khalifa* ou second, et se divise en compagnies de 100 hommes sous les ordres d'un *caïd-mia*. Le caïd-agha et le caïd-mia sont les deux seuls grades d'officiers.

Un des tabors est composé de nègres, depuis le commandant jusqu'au dernier soldat, et porte le nom de *tabor asker-abid*.

Le plus grand nombre des tabors sont ordinairement réunis auprès du Sultan et le suivent dans ses résidences de Fez, de Mekness et de Merrakech. Les autres constituent, avec quelques artilleurs et quelques marins, les garnisons des villes de la côte : Tétouan, Tanger, El-Araïch, Sla, Rbat, etc.

Les tabors ne sont pas groupés en régiments et en brigades, chacun d'eux forme une unité distincte relevant directement du général de l'infanterie. Ils ne sont pas davantage numérotés ; le plus souvent on les désigne, soit par le nom de leur commandant, soit par celui du territoire où ils sont recrutés.

Les casernes sont inconnues ; les soldats logent, partie dans des *fondouks* (auberges) appartenant à l'État, partie en ville, dans leurs familles.

L'armement se compose de fusils de tous les modèles, excepté ceux en service dans les bonnes armées ; un certain nombre d'hommes, néanmoins sont pourvus d'armes à tir rapide, armes de pacotille généralement. Il semble cependant difficile, pour deux raisons, que les armes se chargeant par la culasse, et à plus forte raison les armes à répétition, puissent être données définitivement au soldat marocain ; d'abord parce qu'il est incapable de maintenir ses armes en état de propreté et que la fermeture de

culasse et le mécanisme à répétition, toujours
délicats, seraient en peu de temps hors de service ;
ensuite, parce que le Maroc n'ayant pas de fabriques de cartouches [1] est tributaire de l'étranger.
Il suffirait à la nation qui lui ferait la guerre, de
bloquer ses ports pour lui couper ses approvisionnements en munitions.

L'habillement — on ne saurait dire l'uniforme
— est différent suivant les tabors et même suivant
les compagnies. C'est un composé des couleurs les
plus variées. Il comprend généralement un *fez*
rouge, une culotte bouffante en drap rouge, bleu ou
vert, une veste ouverte et un gilet en drap rouge
grossier, le tout complété par des babouches jaunes,
à moins que l'homme ne préfère marcher pieds nus.
L'habillement et le fusil lui sont donnés lors de
son arrivée, et ils les portent tant qu'ils peuvent
servir. L'équipement, quand il en existe, ne
comprend qu'un fourreau de baïonnette et une
giberne ; les hommes n'ont pas de havre-sacs

Les officiers n'ont pas de tenue spéciale ni d'in-
signes qui les distinguent ; ils sont armés de sabres

---

1. Un colonel de l'armée italienne, a été chargé en
1890 de monter un atelier de pyrotechnie et une manufacture
d'armes ; mais tout fait supposer que ces établissements, qui,
malgré la science et la bonne volonté du directeur, fonctionnent
péniblement en ce moment, n'auront qu'une existence de
courte durée.

des modèles les plus divers ; presque tous portent la *khoumya*, ou poignard recourbé.

La solde est dérisoire : 0.20 à 0.40 centimes par homme et par jour, suivant les armes, et 0.60 par sous-officier, pour la nourriture et l'entretien. Les caïd-agha ont une solde journalière de 4 fr. 50 ; celle des caïd-mia est de 2 fr. 50. Les officiers cherchent à augmenter leur maigre traitement en cultivant en grand les hommes de paille, et ils n'en sont empêchés le plus ordinairement par aucune espèce de contrôle, spécialité inconnue dans les armées qui en auraient au contraire un réel besoin.

Le service de la solde est spécialement dirigé par le ministre de la guerre, aidé d'un certain nombre d'*amin-alif*, ou payeurs. Les aghas ne sachant, en général, ni lire ni écrire, s'en rapportent à ces derniers pour l'établissement des états de solde, qu'ils vont présenter à la signature du ministre. Toute cette comptabilité tient très peu de place et est renfermée dans une caisse en bois, qui contitue tout le mobilier du « ministère de la guerre ».

Quant à l'instruction des troupes, elle ne présente aucune unité ; certains bataillons sont instruits à la française, d'autres à l'anglaise par des instructeurs formés à Gibraltar ; d'autres, enfin ne reçoivent aucune instruction.

La discipline est ce qu'elle peut être, étant donné la promiscuité dans laquelle vivent officiers et soldats, mangeant, couchant et jouant ensemble.

L'effectif total de l'infanterie régulière est d'environ 12.000 hommes, comprenant 30 tabors d'une force moyenne de 400 soldats.

Un certain nombre de tribus berbères, notamment celles des environs de Merrakech, fournissent des fantassins irréguliers, des *nouaïb*, dont le nombre peut être évalué à 25.000 environ. Les nouaïb à pied ont rendu de grands services, car se sont eux qui ont le plus énergiquement résisté aux Espagnols, pendant la campagne de 1860.

CAVALERIE

La cavalerie régulière, dont l'ensemble est appelée *guich,* est fournie par les tribus maghzen, lesquelles jouissent de certaines immunités au point de vue des impôts ; mais tous les hommes valides de ces tribus doivent, de père en fils, le service militaire au Sultan, et sont en tout temps à sa disposition.

Le maghzen comprend :

1° les *Mechouara.*

2° les *Abid-Bou-Khari.*

3° les *Oudaïa*.
4° les *Chrarda*
5° les *Soussia*.
6° les *Oulad-Djema*.
7° les *Chrarga*.

Les *Mechouara*, au nombre de 800 à 1000, constituent en quelque sorte la garde particulière du Sultan, et font le service d'ordre et de police du mechouar, c'est-à-dire de la partie du palais réservée aux affaires officielles. Le service est fait à pied ou à cheval, suivant la circonstance. C'est parmi les mechouara que sont pris les dignitaires qui entourent le Sultan : le *Mouley-moukahala*, chargé de porter le fusil du Sultan, le *Mouley-medell*, ou porte parasol, le *Mouley-skin*, chargé de porter le sabre, etc. Les mechouara sont recrutés sur l'ensemble des tribus maghzen.

Les *Abid-Bou-Khari* sont les descendants du corps de cavaliers nègres créé par le Sultan Mouley-Smaïl le grand organisateur du Maroc (1672-1727); ils jouaient auprès du Sultan un rôle analogue à celui des prétoriens ou des janissaires. Ces cavaliers reçurent des terres dans les environs de Mekness, s'y installèrent, eux et leurs familles, et se multiplièrent considérablement. Le nombre des Abid-Bou-Khari armés, à la disposition du Sultan, a été réduit de plus de 20.000 à 6.000 seulement, dont

500 forment auprès de lui une garde de corps spéciale comprenant 300 cavaliers et 200 fantassins.

Les *Oudaïa* descendent d'une centaine de cavaliers originaires du Souss, que Mouley-Smaïl attacha à sa personne en même temps que les Bou-Khari. Le Sultan, pour récompenser leur fidélité, leur donna d'immenses terres dans la vallée du Sbou ; aussi firent-t-ils rapidement souche nombreuse. Non loin de Fez, à Sidi-Yacoub-el-Mansour, il existe un camp permanent de 600 cavaliers oudaïa à la disposition du Sultan.

Les *Chrarda*, qui habitent une partie de la plaine arrosée par le Sbou, seraient aussi originaire du Souss. Ils sont très fidèles au Sultan et lui fournissent 1000 cavaliers.

Les *Soussia*, les *Oulad-Djema* et les *Cheraga* sont des tribus dont la constitution est analogue.

Le caractère essentiel de ces tribus maghzen, c'est que, loin de payer l'impôt au Sultan, elles reçoivent de lui de l'argent.

La cavalerie, soi-disant régulière, se distingue des autres cavaliers par le *fez* pointu et une *djellaba* blanche sur une sorte de *gandoura* en drap ou en flanelle rouge. Les chefs ont le turban blanc par dessus le fez.

L'armement se compose d'un fusil européen avec baïonnette et d'un sabre; quelques cavaliers portent en outre, la khoumya. Le pistolet se rencontre assez rarement au Maroc, parce que cette arme coûte autant qu'un fusil et « effraye moins. » L'équipement paraît n'être pas réglementé ; il se compose de poires ou cornes à poudre, de sacs à balles, d'un long étui de fusil en drap rouge, etc... Le harnachement consiste dans une selle arabe, dont le troussequin et le pommeau sont moins élevés que ceux de la selle usitée en Algérie. Cette selle est recouverte d'une housse en drap ; la bride et les accessoires sont les mêmes que ceux d'Algérie.

La cavalerie régulière est commandée en principe par le Sultan lui-même ; en fait, c'est le *caïd el-mechouar* qui la commande directement.

Les contingents, lorsqu'ils sont appelés à marcher, sont organisés en escadrons, *mehalla*, à la tête desquels sont placés des caïd-mia. Plusieurs mehallas, jusqu'à concurrence d'un millier de chevaux, sont commandés par un caïd-agha. Comme dans l'infanterie régulière, il n'y a que ces deux grades d'officiers.

Les tribus autres que les tribus maghzen ont à fournir, quand le Sultan l'ordonne, des cavaliers nouaïb ; ils sont groupés en mehallas et amenés par les caïds de leurs tribus ; leur effectif total, peut s'élever à 30.000 ou 40.000.

La cavalerie marocaine est en général assez bien montée avec des chevaux du pays, dont l'aspect n'est peut-être pas brillant, mais dont la vitesse et la force de résistance sont véritablement remarquables.

Artillerie

On trouve au Maroc les deux sortes d'artillerie, l'artillerie de forteresse et l'artillerie de campagne.

L'artillerie de forteresse existe dans les places maritimes, mais son rôle se borne à saluer les navires étrangers à leur entrée dans le port, ou à tirer lors des fêtes musulmanes ou lorsqu'on lit solennellement un *amra* ou acte officiel du Sultan.

Le nombre des artilleurs de forteresse est de 8 à 900, répartis dans les places de Tanger, Tétouan, El-Araïch, Rbat, Dar-el-Beïda, Mazaghan, Asfi, Mogador.

L'armement est composé de pièces de calibres et de modèles les plus différents. Les affûts ont des formes étranges ; les pièces sont trop rapprochées les unes des autres, en sorte qu'un seul obus pénétrant dans une batterie y produirait des désastres. Tanger possède 3 batteries à réduit, armée chacune de 2 canons Amstrong de 20 tonnes.

Tout récemment, le Sultan a reçu un certain nombre de canons Canet.

L'artillerie de campagne, à l'effectif d'environ 1.500 hommes, comprend 2 bataillons, dont les portions principales sont toujours avec le Sultan. Chacun de ces bataillons est commandé par un caïd-agha. L'uniforme et la solde sont les mêmes que pour l'infanterie. Quant au recrutement, il se fait dans les tribus les plus sûres et les plus dévouées au Sultan ; les Bou-Khari fournissent 400 hommes ; les Oudaïa 400 ; les Soussia 200 ; les Chrarda 100 ; les Cheraga 100, les Fazza (Fez) 100, etc...

Le matériel comprend 7 batteries de vieilles pièces à âme lisse et une dizaine de batteries de pièces se chargeant par la culasse des modèles les plus variés, et quelques mitrailleuses.

Tout le matériel d'artillerie, surtout celui des places de la côte, est mal entretenu ; les affûts sont vermoulus, les roues brisées, les pièces oxydées. On n'a véritablement soin que des pièces que le Sultan Mouley-Hassan, amateur passionné du tir au canon, tirait lui-même.

Une batterie montée, attelée de chevaux arabes harnachés à la française, a été organisée ; les manœuvres se font avec beaucoup d'ordre, de précision et de régularité sous la direction d'un capitaine d'artillerie de la mission militaire française.

Le génie n'existe pas dans l'armée marocaine, pas plus que les services administratifs, ou les ambulances. Les médecins sont représentés par quelques barbiers qui soignent et appliquent des ventouses ; quelques rebouteurs de membres fracturés se trouvent dans les rangs de l'armée et prêtent au besoin leur ministère.

Dans les expéditions du Sultan, les colonnes n'ont aucun ordre de marche. Chacun se met en route quand il veut. Toute la masse des gens et des bêtes tient, en plaine, une largeur de 1 à 2 kilomètres avec une profondeur de 3 à 4, et se dirige, pêle-mêle, vers l'emplacement approximatif du nouveau campement.

Marine

Les troupes de la marine sont représentées par les 6 ou 700 marins restant des anciens équipages de la flotte marocaine, au temps où il y en avait une. Ces hommes, matelots de père en fils, ne sont employés qu'à charger et à décharger les navires. En temps de guerre, on les utilise comme troupe de terre et on les traite sur le même pied que les fantassins.

Si on peut parler des marins, il est plus difficile de s'étendre sur la marine marocaine, qui n'est représentée que par un vieux trois-mâts armé de quatre canons et par une canonnière commandée en 1891 en Italie par le Sultan, dans l'intention de faire la chasse aux contrebandiers, le long de la côte. Les équipages sont en grande partie composés d'Anglais.

On peut évaluer de la façon suivante l'effectif ordinaire de l'armée dite régulière :

infanterie (30 bataillons).	12,000	hommes
cavalerie maghzen.	2,000	»
artilleurs.	2,400	»
marine.	700	»

Il est fort difficile de se faire une idée de l'importance des contingents de complément que le Sultan pourrait lever à un moment donné. Toutefois, en tenant compte de ce fait que les deux tiers de l'empire sont dans un état de révolte permanent contre l'autorité du Sultan, on peut admettre que le chiffre de 70 à 75,000 hommes représente l'effort maximum qui pourrait être réalisé dans les circonstances les plus favorables pour la constitution de l'armée particulière du Sultan, c'est-à-dire si la guerre « sainte » était proclamée.

Malgré un semblant d'organisation, le résultat des combats livrés aux rebelles n'est pas toujours à l'avantage de l'armée régulière ; la cause n'en réside pas uniquement dans le manque d'ordre et de discipline qui la distingue. Les rebelles, en général mieux armés grâce à la contrebande de guerre, instituée d'ailleurs pour eux, possèdent une cohésion plus intime, étant gens du pays, et une plus grande ardeur à la lutte, provenant de ce qu'ils combattent pour leurs foyers.

CHAPITRE IV

Géographie économique

Le Maroc, grâce à la douceur de son climat, à l'abondance de ses eaux, à la fertilité de son sol et à la constitution géognostique de ses montagnes, est un des pays les plus heureusement doués au point de vue des productions naturelles ; malheureusement un gouvernement fanatique et rétrograde, dans les régions soumises à son autorité, l'anarchie et la haine de l'étranger dans les autres, s'opposent à l'exploitation de toutes ces richesses.

Végétaux

La végétation est très riche et très vigoureuse. Dès le mois de décembre, les prairies sont couvertes de fleurs, et, pendant les mois de janvier, février et mars, souvent même en avril, la terre n'est qu'un immense tapis de verdure.

Dans les montagnes septentrionales se rencontrent des forêts de chênes à glands fournissant une nourriture agréable semblable aux châtaignes, de chênes-lièges, de cèdres, d'arbousiers, de genévriers et de gommiers. Ces forêts, faute de chemins et de moyens de transport, ne sont pas exploitées ; cependant aux environs de Tétouan quelques Espagnols démasclent des chênes-lièges et récoltent l'écorce.

Dans les montagnes du Riff, on taille à plein bois de courts madriers de construction assez estimés, parce qu'ils sont moins attaquables par les vers que les bois étrangers ; l'*aghar*, arbre à sandaraque, fournit des planches répandant l'odeur du cèdre ; enfin des charbonniers se livrent à la fabrication du charbon qu'ils vont vendre dans les villes.

Dans les plaines, les déboisements insensés opérés par les indigènes pasteurs en vue d'augmenter les pâturages, et la dent des troupeaux, ont fait disparaître complètement les forêts, sauf celles de la Mamora et d'El-Araïch.

Au pied et sur les pentes des contreforts de l'Atlas, on trouve les dattiers, les citronniers, les oliviers, ceux-ci aux dimensions parfois énormes, les grenadiers, qui fournissent des bois de construction, les acacias, les thuyas, les amandiers, les micocouliers, etc.

A partir de la zône d'altitude de 1200 mètres au-dessus du niveau de la mer, les montagnes sont encore couvertes de forêts étendues, dont la dévastation n'a pas été poussée aussi loin qu'en Algérie. On y rencontre la plupart des espèces végétales d'Europe, entre autres une essence de pins qui répand une excellente odeur. Il est de toute impossibilité de tirer parti de ces richesses forestières, les routes faisant absolument défaut, même dans le Sud, cependant moins accidenté que l'Atlas. En revanche, on peut craindre qu'il ne se produise à la longue un déboisement constant, quoique ralenti par l'étendue considérable de la région boisée.

L'irrégularité du débit des cours d'eau et l'inégale distribution des eaux pluviales, dont une répartition régulière aurait une si grande importance pour ces contrées exclusivement agricoles, semblent indiquer que ce déboisement s'est déjà produit par places. Les Berbères de l'Atlas sont entraînés à déboiser par le désir d'augmenter sans cesse l'étendue de terre à cultiver; en outre, la chèvre, dont la dent est désastreuse pour les forêts, est l'animal le plus répandu dans l'Atlas. Quant aux besoins en bois, les indigènes ne l'employant que pour la couverture de leurs maisons, ils se limitent au bois de chauffage; la scie leur est du reste inconnue. De telle sorte que l'étendue forestière paraît encore assez considérable dans l'Atlas.

On trouve rarement la forêt épaisse d'Europe ; ce sont en général des bois très clairsemés, sans aucun sous-bois, avec de nombreuses clairières couvertes de gazon. Le sous-sol, formé de ce grès rouge quartzeux si dominant dans cette région, est mauvais pour la culture forestière, car la végétation ne peut s'y développer que là où il est fortement décomposé et où une épaisseur suffisante d'humus argileux s'est formée ; malheureusement on voit très fréquemment la roche nue apparaître dans ces terrains de grès.

Il est difficile d'admettre que les forêts de l'Atlas fournissent jamais du bois de construction aux pays situés hors du Maroc, mais elles seront certainement utilisées quand plus tard un gouvernement se décidera à tirer parti des richesses minérales des montagnes.

Dans les plaines, on rencontre aussi, mais généralement à l'état isolé, le citronnier, le jujubier, l'olivier, le grenadier, l'acacia, le thuya, l'amandier, le micocoulier, etc. Le dattier croît à Tanger et sur les côtes, mais il ne porte pas de fruits ; même à Mogador il ne donne que des dattes médiocres. Le palmier nain, si commun en Algérie, est assez rare au Maroc; on ne le trouve en fourrés que dans le Haha, autour de Mogador.

Une des espèces absolument spéciale au Maroc est l'arganier. Le célèbre botaniste anglais Hooker en a donné une étude dans son excellent journal « Of a tour in Marocco and the great Atlas ». Cet arbre, que l'on a souvent comparé à l'olivier, n'existe que dans la partie méridionale de la contrée, de l'oued Tensift à l'oued Souss, où l'espèce se rencontre souvent à l'état de forêts.

L'arganier (argania sideroxylon), mentionné pour la première fois par Léon l'africain, croît dans les terres les plus infertiles et se passe de toute irrigation ; on le voit sur les coteaux arides profilant son tronc inégal et noueux, ses branches tortueuses au maigre feuillage. Les animaux domestiques, à l'exception des chevaux et des ânes, en mangent les baies avec avidité ; et les indigènes emploient les noyaux pour en fabriquer une huile alimentaire d'un goût particulier à laquelle les Européens s'accoutument difficilement. Le bois d'arganier est d'une extrême dureté, ce qui a valu à l'arbre son nom de sideroxylon. Une autre particularité curieuse de cet arbre c'est l'étendue restreinte qu'il occupe ; aussi serait-il très utile de répandre ce bois précieux dans les autres parties du Maroc et de l'acclimater en d'autres contrées, notamment en Algérie, où il réussit parfaitement, quoique avec lenteur.

Parmi les autres plantes du Maroc utilisées pour leurs produits et que l'on n'a point encore trouvées en d'autres pays, quelques voyageurs citent aussi une espèce de férule, qui fournit une gomme ammoniaque, résine d'une âcre odeur, expédiée en Égypte et en Arabie où on l'emploie à des fumigations.

Dans la vallée du Souss et dans le Tafilelt, les dattiers forment des bois considérables et portent en abondance des fruits renommés; les dattes du Tafilelt, notamment, peuvent rivaliser avec celles du Djérid tunisien.

Enfin, entre les autres espèces végétales susceptibles d'une exploitation industrielle, on remarque : le murier, qui prospère sans culture; le chêne à kermés, sur lequel se développe un insecte de la famille des cochenilles, dont les citadins savent extraire une couleur rouge d'une solidité inaltérable; l'alfa, plante textile dont on connaît l'usage en sparterie et dans la papeterie, et qui est moins répandue qu'en Algérie ; le carvi, fort recherché pour les essences thérapeutiques; le thym ou origan ; la menthe poivrée et l'absinthe, dont le rôle des essences en médecine et en distillerie est connu ; l'arbouse qui peut produire de grandes quantités d'excellent alcool, etc..

Minéraux

Quoique le Maroc soit un des pays de la terre les moins connus au point de vue géologique et minéralogique, il semble résulter des récits des voyageurs et du dire des indigènes que le sol renferme d'immenses richesses minérales ; mais comme dans tous les pays atrophiés par l'Islamisme, ces richesses restent inutilement enfouies, et les rares autorisations de recherches accordées à des Européens, n'ont jamais pu être utilisées faute de protection suffisante. D'ailleurs l'exportation du minerai est interdite, et le Sultan n'accorde aucune concession de mines, sous prétexte que les nations européennes doivent, d'après les conventions, être traitées sur le même pied. Dès lors, pour n'en mécontenter aucune, il ne satisfait personne. Quelques filons sont seulement exploités çà et là par des indigènes. Ces exploitations se font toutes à ciel ouverts, car on a, au Maroc, une sorte de terreur superstitieuse de tous les travaux souterrains. Quand le temps sera venu où l'on pourra faire dans l'Atlas et dans le Riff des recherches géologiques précises, il est certain qu'on y trouvera une foule de gisements métallifères.

Au sud de Merrakech, à trois journées de marche de la kobba de Mouley-Brahim, un cheikh arabe indépendant exploiterait avec succès, dans le massif du Goundafi, une mine d'argent au minerai très riche et à fleur du sol.

Le koudiat el-Maden (colline à métal), situé sur le territoire des Zemmours dans la forêt de la Mamora, l'Atlas méridional, certaines montagnes du Souss et les montagnes du pays de Sidi-Hecham renfermeraient également des minerais argentifères.

On dit que le Maroc renferme du minerai d'or ; le fait n'a pas encore été prouvé.

C'est le minerai de cuivre qui paraît le plus abondant ; les voyageurs rapportent qu'on le trouve notamment :

1° dans le Riff ; 2° dans le koudiat el-Maden qui vient d'être cité ; 3° au Sud-Ouest de la Kaala Tessaout, dans l'argile chisteux de la chaîne du Djebila ; 4° dans l'Atlas ; 5° dans le Souss, où l'on exploite de toute antiquité une mine de cuivre, pour la fabrication d'ustensiles de ménage et de la monnaie de billon appelée *flouss*.

C'est la région où le minerai serait le plus riche en métal. Certains minerais des environs de Taroudant ont donné à l'analyse jusqu'à 60 0/0 de cuivre. D'après M. de Campou, le nickel se trouve également dans l'Atlas.

Il existe d'importants filons de galène (sulfure

de plomb) ; on le trouve également en nodules plus ou moins volumineuses dans toutes les parties montagneuses du Maroc. Elle est signalée aux environs d'Aouguelmin à l'état de gisements, où elle est mélangée avec du carbonate de cuivre. L'antimoine se rencontre également dans le Souss où il est employé pour la fabrication du *koheul*. Les minerais de fer sont très abondants, en particulier dans le Riff, dans l'Atlas central, et l'Atlas méridional. La calamine (carbonate de zinc) est commune dans le Riff ; il est probable que l'Atlas en recèle également.

On rencontre fréquemment dans les montagnes des filons de quartzite blanche et de calcaire cristallin. Oscar Lenz a trouvé, dans de nombreux cours d'eaux, des cailloux roulés de beau marbre blanc. Le même voyageur a signalé la présence du charbon près de Tétouan, et celle du kaolin en aval du petit massif du Djebila, dans la grande plaine de Merrakech.

Le sel gemme est fort commun au Maroc ; il existe notamment dans les montagnes entre Ouazzan et Fez ; les lacs salés de la côte et des bords de la mer en fournissent des quantités considérables.

Dans l'Atlas, sur le chemin de Fez au Tafilelt, on exploite une terre à foulon très abondante, nommée *tefel*, qui est vendue dans les villes comme savon minéral, et sert au nettoyage des vêtements de laine.

Près de Fez, on a découvert de fort belles améthystes. Partout on trouve en abondance la chaux, le gypse et l'argile à poterie.

Enfin des sources minéro-thermales doivent exister dans l'intérieur du pays; jusqu'à présent on ne connaît guère que la source thermale sulfureuse de Mouley-Yacoub, située à quelques heures seulement à l'Ouest de Fez, et qui a pour propriété de guérir les maladies cancéreuses.

Animaux

On n'a que des indications sommaires sur le règne animal du Maroc; cependant d'après ce que rapportent les voyageurs, on y nourrit toutes les espèces utiles qui ont leurs congénères en Europe, et on y rencontre de nombreuses espèces sauvages.

La race bovine est petite, mais agile, vigoureuse, sobre et docile. Elle se prête à tous les travaux et à toutes les transformations, et sert à la fois au trait et à la boucherie.

Les moutons, quoique très nombreux, ne sont pas en rapport avec les immenses étendues de prairies disponibles ; leur laine est commune, à l'exception de celle des moutons de Tâdla qui, dit-on, est « aussi fine et aussi brillante que la soie. »

Les chèvres pullulent surtout dans l'Atlas, où elles dévorent les jeunes pousses et dévastent les forêts plus sûrement que les incendies ; celles du Tafilet sont connus comme fournissant les peaux les plus estimées des fabriques de *filali* (maroquin).

Le cheval est assez répandu dans les plaines ; il est de race barbe, un peu anguleux et moins pur que celui d'Algérie et de Tunisie ; il est en général fort, énergique, docile et sobre.

L'âne est représenté par deux espèces ; l'une de grande, et l'autre de très petite taille. Alertes et robustes, leur force de résistance est incroyable ; dans les villes, ce sont eux qui sont chargés de tous les travaux de fatigue.

Les mules sont supérieures à celles d'Espagne ; elles sont moins inquiètes, moins capricieuses et plus rudes au travail.

Le dromadaire, improprement appelé chameau dans toute l'Algérie, est utilisé par les pasteurs comme animal de transport. Dans les vallées du Souss et de l'Oued Draa, une variété de dromadaires correspond au méhari et porte le nom de *heïri*.

Les races canines sont nombreuses et variées.

Les autruches se rencontrent en troupeaux importants dans la vallée et au-delà du Drâa.

La volaille ne comprend que des poules d'une belle espèce et d'une grosseur extraordinaire ; quelques unes atteindraient jusqu'à « 7 kilogrammes ».

D'innombrables essaims d'abeilles errent dans le Maroc, où les plantes aromatiques abondent ; elles déposent leur miel dans les vieux troncs d'arbres.

Les animaux sauvages sont représentés par le lion, qui tend à disparaître ; la hyène, très fréquente ; la panthère, réfugiée dans les montagnes accidentées ; le chacal, qui pullule ; différentes variétés de renards ; et, dans le Sud, le renard du Sahara appelé *fenek*, le vulpus fauve des naturalistes ; plusieurs espèces d'antilopes, entre autres la gazelle ; le sanglier, répandu partout ; le chat sauvage ; le guépard ; le lièvre, très commun dans toute la contrée, etc.

Les oiseaux sont très nombreux et très variés. Outre les espèces indigènes, on trouve, soit en tout temps, soit de passage, la plupart des oiseaux de l'Europe méridionale ; des échassiers, des palmipèdes, tous les gallinacés, tous les passereaux croissent et se multiplient. L'aigle, le faucon, le grand gyapète barbu, le milan, le vautour etc., prélèvent de larges dîmes sur ces tribus ailées.

Les reptiles sont moins nombreux ; on ne rencontre que le caméléon, des tortues de terre et d'eau, des lézards de différentes dimensions, la couleuvre fer à cheval, l'aspic, plusieurs variétés de vipères fort dangereuses et, dans le Souss, la cobra hahia.

Le Maroc est, comme l'Algérie, affligé du fléau des sauterelles ; elles atteignent jusqu'à un décimètre de longueur, et entrent dans l'alimentation de la population qui les grille et les assaisonne avec du sel et du poivre.

Les poissons de mer des côtes du Maroc sont abondants, savoureux et variés. Rbat, El-Araïch et d'autres ports pourraient donner des pêches superbes, mais la paresse laisse s'avarier, faute de les saler, les légions de sardines que jettent la Méditerranée et l'Océan.

Les rivières dont le débit est constant sont non moins riches que la mer ; on y trouve des barbeaux, des anguilles, des tanches, des tortues ; mais à l'exception des chrétiens et des Juifs, aucun habitant du Maroc n'en fait sa nourriture.

Agriculture

La formation et la constitution du sol marocain, sont, autant que le climat, favorables à la culture. La haute chaîne de l'Atlas n'occupe pas, relativement, une partie considérable de la surface du pays ; des collines, de larges vallées fertiles et des plaines étendues, arrosées par de nombreux cours d'eaux descendus des différents massifs, y dominent au contraire. L'eau est généralement plus abondante dans la partie Nord du pays, et toutes les plantes cultivées de l'Europe méridionale et de l'Europe centrale y prospèrent parfaitement ; la canne à sucre même y a été plantée avec succès.

Les céréales, blé, orge, maïs, pois, lentilles, haricots sont cultivées sur des étendues qui augmentent sans cesse. Mais l'insécurité du pays et l'indolence des habitants des campagnes sont trop grandes pour que de sérieux progrès soient à espérer. Une législation commerciale libérale accroîtrait très vite, d'après toutes les prévisions, la production, et encouragerait la population à mieux cultiver un sol d'une fertilité extraordinaire, susceptible de donner facilement dix fois son produit actuel. Le fâcheux état politique du Maroc, et la crainte continuelle des agents du Maghzen, empêchent chacun de cultiver au delà du minimum de terre indispensable pour subvenir aux besoins des siens. En effet les amels, sous un prétexte quelconque, prennent souvent les excédents de récolte en blé et en orge de leurs administrés, et ne leur laissent que le strict nécessaire pour leur ménage. L'agriculture n'a donc aucune tendance et ne reçoit aucun encouragement à cultiver au-delà des besoins de la consommation courante. Alors que le Sultan accumule, sous le prétexte de parer à la famine, d'immenses quantités de grains dans de grands magasins ou des silos disséminés dans le pays, où une forte partie se corrompt fréquemment, les véritables producteurs n'ont souvent que juste ce qu'il leur faut pour vivre.

Avant le milieu de l'année 1890, l'exportation du blé et de l'orge était défendue; et le 1er juin 1890, le ministre d'Allemagne au Maroc signait avec le Vizir un traité de commerce qui reconnaissait, pour une durée de cinq ans, le principe de la liberté d'exportation des céréales, contre des droits que le Maghzen, dans sa fourberie, a su, grâce à un artifice de change, rendre si élevés, qu'ils sont presque prohibitifs. Malgré ces conditions peu avantageuses, les exportations de blé et d'orge suivent une marche ascendante.

Toutefois, en admettant même que dans les conditions actuelles l'agriculture augmente progressivement sa production, il est à craindre que ce ne seront ni les producteurs, ni les consommateurs qui bénéficieront de cette augmentation, mais les agents du Maghzen, les intermédiaires et les douanes.

Le caractère d'immobilité des Marocains apparaît dans leur manière de cultiver les terres. Les instruments de labour sont bornés à l'araire en usage il y a quatre mille ans, simple tronc d'arbre courbé dont l'extrémité est affilée convenablement et durcie au feu. Avec ce primitif instrument attelé d'un chameau, d'un âne, ou parfois d'un âne accouplé d'une femme, le laboureur gratte simplement la terre à quelques centimètres de profondeur en sillons irréguliers, et y jettent sa semence. Les herses et autres outils aratoires sont inconnus. La moisson est faite d'une manière aussi simple ; la faux et la faucille n'existent pas et les tiges sont arrachées à la main, ou bien les épis seuls sont coupés. Un fort couteau recourbé et à long manche, employé à tous les usages domestiques, sert quelquefois de faucille. Les épis récoltés sont, ou dépiqués par les animaux en plein vent sur une aire aménagée, ou simplement battus avec de grands bâtons jusqu'à ce que le grain puisse être séparé de la paille par un vannage.

Les engrais sont inconnus ; mais dans quelques

régions la paille sur pied est brûlée pour amender le sol ; parfois on fait parquer les troupeaux dans les champs qu'on veut cultiver ; enfin, pour ne pas épuiser la fécondité de la terre, on laisse croître l'herbe pour le pâturage la troisième année, après avoir semé du blé ou de l'orge et du maïs les deux premières. Malgré cela, le sol s'appauvrit après chaque récolte ; les paysans vont alors défricher partiellement de nouveaux terrains, qu'ils abandonnent ensuite à leur tour pour revenir aux anciens. Et cependant cette terre, toute mal cultivée qu'elle soit, rapporte cent fois la semence qu'on lui confie !

Les bords des rivières sont recouverts d'un humus très riche en matières organiques ; les céréales y donnent de magnifiques récoltes. Les vallées et quelques grandes plaines du Sud de l'Atlas sont soigneusement arrosées au moyen d'un système d'irrigation très ingénieux et bien entendu ; il consiste en de nombreux canaux, *seguia*, répartissant l'eau des rivières dans les terres labourées. Ces canaux sont établis d'une manière primitive, mais leur construction est surtout remarquable parce que les pentes convenables sont établies sans instruments de précision.

L'horticulture est plus en progrès ; il n'est pas de ville importante dont les alentours ne soient couverts de jardins séparés de haies de cactus, d'aloès ou de figues de Barbarie, et de bosquets d'orangers et de citronniers, dont l'ensemble rappelle les plus belles parties de l'Espagne. Quelques uns de ces jardins sont bien tenus et surtout bien arrosés avec de l'eau de puits amenée dans des canaux de distribution au moyen de norias à roues d'une construction des plus primitive. On cultive dans ces jardins l'oranger, le citronnier, le figuier, l'olivier, le grenadier, l'amandier, le chou, l'artichaut, le melon, le concombre, les salades, etc.

Art pastoral

L'élevage est une des plus importantes industries du Maroc ; en général il donne de bons résultats.

Toutes les tribus arabes et un certain nombre de berbères arabisés du pied des pentes ne cultivent point le sol, et préfèrent errer par les plaines pour faire pâturer leurs troupeaux. Toutes ces tribus ont leurs parcours propres, en général très restreints, mal délimités, emportant avec eux la jouissance des pâturages, des bois, des cimetières, des oasis et des marchés qui sont dans leur rayon.

Les séjours sur un même pâturage sont généralement courts quand la tribu est en mouvement, excepté aux points extrêmes de ses pérégrinations, où elle reste souvent tant qu'elle y trouve le nécessaire. De janvier à mars, où l'eau est abondante partout, les tribus se trouvent dans les basses plaines alors couvertes d'herbes par suite des pluies d'hiver, et les troupeaux piétinent pour ainsi dire sur place ; les parturitions des animaux se produisent alors, exigeant des soins minutieux envers une quantité de petits ; d'abondants laitages sont à recueillir et à transformer. En avril et mai, on séjourne près des points d'eau, des villages ou des ksour. Les troupeaux sont ensuite menés dans les pâturages abondants des vallées où on les engraisse, afin de donner de la valeur aux animaux que l'on veut échanger contre des céréales. Les brebis sont tondues ; on réunit tous les produits naturels ou travaillés destinés à être vendus ; puis, après avoir laissé les troupeaux et les tentes à la garde de quelques uns, les chefs de famille se rendent aux marchés, dont ils reviennent quelques temps après avec les objets qu'ils ne fabriquent pas et des grains que l'on ensilote.

L'élevage est pratiqué suivant les méthodes en usage aux temps bibliques, et il n'y a, dans l'état actuel du pays, aucune amélioration à espérer.

Le mouton est le principal élément de richesse de l'industrie pastorale ; on estime leur nombre à 40 millions. Il est généralement blanc et ressemble à celui d'Espagne ; son exportation est interdite, et sa laine et sa peau peuvent seules sortir du territoire.

Les Marocains s'occupent aussi peu d'améliorer leurs races que de protéger leurs animaux contre le froid ou la pluie en hiver, ou contre la faim au cœur de l'été quand les pâturages deviennent maigres.

La race bovine, évaluée à 6 millions de têtes, n'est l'objet d'aucun soin, d'aucun perfectionnement dans l'élevage : cependant elle produit une assez grande quantité de lait et de beurre. Le fromage n'est fabriqué nulle part. Les peaux sont, ou vendues à la tannerie, ou utilisées dans l'intérieur des tribus pour la chaussure, la sellerie et la confection des outres. Les bœufs ne peuvent être exportés que de Tanger, en vertu d'une autorisation spéciale accordée par le Sultan.

La race chevaline est visiblement dégénérée comme qualité et comme physionomie. C'est à la négligence, aux mauvais procédés d'élevage et à l'excès de travail, qu'il faut l'attribuer. En général le Marocain n'apporte nul choix dans les accouplements ; il ne donne aucun soin à ses chevaux, et détruit leurs qualités en les employant, soit comme bête de somme, soit pour traîner la charrue, soit pour tous les autres travaux qui ont une influence sur leur constitution. La race de l'Atlas se serait maintenue en meilleur état que celle de la plaine, et, d'après Lenz, on trouve chez beaucoup de cheikhs berbères des vallées de l'Atlas de très beaux chevaux. L'exportation de ces animaux est absolument interdite.

L'élevage de l'âne n'est l'objet d'aucune méthode, ni d'aucun soin. Leur nombre serait approximativement de 1 million. Certaines tribus produisent des mules très estimées, supérieures même à celles d'Espagne.

La chèvre est très répandue ; elle abonde surtout dans la montagne ; cet animal croît et se multiple sans aucune intervention de l'homme. Les peaux de chèvres font l'objet d'un commerce important avec l'Angleterre, les États-Unis et la France. Dans le pays, elles servent à la fabrication des babouches, et dans le Tafilelt, on en fait le *filali*, cuir souple de couleur rouge que les tanneurs colorent avec le fruit d'un acacia.

Avec l'état de malpropreté dans lequel est maintenu le bétail et le manque de nourriture en été, les épizooties sont très fréquentes au Maroc, où, avec des talismans, quelques vieilles formules du genre de celles que nous avions il y a deux siècles, l'art et la thérapeutique vétérinaires se bornent à l'usage de révulsifs, de quelques simples et du goudron.

Industrie

Grâce à l'isolement systématique du Maroc, l'industrie spéciale du pays s'est mieux conservée que dans les autres contrées musulmanes ; l'ouvrier emploie toujours les instruments en usage aux époques les plus reculées, et travaille d'après les mêmes méthodes que ses prédécesseurs de l'antiquité, sans changements notables et sans perfectionnements. Il arrive à une production étonnante ; son goût est inimitable et il s'est maintenu, à travers les siècles, pur comme à l'origine.

Les tissus, les broderies, les cuirs et les poteries du Maroc sont célèbres. Dans les tissus entrent le fil de lin, le fil de coton et le fil de laine ; quelques étoffes sont mélangées de soie, généralement achetée en Orient, alors que le pays a tout ce qu'il faut pour la produire. On connaît les *haïks* blancs du Maroc, à la chaîne de soie et la trame de laine, ainsi que les cuirs de Merrakech (maroquin) et de Safli (*saffian*), et les objets avec lesquels ils sont fabriqués.

Les *mkahel*, longs fusils, si élégants et si légers de forme, qui constituaient avant la contrebande de guerre l'armement par excellence des Marocains, sont fabriqués et décorés d'arabesques à Tétouan, à Fez, à Taroudant, etc.

On trouve des traces de l'ancienne industrie métallurgique au Sud-Est de l'Atlas, sur l'ancienne route commerciale de Timbouctou et du Soudan, qui, de la vallée du Souss, passait par le Tafilelt, le Touat et le Tidikelt. Cette industrie s'est maintenue, quoique en décadence, dans le Souss. Avec les métaux tirés des minerais locaux, on fabrique, en même temps que de la fausse monnaie de billon marocaine, des canons de fusils, des lames de poignard. Les canons de fusil sont ensuite montés sur des fûts richement décorés ; les lames de poignard, à l'extrémité recourbée, sont munis d'une poignée et d'un fourreau souvent recouvert d'une feuille d'argent ornée de ravissantes arabesques. Dans le Nord, l'industrie métallurgique disparaît peu à peu, et les métaux commencent à être tirés d'Europe, d'où on les fournit à un prix relativement bas.

Les articles industriels sont en général fabriqués dans les grandes villes, chacune ayant une sorte de spécialité. Rbat, Casablanca, Merrakech, ainsi que les Chaouïa et les Chiadma, produisent des tapis. Ceux de Rbat et de Merrakech sont les plus estimés ; ils se distinguent par la richesse et la fixité de leurs couleurs, et par le manque de symétrie dans leurs dessins. Leur prix est généralement très bas, grâce à la grande production.

Rbat possède d'excellentes teintureries.

De Tétouan proviennent en grande partie ces fusils démasquinés, incrustés d'argent et d'ivoire, ornés de corail et souvent de turquoises. On y fabrique également des objets de toute espèce en cuir jaune ou rouge brodés de couleurs variées; des soies brochées ; des vases de cuivre gravés en dessins compliqués, ornés d'émail rouge, vert et bleu ; des mosaïques pour les murailles et les pavés, composées avec un goût exquis par d'habiles ouvriers qui, avec une admirable précision, taillent une à une à coup de ciseaux les pierres aux formes multiples ; enfin des meubles peints de mille couleurs, étagères, encoignures, porte-manteaux, petites tables polygonales à arcades mauresques pour prendre le thé, etc.

Fez est le siège principal de l'industrie marocaine ; on y fabrique notamment des armes blanches, des poignards recourbés, des peaux écarlates, des briques renommées appelées *azouléas*; mais sa spécialité consiste en poteries émaillées, cruches, plats, coupes etc., dans lesquels, il est rare de trouver la noblesse et la pureté des formes antiques, et dont le principale mérite repose dans la vivacité des couleurs et une certaine originalité de dessin qui n'a rien d'esthétique, mais qui séduit l'œil. Fez possède également un certain nombre de bijoutiers qui font des choses simples, d'assez bon goût, mais peu variées.

Merrakech produit quelques armes, des tapis renommés, et surtout des peaux recherchées d'une belle couleur jaune.

Faut-il ajouter encore qu'il se fabrique en France, à Paris notamment, des quantités d'objets pseudo-marocains qui sont vendus au Maroc, et surtout à Tanger, comme des marchandises provenant du pays.

Commerce

La situation commerciale, dans un pays aussi naturellement riche que le Maroc, est loin d'être aussi heureuse qu'elle pourrait l'être sans l'esprit fanatique et arriéré du Sultan et le mauvais vouloir du Maghzen.

Exportations. — Dans le but de soustraire le plus possible la population au contact des Européens, ce souverain a apporté au commerce d'exportation des entraves telles que le trafic sur certains produits du pays est absolument impraticable, soit à cause de la prohibition dont il a frappé quelques-uns, soit par suite de la défense d'exploitation ou de fabrication qu'il a appliquée à d'autres. Quant aux articles dont il a autorisé la sortie, la plupart sont passibles de droits de douane tellement élevés, qu'ils perdent de ce fait tout l'avantage de prix que la proximité du port de débarquement pourrait leur assurer sur les objets de même nature provenant de contrées lointaines.

Les puissances européennes cherchent, dans leurs nouveaux traités de commerce, à se débarrasser progressivement de toutes ces entraves, et il est hors de doute que le Maroc est destiné, comme tous les pays non civilisés, à être entraîné par l'esprit de progrès de ce siècle; il s'y fait jour d'une manière évidemment très lente, mais néanmoins sûre. C'est ainsi qu'au mois de juin 1890, le ministre d'Allemagne, M. de Tattenbach, obtenait, pour une durée de cinq années, une concession des plus importantes, celle de la levée de l'interdiction d'exportation du blé et de l'orge, moyennant le paiement de certains droits. Ces droits étaient, il est vrai, si élevés, que dans le principe on les considérait comme l'équivalent d'une prohibition ; mais l'expérience a démontré, qu'étant donné les prix de revient, ces denrées pouvaient être débarquées dans les ports de l'Europe occidentale à des conditions suffisamment rémunératrices ; aussi cette liberté d'exportation des céréales est-elle venue augmenter dans une mesure sensible le mouvement des transactions. La France profite du traité allemand, puisqu'elle a au Maroc le traitement de la nation la plus favorisée. M. d'Aubigny, notre précédent ministre, a, de son côté, obtenu, au mois d'octobre 1891, sur l'exportation de certains produits de distillerie, quelques concessions, il est vrai très faibles et sans grande portée.

La sortie du Maroc des chevaux, des ânes, des moutons et des chèvres est également interdite. En ce qui concerne les chevaux, cette interdiction repose, au dire du Maghzen, sur la crainte de voir diminuer la ressource d'une remonte passable de la cavalerie du Sultan.

L'exportation des bœufs est limitée chaque année à un chiffre déterminé par le Sultan. Le service des vivres de Gibraltar a, de son côté, conclu avec le Maroc une convention, aux termes de laquelle un chiffre déterminé de bœufs tués à Tanger doivent être transportés journellement dans cette place dépourvue de ressources ; il en est de même pour d'autres produits alimentaires, tels que poules, œufs, légumes, beurre, etc.

Un appréciable mouvement d'exportation en Algérie a lieu par voie de terre ; il s'effectue par caravanes. Celles qui partent de Fez par Thaza et Oudjda, transportent des haïks, des babouches de Fez, du filali, des tapis de Rbat et de Casablanca; celles qui partent des Doui-Menia, des Beni-Guil, etc., tribus insoumises de notre frontière, outre les produits de leurs troupeaux, des dattes du Tafilelt, exportent aussi des chevaux. Les ventes où les échanges se font sur les marchés de Lalla-Maghnia, de Tlemcen et d'Oran.

Les autres matières dont l'exportation est permise sont: l'alpiste, les amandes, la cire jaune, le coriandre, les dattes, les fèves, les gommes, l'huile d'olive, la laine en suint, le maïs, les lentilles, les œufs, les oranges, les peaux de mouton, les peaux de chèvres, les pois chiches, les tapis, etc.

Le chiffre des exportations s'est élevé, en 1890, à 36,964,000 francs.

Importations. — Les importations au Maroc sont relativement fort élevées, et les négociants de Tanger, El-Araïch, Rbat, Casablanca, Mogador, pourvoient les Marocains de tous les articles qu'ils ne peuvent produire eux-mêmes, ou qu'ils fabriquent à des prix beaucoup trop élevés ou de médiocre qualité.

Ces importations comportent principalement les matières suivantes: allumettes en cire, bonnets tures ou fez, bougie, café, clous et pointes de Paris, coton en bourre, cotonnades et tissus de coton, draps et tissus de laine, épices, faïences, fer en poutrelles, fer blanc, papier, quincaillerie, sacs vides, soie grège, soieries, sucre en pain, thé vert, etc...

En 1890 le chiffre des importations était de 40 millions de francs. L'examen du détail des transactions sur le Maroc fait ressortir la prépondérance de l'Angleterre sur le marché ; en effet, son chiffre d'affaires entraîne à peu près les 3/5 du total. La France arrive en seconde ligne après l'Angleterre, avec un chiffre d'affaires presque égal au sien pour les exportations et d'un peu moins de la moitié pour les importations.

Au Maroc, le développement des affaires rencontre un grand obstacle dans le manque absolu des moyens de communications de la côte à l'intérieur du pays ; ainsi que nous l'avons dit, nul chemin de fer ; comme routes, des sentiers frayés par les bêtes de somme et presque complètement dépourvus de ponts. La conséquence de cet état précaire de la viabilité locale est l'obligation de faire les transports à dos de chameau ou d'âne, moyen peu rapide et extrêmement coûteux ; son résultat est l'impossibilité de faire arriver aux ports de la côte, dans de bonnes conditions de négoce, les produits des régions éloignées ou ceux de faible valeur marchande. Les relations des habitants entre-eux ne sont pas plus favorisées, et les rapports d'affaires en souffrent énormément. Le télégraphe y est également inconnu, et quant à l'institution d'un service des postes, le Maghzen ne semble en éprouver ni le besoin, ni le désir.

Les ports, peu dignes de ce nom, sont remarquables par l'absence absolue de tous travaux qui pourraient les rendre, sinon bons, tout au moins passables. Tanger est un des meilleurs. On ne trouve, bien entendu, trace, ni de môles, ni de quais d'embarquement d'aucune espèce. Le déchargement des marchandises se fait au moyen de chalands, qui vont, par une mer souvent dure, accoster le bateau mouillé à plusieurs milles du rivage. Une fois chargés, ces chalands vont à force de rames, vers la terre; mais, grâce à l'absence de quais, il arrive un moment où la profondeur n'est plus suffisante pour la lourde barque; c'est alors à dos d'hommes que s'effectue le restant du trajet, quels que soient le volume et le poids des colis.

L'absence de phares sur les côtes marocaines constituent un autre obstacle au trafic maritime. Le détroit seul est suffisamment éclairé pour les besoins de la navigation, puisque sur un parcours d'environ trente milles on rencontre les feux de Ceuta, de Gibraltar, de la pointe Carnero et de Tarifa. Il n'en est malheureusement pas de même en ce qui concerne la côte Ouest. Là, à part le phare du cap Spartel, on n'aperçoit aucun feu autre que les fanaux des ports. Aussi la navigation dans ces parages, déjà périlleuse par suite de leur nature et des courants qui y règnent, offre-t-elle le maximum d'aléas. Cette mauvaise réputation est tellement répandue, que les armateurs trouvent difficilement à faire assurer les voiliers quand il s'agit du Maroc. Le taux est alors tellement élevé, que beaucoup préfèrent courir les risques de mer.

Le Maroc est en relation commerciale avec Timbouktou et le Soudan par plusieurs caravanes périodiques. Celles-ci partent, soit des ports du littoral, soit de Fez, et surtout de Merrakech. Elles transportent, au départ, du sel, du fer, des cotonnades, des draps de toutes sortes, des fusils, de la poudre, du plomb, des poignards, des sabres, des articles de quincaillerie, du sucre, de la bougie, des épices, du tabac, etc. ; au retour elles rapportent de la gomme du Sénégal, des plumes d'autruche, de l'ivoire brut, de l'or natif en paillettes ou en pépites, sans compter les nombreux esclaves de tout âge et de tout sexe, car il n'y a pas de marchands marocains allant au Soudan qui ne soit aussi un *nekhass*, marchand d'esclaves, et ne bénisse Dieu pour avoir fait ce bon pays des nègres où on achète un homme pour un burnous.

Poids et mesures. Monnaies

Le Maroc ne possède pas de système de poids et mesures officiel et universellement adopté ; chaque province, chaque contrée a, au contraire, son système particulier, que le Sultan est d'ailleurs libre de modifier ou d'altérer à son gré.

Il est difficile de donner sur ce sujet qui intéresse particulièrement le commerce, des indications absolument précises. Nous nous contenterons d'indiquer les poids et mesures les plus généralement employés, en faisant remarquer que les Marocains ne vendent leurs produits que pesés ou mesurés avec les poids ou les mesures en usage dans leur contrée d'origine.

La balance employée est la balance classique à fléau ; quant à la bascule, les indigènes étant incapables d'en comprendre le mécanisme, ils la prennent pour un instrument devant servir à les tromper.

Poids. — L'unité de poids est le *rotal* (au pluriel

rtal), dont la valeur est variable suivant la denrée ou le produit que l'on pèse, ou le lieu.

Sur la côte, on se sert, pour le thé, le café et les épices, de la livre anglaise; pour le sucre, de la livre française; pour la laine, du *rotal kebir*, ou grande livre.

Dans l'intérieur du pays, où le rotal est appelé également *harta* et *bakalta*, cette unité correspond aux poids suivants :

1° De 32 douros (pièces de 5 francs) ou 800 grammes, pour la boucherie; c'est le *rotal kebir*.

2° De 30 douros, ou 750 grammes, pour le commerce de l'huile.

3° De 20 douros, ou 500 grammes, pour le commerce de détail, thé, café, sucre, etc.; c'est le *rotal attarin*.

Le rotal se divise en 1/2, 1/4 et 1/8, mais ces subdivisions sont également comptées par onces, (*derhem*), d'un poids égal à celui de 6 pièces de 16 flouss; dans les pesées fortes on se sert du *kunetar* valant 100 rtal. Le kunetar est, soit de 54 kilogrammes, appelé alors petit kunetar (*kunetar sghir*), soit de 84 kilogrammes, et dénommé *kunetar kebir* (grand kunetar). Le kunetar sghir, est employé pour les amandes, la gomme, etc., et le kunetar kebir pour les laines, l'huile, la cire, etc,

Le *kunetar* se subdivise lui-même en :

demi	*kunetar*	appelé	*nouss*	*kunetar*
quart	—	—	*arba*	—
huitième	—	—	*temène*	—
seizième	—	—	*nousstemène*	—

Mesures de longueur. — Sur le littoral on emploie, suivant la marchandise, le yard, le mètre ou le *drâa*. Le drâa, appelé encore *killa*, c'est-à-dire coudée, a une valeur variant entre 50 et 55 centimètres.

Dans l'intérieur, outre le drâa, on fait encore usage du *cheber*, ou palme, de 0,30 centimètres.

Pour les mesures de distance on ne reconnaît que le *sâa* ou heure du chemin.

Mesure de surface. — Il n'existe pas d'autre mesure de surface que la charrue, *jabda*, c'est-à-dire l'étendue de terrain que l'on peut labourer avec une charrue, étendue de 10 hectares environ.

Mesures de volume ou de capacité. — La kharouba est l'unité, mais sa valeur n'est pas la même dans toute l'étendue du Maroc.

La kharouba se subdivise en :

1/2	de *kharouba*	appelée	*nouss*	*kharouba*
1/4	de —	—	*arba*	—
1/8	de —	—	*noussarba*	—
1/16	de —	—	*temène*	—
1/32	de —	—	*nousstemène*	—
1/64	de —	—	*grich*	—

A Mazaghan, la kharouba de blé et d'orge contient environ 120 kil. de blé ; à Merrakech, 150. A Tetouan, le blé se vend au *muedd*, mesure contenant environ 21 kilos de cette denrée. La *fanègue*, dont le nom est employé au tarif douanier et qui est d'origine espagnole, était primitivement une mesure de capacité ; aujourd'hui elle équivaut au kunetar sghir, c'est-à-dire 54 k. On tend d'ailleurs actuellement à remplacer toutes les mesures de capacité par des mesures de poids.

Pour les amandes et les huiles, le temène est le huitième de la kharouba.

La *koulah*, servant dans certaines localités à la mesure de l'huile, a une contenance de 21 litres.

Monnaies. — L'unité monétaire est le demi-*fels* (au pluriel *flouss*), valant un douzième de centime.

La monnaie de flouss est faite d'un métal impur, cuivre, étain, zinc, antimoine, etc., mélangés par une mauvaise fusion.

Le demi-fels est devenue rare ; le fels l'est un peu moins ; le *temanta* et le *sitache*, deux monnaies très répandues, valent l'un deux tiers de centime, l'autre un tiers. Un sitache et un temanta valent un centime, qui se nomme *mouzouna*, ou *blanquillo* en espagnol ; mais, de 2 à 10, au lieu du mot *mouzouna*, on emploie le mot *oudjou* ; ainsi on dit :

oudjeïn		2	centimes
ilèta	oudjou	3	—
arba	—	4	—
khamsa	—	5	—
etc...			

Cependant, pour simplifier cette énumération, on emploie des mots qui, en représentant des valeurs fictives, facilitent la comptabilité marocaine; exemples: le *metkal*, qui correspond moyennement à 40 centimes; l'once (*derhem*), qui correspond à 4 centimes ou 4 flouss grands et 4 petits ou 8 petits et 2 grands, ou etc... Au-dessus d'une once, on emploie le mot *oukta* (au pluriel *ouak*). L'once vaut en douane 0,125.

Le Maghzen spécule sur l'argent; lorsqu'il paie, l'once est cotée 0,04 cent. et lorsqu'il reçoit, cette même valeur vaut 0 fr. 125. D'autre part ses agents n'acceptent en paiement que de l'or ou de l'argent, et au tarif restreint, et ne paie jamais qu'en monnaie de billon, et au tarif du commerce.

Les monnaies d'argent de presque toutes les nations européennes sont admises au Maroc, mais de préférence les monnaies de France et d'Espagne. Les pièces de 5 francs en argent sont appelées: *piastres* ou *douros*. L'ancienne monnaie d'argent marocaine se composait d'une pièce d'une valeur d'environ 3 fr., nommée *mitzakel*, devenue très rare, et de trois pièces à peu près pentagonales, aujourd'hui usées, raclées et ayant quand même facilement cours.

La pièce de 0 fr. 50 se nomme *sebaouta kebira*
— 0 fr. 25 — *nsassta*
— 0 fr. 22 — *grich*
— 0 fr. 125 — *noussgrich*

Le Sultan Mouley-Hassan a fait frapper, à la monnaie de Paris, des pièces de 5 fr., 2 fr. 50, 1 fr. 25, 0 fr. 50, et 0 fr. 25, au titre des monnaies françaises. Malheureusement la pièce de 5 francs marocaine, étant accaparée par les orfèvres, est devenue à peu près introuvable.

Le Maroc avait autrefois une monnaie d'or valant environ 10 francs; elle était appelée, suivant les provinces, *bou-taka*, *bou-tkin*, *bent-ki*; elle a disparu. Toutes les pièces d'or étrangères circulent au Maroc, mais les indigènes leur préfèrent les pièces en argent.

Budget

Il est aisé de comprendre que rien n'étant réglé dans l'administration, aucun chapitre de recettes ou de dépenses n'étant tenu, et le Maghzen n'ayant qu'une idée très imparfaite de la comptabilité, le budget du Maroc échappe à toute appréciation exacte.

Recettes. — Les principales sources de recettes sont les impôts, les amendes, les présents, les revenus du domaine du Sultan, les douanes, les octrois, le produit des monnaies, les monopoles et les affermages, l'impôt sur les Juifs, etc...

En principe tous les Marocains du bled el-Maghzen sont soumis à des impôts réguliers, dont le taux légal n'est pas exagéré. Ces impôts sont l'*àchour* et la *zekat*. L'àchour, ou dîme, est un impôt sur les céréales dans lequel l'unité de surface imposée est la « charrue », d'une superficie moyenne de 10 hectares. A l'époque où la récolte est près de murir, des *oumana*, intendants, se rendent dans les tribus pour estimer la valeur des récoltes sur pied. Ils font généralement des appréciations exagérées, afin d'obtenir des cultivateurs une certaine remise pour les ramener à une estimation plus juste. La zekat est une taxe de 2 0/0 sur les troupeaux ; c'est le caïd qui est chargé de sa répartition, laquelle est entièrement et sans contrôle à sa discrétion.

Ces deux impôts sont payés en argent et, dans certains cas particuliers, en nature.

Les amendes constituent une source abondante de revenus. Elles sont infligées, soit par les amels, soit par le Sultan lui même. La population, armée d'une façon permanente, est toujours prête à différer ou à refuser complètement l'impôt quand elle croit le Maghzen trop faible pour employer la force ; il en résulte qu'il y a toujours des arriérés, qu'on ne peut faire rentrer qu'en montrant une armée aux tribus ou en employant la force ; on leur inflige alors de lourdes amendes en argent, sans compter les chevaux et les recrues pour l'armée.

Trois fois par an, aux fêtes de l'Aïd-es-sghir (fin du Ramdan), de l'Aïd-el-kebir (en commémoration du sacrifice d'Abraham) et du Mouloud (fête de la naissance du Prophète), les caïds sont tenus d'apporter au Sultan, avec les hommages de leurs tribus, des cadeaux en argent, *hédiya*. Des prélèvements obligatoires sont faits dans l'intérieur des tribus disposées à donner la hédiya, sur chaque famille, et le caïd se rend à la cour muni d'une grosse somme d'argent, en se promettant bien de n'en donner que juste assez pour ne pas être destitué.

Le Sultan possède dans tout le bled-el-Maghzen, ainsi qu'au Tafilelt, des propriétés personnelles administrées, soit par les amels, soit par des intendants. Ces propriétés consistent en moulins, en maisons, en magasins dans les villes, en jardins, en pâturages, en troupeaux de chevaux, chameaux, moutons, bœufs, etc., dont les revenus sont versés dans la caisse de l'État.

Les droits des douanes établies dans tous les ports du littoral, constituent le revenu le plus net de l'empire; il peuvent, ou plutôt devraient, rapporter environ 5 millions, mais les fonctionnaires transigent constamment avec la morale, et la plupart d'entre eux s'enrichissent aux dépens de leur maître.

Les droits d'importation sur les marchandises sont fixés à 10 0/0 *ad valorem*.

Les droits d'exportation sont variables et peuvent dépasser 10 0/0 *ad valorem* sur les marchés de la côte.

Le *mèkes* est un droit prélevé sur certains marchés.

La frappe et le change des monnaies ne produisent plus qu'un revenu assez restreint et irrégulier; cependant, il y a trois ans, le Sultan a renouvelé sa frappe de pièces d'argent, et a réalisé ainsi un bénéfice de 500.000 francs.

Les monopoles sont tous affermés; ils comprennent le droit exclusif de vendre dans les villes le tabac et le kif, de peser ou mesurer les grains et tous les produits alimentaires, sauf les légumes et les fruits; d'estampiller les peaux de bœuf dès l'abattage de l'animal, etc. Sont affermés également : les droits de ville aux portes, les droits de vente exclusifs des différents produits de l'industrie, tapis, haïks, pantoufles, nattes, etc.

La *djesta*, impôt de vasselage, est fournie par les Juifs, entre lesquels elle est répartie par les chefs de communnauté.

Enfin quelques autres ressources financières viennent alimenter la caisse du Sultan, savoir : le droit d'ancrage des bâtiments dans les ports, la vente à son profit de la cochenille, le droit d'héritage à défaut d'enfants, les confiscations etc...

On estime que les recettes de l'empire s'élèvent à une somme de 14 millions.

Dépenses. — Au point de vue de la comptabilité, le chapitre des dépenses ne paraît pas mieux tenu que celui des recettes. Que deviennent en effet ces dernières dans un pays qui n'a pas de dettes, pas de travaux publics et dont les rouages administratifs sont aussi rudimentaires ? Avec elles on pourvoit à l'entretien de l'armée régulière, des forteresses et des palais, aux traitements de quelques amels, du représentant diplomatique à Tanger et de quelques *ouakil*, sorte de consuls à l'étranger ; elles subviennent aux frais d'administration et de correspondance de l'État, frais assez élevés relativement aux autres dépenses, en raison de l'absence de service postal régulier ; elles servent à assurer les offrandes de rigueur pour les lieux saints, la

Mecque, Médine, etc... ; enfin elles pourvoient à tous les besoins de la cour, des membres de la famille dynastique et du harem. Ce dernier, avec son personnel féminin de deux mille têtes qu'il faut nourrir, habiller richement, parfumer, parer de bracelets et de bijoux, distraire et renouveler sans cesse, est l'élément de dépenses le plus important. Malgré cela, le Sultan, fidèle à la coutume de ses pères, engloutit chaque année 6 à 7 millions dans les profondeurs de son trésor, où il vont s'ajouter aux sommes énormes que depuis 60 ans on y a accumulées, bien décidé à ne jamais y toucher et à ne jamais en jouir.

Ce trésor, où est-il, et quelle est sa valeur? Il était autrefois à Mekness; on le dit aujourd'hui dans le Tafilelt, où chaque année le Sultan fait porter des caisses d'or. On manque absolument de données précises sur la valeur de ce trésor, qui peut atteindre 500 millions comme il peu n'être que de 50.

DEUXIÈME PARTIE

POLITIQUE

CHAPITRE PREMIER

Le Maroc et les puissances

Politique extérieure et procédés diplomatiques du Maghzen

Jusqu'en 1842, les agents diplomatiques européens au Maroc correspondaient directement avec le Sultan et son premier ministre. Sous le prétexte de la crainte des excès de la population de Fez, mais en réalité pour rendre plus compliqués et plus lents les rapports de la diplomatie avec les agents Européens, pour élever entre eux et lui une nouvelle barrière, le Sultan Mouley-Abd-er Rahman, arrière-grand'père du Sultan actuel, déclara qu'à l'avenir ils correspondraient avec son cabinet seulement par l'intermédiaire d'un ministre intermédiaire (vizir el-ouassitha), qui devenait en quelque sorte ministre des affaires étrangères.

Cette solution avait pour conséquences, non seulement de reléguer au troisième plan les représentants étrangers en les condamnant à n'entretenir de relations officielles qu'avec un simple fonctionnaire du Maghzen, mais elle permettait à l'agent de l'alliée empressée du Maroc, l'Angleterre, d'être toujours exactement au courant des démarches des autres puissances, et d'apporter au Sultan, en toute occasion, les conseils intéressés de son expérience européenne. Malgré tous les efforts faits depuis pour amener le retrait de cette hautaine prétention, elle a prévalu jusqu'ici, grâce aux incitations de l'Angleterre, et Tanger est restée la capitale diplomatique du Maroc.

C'est dans cette ville, située à 12 ou 15 journées de marche de la résidence du Sultan, que le vizir el-ouassitha se débat avec les représentants diplomatiques, se réservant d'ailleurs d'en référer pour chaque affaire au pouvoir central, procédé qui permet d'éluder en réalité certaines questions, de retarder la solution de beaucoup d'autres, et qui facilite la possibilité de tenir un juste équilibre au milieu des compétitions et des exigences des grandes puissances.

Un consul de France a formulé avec beaucoup de précision les instructions que ce ministre reçoit de son gouvernement. Bien que d'une

grande simplicité, elles sont telles qu'elles mettraient dans l'embarras le plus subtil des diplomates européens. « A toutes les demandes des
« représentants, répondre par des promesses — re-
« tarder le plus possible l'exécution de ces pro-
« messes — gagner du temps — susciter des diffi-
« cultés de toute nature aux réclamants — faire en
« sorte que, fatigués de réclamer, ils en arrivent à se
« désister — en cas de menaces, faire quelques
« concessions, mais le moins possible — si enfin le
« canon s'en mêle, céder, mais au dernier moment
« seulement. »

Ce programme est singulièrement facilité par le défaut absolu de moyens de communications rapides et les distances que les courriers, en général pédestres, ont à parcourir. A Fez ou à Mekness, au centre du gouvernement, les représentants diplomatiques qui y ont été en ambassade ont appris par expérience que, là même, rien n'aboutit. Le Sultan est presque toujours invisible, retranché comme une idole dans son palais impénétrable; quant au Vizir, il temporise, ce qui est la grande force de la diplomatie musulmane. Ce n'est d'ailleurs que le matin de très bonne heure qu'on peut traiter, avec force périphrases orientales, quelques questions, car le midi est réservé aux prières et au sommeil, et le soir aux affaires intérieures.

Le Sultan sait fort bien qu'il est dans l'impuissance de résister aux volontés de l'Europe et que son empire n'a d'autre garantie d'existence que les jalousies des grands États ; mais, tranquillement à l'abri de leurs mesquines rivalités, il continue les errements anciens, très convaincu que toute tentative vers un progrès quelconque émanant de l'un d'eux sera immédiatement enrayée par la coalisation des autres. Cette situation ne constitue pas une des moindres forces du gouvernement chérifien, qui considère l'indépendance du Maroc beaucoup mieux gardée par ces suspicions toujours en éveil, que par tout ce qu'il pourrait faire lui-même. Aussi sait-il très habilement en profiter, et quand il paraît incliner du côté d'une puissance afin d'en contrebalancer une autre, il est bien décidé à n'en favoriser aucune, en donnant des espérances à toutes. Si à certaines heures, contraint par la nécessité, il promet quelque concession à l'une d'elles, il est bien dans l'intention formelle de ne pas tenir sa promesse, et de trouver au dernier moment un bon prétexte pour l'ajourner.

Quand il s'agit d'une de ces réclamations diplomatiques comme il s'en produit périodiquement, le Maghzen ne s'émeut jamais : il ergote, avec sa duplicité habituelle, sur le cas, et cherche, suivant l'immuable politique des peuples musulmans, à gagner du temps, dans l'espoir que l'on se désintéressera de l'affaire devenue ancienne, pour transiger aux conditions les plus douces.

Cette façon d'agir, inspirée par un fatalisme invétéré et une mauvaise foi instinctive, déroute toujours des adversaires habitués à se placer sur le terrain de la raison et du bon droit; elle explique pourquoi tant de litiges sont en suspens depuis des mois et des années, alors que les diplomates s'épuisent en efforts pour obtenir une solution satisfaisante.

Dans ces conditions, le Sultan ne devrait être pris au sérieux par les nations européennes qu'autant qu'elles et lui parleraient le même langage, et que ce qui est vérité en deçà du détroit, ne soit pas mensonge au-delà. On continue néanmoins à agir avec l'administration marocaine comme on fait dans un pays régulièrement organisé, d'après les principes de la civilisation moderne ; on persiste même si bien à traiter le Maghzen sur le pied d'égalité, que celui-ci en est arrivé à persuader au peuple que les puissances font tous leurs efforts pour ne pas tomber en disgrâce auprès du Sultan.

Le but qu'il se propose dans ses procédés vis à vis des nations européennes est très simple : rendre le Maroc inhabitable pour l'étranger, et amener celui-ci à s'en détacher complètement. C'est pour cette raison que les achats de biens immeubles, sont, de fait, contrairement à la convention de Madrid de 1880, interdits dans l'intérieur du pays, puisque ces achats ne peuvent être valables qu'avec l'autorisation du Sultan, qui la refuse invariablement ; que le commerce d'exportation est limité à un certain nombre d'articles, et, pour quelques uns d'entre eux, à une quantité déterminée ; que l'exportation des céréales n'a été accordée qu'à titre essentiellement transitoire, et révocable d'un moment à l'autre ; que toute demande d'entreprise privée ou d'exploitation des ressources locales est refusée ; que toutes les propositions d'ouverture de voies de communications, de travaux pour rendre les ports accessibles sont rejetées ; c'est pour cette raison, en un mot, que toute tentative d'amélioration, dont le pays serait le premier à profiter, se heurte à une opposition irréductible.

Toutes ces pratiques des règnes précédents menacent, hélas ! de se perpétuer, car l'esprit qui anime le nouveau gouvernement ne saurait justifier aucune espérance d'amélioration. Il en sera malheureusement ainsi aussi longtemps que le Maroc formera un État se régissant lui-même. En effet, il existe chez tous les musulmans, et surtout chez les fonctionnaires du Maghzen, un sentiment d'amour propre, une sorte de respect humain, qui les empêche de s'avouer entre eux leur faiblesse vis à vis des chrétiens ; leurs craintes se traduisent en forfanteries, et ils croient se compromettre en montrant à leurs coréligionnaires des tendances pacifiques à l'égard des infidèles, en leur accordant la moindre concession. Ba-Ahmed, l'homme qui personnifie actuellement en lui le Maroc politique, est nettement rétrograde et fanatique, par conséquent hostile à l'élément européen. Véritable diplomate musulman, doublé de beaucoup d'énergie, tous ces efforts tendront à résister à la poussée du dehors, et la diplomatie européenne éprouvera plus de difficultés que jamais à réaliser les progrès qu'elle ambitionne.

Évidemment il n'y aurait que plus de mérite pour les représentants européens à obtenir ces progrès ; mais, malheureusement, les puissances intéressées fournissent elles-mêmes au Maghzen les armes nécessaires pour s'opposer à leur introduction. L'action commune n'est qu'à la surface ; au fond, les nations vivent entre elles, au Maroc, sur le pied de la méfiance réciproque, et il suffit que l'une prenne l'initiative d'une mesure quelconque, pour que les autres, faisant chorus contre elle auprès du Maghzen, donnent à celui-ci le courage nécessaire pour répondre par un *non possumus* à la demande dont il est saisi. Toute la politique du gouvernement consiste à profiter de cet état d'esprit, et il en joue avec une merveilleuse opportunité. Souvent même, dans son œuvre de défense, il n'a rien à faire par lui-même, les étrangers se chargeant de la besogne.

Il est incontestable qu'avec une pareille façon de procéder, on ne saurait prétendre qu'à des succès négatifs. Toute puissante quand il s'agit d'empêcher le voisin d'arriver à un résultat, chaque nation est à son tour frappée de stérilité lorsqu'il lui faut produire quelque chose d'utile pour elle. Et, cependant, le Maghzen ne sait jamais aucun gré de l'aide qui lui aura été prêtée pour déjouer les projets d'un concurrent. Cette aide a été la bien accueillie, parce qu'elle devait contribuer à faire triompher une fois de plus la politique d'inertie du gouvernement. Le cas échéant, on l'acceptera avec le même enthousiasme du voisin contre la conseillère de la veille, et les services qu'elle aura pu lui rendre ne lui constitueront aucun titre à obtenir un traitement de faveur.

Il résulte de ces considérations que l'action de la civilisation, même simplement bienveillante, ne pourra jamais s'exercer au Maroc qu'à la suite d'une entente préalable des principaux États intéressés; et c'est dans la manière dont ce concert peut s'effectuer, que gît tout le problème de la question marocaine. Malheureusement, nous le répétons, cette entente, qui seule, dans l'état d'équilibre si instable de l'empire chérifien pourrait prévenir les complications les plus graves et les plus inattendues, n'existe pas. Bien plus, les nations européennes, au lieu de chercher à réagir contre cette tendance d'esprit, au lieu de s'appliquer à ramener les choses à leur vraie valeur respective, semblent prendre à tâche de fortifier ces errements; nous n'en citerons d'autre preuve que le cérémonial imposé à leurs envoyés lors de la remise des lettres de créance.

En principe, quand un ambassadeur se présente en cette qualité chez le souverain d'un pays, sa personnalité disparaît, et les honneurs qu'on lui prodigue s'adresse à la puissance qui l'a accrédité. C'est elle qui parle par sa voix, c'est à elle qu'on répond en s'adressant à sa personne, c'est elle qu'on honore en l'honorant, ce serait elle qu'on humilierait en lui manquant d'égards. C'est ainsi que la chose est comprise partout et par tout le monde.

Or, dans ces réceptions, tout est arrangé pour que les représentants des puissances les plus considérables aient l'air de venir en tributaires.

L'ambassadeur et sa suite sont à pied et disposés intentionnellement de manière a bien avoir le soleil en plein visage ; une attente assez longue leur est imposée avant l'arrivée du Sultan, et lorsqu'enfin le monarque daigne se montrer, il écoute à cheval le discours de bienvenue. Après quelques mots à double sens, habilement choisis — la langue arabe s'y prête si facilement ! — le Chérif renvoie l'ambassadeur d'un geste protecteur[1], qui ne manque jamais son effet sur l'armée et la population, autorisées à contempler la mission chrétienne humiliée devant le Prince des croyants. Est-il admissible que les puissances continuent de permettre à un souverain aussi faible que celui du Maroc d'accueillir leurs ambassadeurs comme les représentants de nations vassales s'inclinant devant un pouvoir supérieur ? Déjà M. Ordéga avait déclaré au Maghzen qu'il trouvait inconvenant l'usage d'après lequel les ambasssadeurs devaient

---

1. La mimique joue un grand rôle dans la conversation des Arabes. On sait aussi avec quel art infini ils savent nuancer les gestes et graduer les formes du langage suivant le rang de la personne à qui ils s'adressent. C'est que les règles de la politesse et de l'étiquette font partie de la religion et que le code des relations sociales est connu de tous, du dernier des paysans comme du plus illustre parmi les nobles. Tandis qu'en Europe il y a des gens bien et mal élevés, des hommes de bon et de mauvais ton, les indigènes du nord de l'Afrique, sous ce rapport, se ressemblent à peu près tous ; chacun d'eux tient son rang, et le plus infime berger a un maintien, des allures et une urbanité de grand seigneur.

rester la tête découverte en adressant au Sultan leur discours, et qu'il se couvrirait ; il s'est couvert, et, depuis, tout le monde l'a imité¹.

L'Europe a le devoir de résister à toutes ces humiliations, qui ont pour résultat d'accroître encore l'orgueil musulman. L'étiquette de la cour marocaine ne subsiste que parce qu'il lui plaît de s'y prêter ; un commun accord des agents des puissances peut le modifier ; mais cet accord étant loin de régner, il est à craindre qu'il se trouvera toujours un ou deux ministres disposés à se soumettre aux prétentions du Sultan. On oublie trop, en général, que les musulmans confondent tous les *roumis* dans la même haine fanatique et ne font aucune différence entre les nationalités ; et il est vraiment regrettable que lors de la dernière ambassade du maréchal Martinez Campos, où l'illustre soldat a dû se soumettre au cérémonial habituel, on ait négligé l'occasion de la modifier.

L'anomalie en vertu de laquelle la vie diploma-

---

1. Ce résultat, obtenu à la suite de négociations assez délicates, fut fort justement considéré à l'époque comme une victoire de la civilisation, dont le bénéfice devait être assuré désormais à tous les ambassadeurs étrangers. Malheureusement, tout récemment, en novembre 1894, M. Satow ministre d'Angleterre, a cru devoir, dans son ambassade à Fez, rompre avec ce nouvel usage en restant tête nue, au grand ébahissement des Arabes, pendant toute la durée de la réception.

tique est reléguée à Tanger, c'est-à-dire à l'extrémité de l'empire, alors que le siège du gouvernement se trouve alternativement à Fez, Mekness et Merrakech, est une des autres causes qui s'opposent à l'introduction de la civilisation dans le pays. En transférant les légations à Fez, on se procurerait la facilité de traiter directement avec le Maghzen une foule de questions, qui aujourd'hui demeurent des mois et même des années en suspens ; de plus en voyant constamment le Sultan, on se ménagerait la possibilité de le soustraire dans une certaine mesure à son entourage, et on pourrait arriver à l'intéresser au progrès en agissant sans relâche sur lui. Il ne semble pas qu'il serait utile d'obliger les légations d'avoir une installation à Mekness et à Merrakech, car le déplacement du Chérif dans ces villes n'a lieu habituellement qu'en été, c'est-à-dire à une époque que choisissent précisément les ministres pour se rendre en congé dans leur pays.

Mais si le *modus vivendi* actuellement en vigueur est regrettable à tous ces points de vue, il offre d'autre part l'avantage de maintenir les agents européens en communication aisée avec leur gouvernement. Le déplacement des légations devrait donc entraîner l'établissement, dans l'intérieur du pays, de routes, de chemins de fer, et tout au moins, préalablement, de lignes télégraphiques. Or, s'il est permis d'espérer qu'une fois auprès du Sultan les ministres étrangers arriveraient petit à petit et à la longue à ses indispensables créations, il est hors de doute que le Maghzen n'en prendra jamais l'initiative, et qu'il fera au contraire tous ses efforts pour s'opposer à ces améliorations. On tourne donc dans un cercle vicieux ; ce n'est pas une raison pour abandonner tout espoir de voir se réaliser ce *desideratum*.

L'installation d'un vice-consul français de carrière à Fez paraît être un acheminement vers le but. Cet exemple sera probablement suivi à bref délai par les autres nations. Néanmoins, au point de vue du voisinage que nous devons souhaiter à notre colonie algérienne, il est permis de se demander si l'installation, presqu'à nos frontières, d'influences et d'éléments étrangers, et par conséquen très vraisemblablement jaloux et hostiles, ne doit pas être sans nous inquiéter. Ce sera le moment de veiller avec une extrême vigilance aux portes du Moghreb.

La question marocaine

La première partie de ce travail a fait ressortir toute la valeur économique que le Maroc doit à la douceur de son climat, à l'abondance de ses eaux, à la fertilité de son sol, et à la variété de ses productions naturelles.

Exceptionnellement favorisé pour l'exploitation commerciale de ses produits, par sa situation géographique entre l'Atlantique et la Méditerranée, à l'angle du continent africain, il l'est de plus, au point de vue stratégique et militaire, car il domine les routes maritimes du Sénégal, du Soudan, de toute la côte Ouest africaine en un mot, et des caps ; enfin, par sa position sur le détroit, il commande le passage et peut paralyser l'influence de Gibraltar.

Or, par ce temps de développement d'intérêts européens en Afrique et de soucis de prépondérance maritime dans la Méditerranée, l'anarchie dans laquelle se débat le Moghreb est un grave danger pour l'avenir.

Sa fin, en tant qu'État autonome, est inévitable, et sa dislocation semble prochaine, car on y chercherait vainement les éléments d'une renaissance. En effet, la race numériquement prépondérante, la race berbère, malgré son énergie et sa vitalité, a été divisée à l'infini par les Sultans, qui ont exploité ses instincts de combativité pour la désagréger dans une discorde absolue ; d'autre part, une étroite théocratie et un bigotisme poussés jusqu'au fanatisme tuent, dans l'entourage du Sultan, la moindre manifestation intellectuelle ou scientifique ; enfin, l'élément dirigeant, le peuple arabe, ici comme partout réfractaire à tout progrès, est incapable de gouverner sans tuteur. La machine marocaine continue donc à marcher à l'aventure, non point en raison de la vitesse acquise, mais grâce à la politique des puissances qui a écarté jusqu'à présent les obstacles contre lesquels se briserait le trône chancelant du Sultan.

Le contraste entre la débilité manifeste de cet État sans organisation, sans équilibre, sans *loi d'existence*, et l'importance des légations et chancelleries de Tanger, le grade élevé de leurs chefs et le complet de leur personnel, est frappant.

La raison de cette importance, il ne faut la chercher que dans le besoin d'une surveillance réciproque et jalouse d'un sol convoité par plusieurs.

Tandis qu'au lieu de se réunir dans une action commune pour faire sortir ce pays de l'état de barbarie dans lequel il végète, les représentants des puissances perdent leur temps à épier réciproquement leurs moindres faits et gestes pour s'opposer à toute velléité d'empiètement, le Sultan, tranquillement à l'abri de ces rivalités, continue les errements anciens, bien convaincu qu'il est que toute tentative vers un progrès quelconque émanant d'une nation, sera immédiatement enrayée par la coalisation des autres.

Limitrophe de l'Algérie, qu'il complète géographiquement et qu'il influence politiquement par l'asile, l'aide et la protection que trouvent sur son territoire les rebelles et les agitateurs religieux ; en face de l'antique Ibérie qui le convoite ardemment ; enfin, commandant le détroit, le Maroc intéresse directement trois grandes puissances : la France par la frontière de son département oranais et par le mouvement commercial que les oasis de l'extrême-Sud offriront aux chemins de fer de la colonie algérienne ; l'Espagne, par ses établissements pénitentiaires, ses *présidios* de la côte riffaine, et par les espérances des conquêtes en terre maure, si populaires dans la péninsule, et enfin l'Angleterre, qui considère Tanger comme le complément indispensable de Gibraltar.

La question marocaine, si délicate à résoudre, se complique encore des agissements des puissances moins directement intéressées, Allemagne, Italie etc..., dont les intrigues sont très bien vues à la cour chérifienne, et qui peuvent, sans crainte de léser le commerce de leurs nationaux, acquérir les bonnes grâces du Sultan.

L'ignorance des personnages du Maghzen trouve

dans cet ordre d'idées un accomodement aux tendances ultra fanatiques et rétrogrades. A l'heure actuelle, il est impossible d'indiquer la solution de cet imbroglio. Est-ce un partage territorial ou au contraire une manière de protectorat des puissances qui prévaudra ?

On se heurtera toujours à la France d'abord qui observe avec attention tout ce qui pourrait modifier l'état de son voisin, puis à l'Espagne, cette dernière ayant tout à perdre aux entreprises des grandes puissances industrielles. Quant à l'Angleterre, elle défend évidemment de grands intérêts politiques et commerciaux.

On doit donc se résigner au *statu quo* ; se maintiendra-t-il longtemps encore ? La réponse est malaisée !

Quoiqu'il en soit du Maroc lui-même, la question se double de celle bien plus irritante encore et plus délicate du détroit de Gibraltar. Ce détroit, la route naturelle reliant l'Atlantique à la Méditerranée, est un facteur politique et stratégique de tout premier ordre, intéressant à la fois toutes les nations maritimes et coloniales. Si le canal de Suez en a déjà considérablement augmenté l'importance, cette importance deviendra absolument unique dans le monde, lorsque le détroit, cessant de servir exclusivement au transit de l'hémisphère orientale, deviendra un des éléments de la grande voie *circumterrestre* par l'isthme de Panama, dont le percement s'impose à la civilisation. Homologues géographiques, les deux canaux de Suez et de Panama deviendront les deux expressions géographiques du mouvement commercial de l'Univers.

En présence de l'importance actuelle et de l'importance future du détroit de Gibraltar, et à moins de renoncer à leurs intérêts maritimes et coloniaux, il semble inadmissible que les puissances européennes permettent à l'une quelconque d'entre elles de prendre pied sur sa rive méridionale, pour y construire des ouvrages pouvant à un moment donné couper la grande route maritime du globe. Si néanmoins le fait se produisait, ce ne serait point, vraisemblablement, le droit international qui remettrait les choses en état, mais bien la force, c'est à dire non pas seulement, croyons-nous, les flottes de guerre, mais les armées européennes.

CHAPITRE II

La politique européenne

Angleterre

Aucune nation, en politique, ne calcule d'une façon plus égoïste, n'a au même degré la prescience des évènements, n'agit avec une connaissance plus précise du but, et n'en poursuit la réalisation avec plus de persévérance que l'Angleterre.

Exclue par la nature de la Méditerranée, elle a pris soin dès le commencement du siècle dernier de se mettre au nombre de ses puissances riveraines en s'emparant de Gibraltar ; en 1801, elle a confisqué à son profit Malte, sa forteresse centrale. Depuis le percement de l'isthme de Suez, qui a si considérablement augmenté l'importance de la Méditerranée, elle a fait d'Aden le Gibraltar de la mer Rouge, et de l'îlot de Périm la clef du détroit de Bab-el-Mandeb. En 1878, au traité de Berlin, l'adresse de lord Beaconsfield ajoutait à la couronne d'Angleterre un nouveau joyau, augmentant sa puissance dans la Méditerranée, l'île de Chypre. Enfin, plus récemment encore, après l'occupation de la Tunisie par la France, occupation qui lui enlevait l'exclusive suprématie dans le bassin oriental, elle a établi sur la terre des Pharaons une sorte de dictature militaire, provisoire il est vrai, mais dont il est impossible de préjuger la durée. Invariable dans sa politique, elle a toujours eu pour but de se créer une forte position dans le Levant, et elle y a réussi.

Au XVIIe siècle déjà, les Anglais avaient un pied au Maroc; ils possédaient Tanger, où ils avaient succédé aux Espagnols. Enervés par les attaques incessantes des populations de l'Andjera, ne retirant aucun profit commercial de cette station, ils l'évacuèrent en 1684, après 23 ans d'occupation, après en avoir fait sauter les jetées pour combler le port et en enlever l'utilisation ultérieure à toute autre puissance. Vingt ans plus tard, devenus plus conscients de l'importance du détroit, ils s'emparaient de Gibraltar, qui paraissait joindre aux avantages de Tanger celui d'une position insulaire.

Conquise simplement en vue d'assurer aux flottes britanniques la route du Levant, cette place semblait destinée, depuis le percement de l'isthme de Suez, à devenir, en outre, une station stratégique de la route des Indes aussi importante au point de vue de la sécurité dans la Méditerranée qu'Aden dans la mer Rouge, Ceylan et Singapour dans l'Archipel indien, ou le Cap de Bonne-Espérance et Sainte-Hélène dans l'Atlantique.

Pendant longtemps, en effet, la situation exceptionnelle de Gibraltar, le puissant armement de ses ouvrages et les rochers qui couvrent la ville au Nord et à l'Est, passaient pour constituer un ensemble invulnérable. Mais les progrès réalisés dans ces dernières années par l'artillerie, l'invention des torpilleurs, les vitesses imprimées aux navires et leurs besoins toujours croissants en charbon, ont démontré que cette place n'était plus à la hauteur des besoins actuels.

Pour se rendre compte de l'insuffisance actuelle de Gibraltar, il est nécessaire de connaître le rôle que la flotte anglaise prétend jouer dans la Méditerranée et le but qu'elle se propose d'atteindre en temps de guerre. Il est généralement admis que c'est la route des Indes qu'elle entend conserver, et que les batailles navales de l'avenir auront pour but de lui en assurer la libre disposition.

Les visées de l'amirauté anglaise sont plus hautes ; car, bien avant l'existence du canal de Suez, la Méditerranée était déjà considérée par elle comme le théâtre d'opérations principal, où elle devait assurer l'hégémonie maritime de la Grande-Bretagne ; il en sera ainsi tant que cette puissance n'aura pas renoncé à faire sentir son action dans le réglement des questions intéressant l'Europe continentale.

Sur le théâtre d'opérations de la Méditerranée, ce seront des résultats décisifs qu'on s'efforcera d'obtenir, par la concentration des forces disponibles et par la destruction des flottes ennemies, ainsi qu'opérèrent au commencement du siècle Nelson, Jervis et Howe.

Dans l'état actuel des choses, on ne cherchera donc à protéger cette route des Indes qu'après les premiers succès, car les autorités maritimes sont d'accord pour la considérer comme peu sûre en temps de guerre, et pour lui préférer celle du Cap.

Gibraltar, en effet, ne commande plus les 20 kilomètres du détroit, et doit se borner à signaler le passage des navires ennemis, depuis que la navigation à vapeur permet de passer au large, malgré les vents et les courants contraires ; le port est trop petit et trop mal abrité pour pouvoir servir de refuge assuré. Lord Brassey, dont la compétence est connue, rappelait, il y a quelque temps, qu'un torpilleur ennemi, s'avançant la nuit ou par un temps brumeux, suffirait pour jeter la perturbation dans la rade, et pour couler une partie importante de l'approvisionnement de charbon, qui, faute d'emplacement disponible, est entreposé sur des chalands.

Après avoir franchi le détroit, les navires de commerce et les transports non escortés seraient sans cesse exposés aux attaques d'un ennemi dissimulé dans les ports de France et d'Afrique, et si, poursuivant leur course après avoir échappé à ces premiers dangers, il parvenaient en Egypte, c'est le canal de Suez qu'il faudrait franchir, c'est-à-dire un fossé creusé dans le sable, où quelques kilogrammes de dynamite suffiraient pour interrompre tout transit.

La valeur réelle de Gibraltar ne peut donc être appréciée que si l'on envisage les services que la place peut rendre comme base d'opérations maritime ; c'est la seule dont l'Angleterre puisse disposer dans le bassin occidental de la Méditerranée, et l'on n'y trouve ni docks pour la réfection du matériel, ni dépôt de charbon suffisant.

Pour se faire une idée exacte de l'importance que ce dépôt devrait avoir, il faut se rappeler que les grands bâtiments de guerre partant de Portsmouth et marchant à toute vitesse, seraient obligés de consommer la plus grande partie de leur approvisionnement pour arriver à la côte septentrionale d'Afrique; que presque tous les navires se rendant au Cap, en Australie, ou aux Indes, seraient dans le même cas, et qu'enfin la flotte de la Méditerranée n'a qu'un approvisionnement total de 10,000 tonnes ; il est établi, d'autre part, que les dépôts de Gibraltar ne peuvent pas contenir plus de 20,000 tonnes, dont 10,000 se trouvent dans le port même, sur des chalands, et sont destinés à ravitailler la marine marchande ; le reste est entreposé sur le rivage, non loin du môle neuf. Bien que le remède à cet état de choses puisse sembler facile, la question est, en réalité, aussi difficile à résoudre que celle de la création des bassins de radoub ; et l'on se heurte, dans les deux cas, à des difficultés à la fois hydrographiques, techniques et militaires, presque insurmontables.

Or, ces établissements sont aujourd'hui indispensables dans tout port de guerre. Les navires en bois et à voiles du passé étaient remis en état avec la plus grande facilité, même en mer, comme le fit Nelson après Aboukir, lorsque l'on disposait du matériel nécessaire ; mais il est certain qu'après les combats de l'avenir, les bâtiments auront subi de telles avaries, qu'ils seront tenus de rentrer au port pour les réparer, sous peine de devenir la proie du premier croiseur qu'ils trouveraient devant eux. Une flotte anglaise, après une bataille livrée dans le bassin occidental de la Méditerranée, aurait donc trois alternatives : se rendre à Malte, retourner en Angleterre, s'arrêter à Gibraltar.

Malte est un abri inviolable, mais pour l'atteindre, braver Toulon, Ajaccio, Bizerte serait presque aussi imprudent que de longer la côte française devant Rochefort et Brest ; en s'arrêtant à Gibraltar, les bâtiments ne trouveraient aucun des aménagements nécessaires pour pouvoir se reconstituer ; ils ne pourraient qu'y attendre la fin de la guerre, avec le peu de sécurité que leur offrirait un port aux dimensions restreintes et insuffisamment protégé.

Bien que les besoins ne fussent pas les mêmes au commencement du siècle, l'amiral Nelson considérait déjà Gibraltar comme un port insuffisant et de peu d'importance ; comme base d'opérations, il lui préférait Port-Mahon, qui est plus près de la côte de France et de l'arsenal de Toulon. Mais Nelson ne prévoyait pas le canal de Suez ; l'établissement de cette nouvelle route des Indes nécessite la possession d'un port à l'entrée de la Méditerranée.

C'est donc ailleurs que se sont portés les regards de l'Angleterre : à Tanger, qui a paru lui offrir les avantages désirés.

« Peu nous importe, disent les journaux de la cité, quelle sera la nation qui s'établira au Maroc, à l'exception toutefois de Tanger qui devra nous appartenir et que nous avons eu jadis la sottise d'abandonner. » L'acquisition de cette ville et d'une portion de la rive marocaine du détroit, est donc devenue l'objectif du gouvernement anglais, qui est parfaitement décidé à mettre tout en œuvre pour arriver à ses fins.

Pouvant alors faire de Tanger une place maritime de premier ordre complètant Gibraltar ; ayant la faculté, en abritant la baie par des travaux pour lesquels on ne reculerait devant aucun sacrifice, d'en faire la base d'opérations offensives d'une formidable escadre permanente ; libres enfin d'échelonner le long de la côte marocaine de puissantes batteries, l'Angleterre détiendrait toutes les clefs de la Méditerranée ; elle serait maîtresse de toutes les communications des ports méditerranéens avec le reste du monde, et la France deviendrait la simple locataire de la rive septentrionale de l'Afrique. Ce principe de la liberté des détroits, qui fit couler tant d'encre au temps de Louis-Philippe, beaucoup de sang lors de la guerre de Crimée, deviendrait un vain mot. Il n'en reste plus qu'un vestige : ce serait l'abolition complète.

Il est inutile d'insister plus longuement que nous

l'avons déjà fait pour faire comprendre qu'une solution pareille ne saurait être acceptée à aucun prix, ni par la France, qui serait la plus directement atteinte, ni par les autres puissances maritimes et coloniales.

Dans l'arrière pensée des hommes d'État de la reine, l'existence même de l'empire britannique dépend de la suprématie absolue de l'Angleterre dans la Méditerranée, de cette suprématie qui lui permet, disent-ils, de s'y maintenir comme une menace perpétuelle sur les flancs des nations qui seraient les plus disposées à l'attaquer le cas échéant. « Tant que nous serons formidables dans « la Méditerranée ; disait-on à la date du 15 no-« vembre 1893 dans le *Daily Graphic*, ni la France « ni la Russie, ni l'Espagne ne pourront mettre en « jeu toute leurs forces pour nous faire du mal sur « d'autres points. La suprématie dans la Méditer-« ranée fait de nous les arbitres de la paix. »

Mais cette suprématie, grâce à laquelle elle a pu, dans la Méditerranée, tout en ne possédant que le rocher de Gibraltar et l'île à peu près stérile de Malte, aller et venir et agir à sa guise presque à l'égal des Romains dans leur *mare nostrum*, repose sur une fausse appréciation de sa situation stratégique et des conditions actuelles de la guerre navale, sur un lustre factice, tout d'extérieur, que dans le cours d'un siècle une diplomatie habile, a su faire passer aux yeux des autres nations pour une indiscutable réalité.

C'est une erreur, en effet, de croire que la Méditerranée ou l'un de ses bassins doive forcément appartenir à la puissance qui y fera croiser le plus grand nombre de vaisseaux ; l'histoire, nous démontre, au contraire, dès l'antiquité, que la supériorité navale n'y peut assurer la domination sans la possession d'une partie du continent. Gibraltar et Malte sont bien des stations fortifiées de la route stratégique de l'Angleterre vers le canal de Suez, mais la sécurité de cette ligne de communication, menacée dans ses flancs depuis le débouché de la Manche jusqu'au cap Bon, repose uniquement sur des escadres dépourvues de refuges et d'arsenaux intermédiaires, ainsi que de zônes de ravitaillement ; c'est-à-dire complètement « en l'air » au point de vue stratégique.

Évidemment ces escadres pourraient obtenir des succès, mais sans base d'opérations rapprochée, ces succès ne sauraient jamais être que momentanés. Il ne serait pas difficile alors à une puissance même très inférieure au point de vue maritime, mais disposant de quelques bâtiments rapides marcheurs et bien armés, et possédant un certain développement de côtes pourvues de ports offensifs et de ports de refuge, de ruiner le commerce de l'Angleterre, ou tout au moins d'inquiéter tellement ses navires marchands qu'ils n'oseraient plus se risquer au large de leurs abris. Or pour l'Angleterre, nation exclusivement industrielle et commerçante, la libre disposition des routes maritimes, et surtout celle des Indes, est une question de vie ou de mort.

Ces considérations ont acquis d'autant plus de valeur que les vitesses imprimées à la navigation augmentent sans cesse ; que les progrès de l'artillerie s'accentuent de plus en plus ; que les avaries qu'elle fait subir aux navires, même victorieux, nécessitent des réparations considérables dans un arsenal ; que le torpilleur n'a pas dit son dernier mot ; et, qu'enfin, la navigation sous-marine semble proche d'apparaître comme une troublante inconnue.

C'est en grande partie pour avoir senti, depuis le percement du canal de Suez, le grave inconvénient de cette absence de côtes, de base continentale, que l'Angleterre s'est installée en Égypte. Sa sécurité dans le bassin oriental y est suffisamment assurée. Quant à sa situation dans le bassin occidental, elle reste très précaire ; et ce n'est pas là l'un de ses moindres soucis.

Les convoitises des Anglais sur la rive marocaine du détroit s'expliquent donc aisément. Passés maîtres en l'art d'introduire le corps tout entier là où on leur laisse simplement mettre le bout du doigt, ils cherchent à s'infiltrer par tous les moyens au Maroc. Tout d'abord on sollicitait l'autorisation, d'ailleurs accordée, de compléter l'organisation du phare international du cap Spartel par un sémaphore[1]. Mais un poste désormais aussi utile ne pouvait demeurer à la merci d'un coup de main et exigeait d'être défendu ; de là nouvelle instance dans le but d'être laissés libres d'élever un fortin dans les environs, instance à laquelle le Sultan opposa un refus catégorique.

Battu de ce côté, on demandait l'autorisation d'élever à Tanger un hôpital pour la garnison de

---

[1]. La construction de ce sémaphore ne fut accordée par Mouley-Hassan qu'après que le ministre anglais, sir William Kirby Green, l'eut persuadé que tous les sémaphores de France appartenaient au Lloyd anglais. Les négociations furent menées secrètement, à l'insu des autres légations, qui n'en eurent connaissance qu'après que le Sultan eut donné son assentiment. Mais notre représentant, frappé du danger que pourrait présenter pour la France, en cas de guerre, la possession par l'Angleterre d'un établissement permanent de signaux surveillant le passage de l'Océan dans la Méditerranée et en relation directe avec Gibraltar, fit rattraper l'affaire par notre ministre des affaires étrangères, qui finit par obtenir, à la date du 27 Janvier 1892, sous forme d'une convention anglo-française à laquelle ont adhéré les autres puissances, une véritable neutralisation du sémaphore, car il est dit à l'article 7 de cette convention qu'« *en cas de guerre, à la demande d'une des puissances intéressées, le sémaphore sera fermé.* »

Gibraltar. Le Sultan, craignant avec beaucoup de raison que les soldats partis malades de Gibraltar ne se trouvassent un jour subitement guéris dès qu'ils auraient pris pied à terre, refusa encore. Entre temps, un câble télégraphique reliant Tanger à Gibraltar est immergé sans autre forme de procès, et non sans soulever les protestations du Maghzen, mais il fut passé outre à ces démonstrations platoniques, et, une fois de plus, la force du fait accompli avait triomphé.

La question du cap Juby répond au même ordre de préoccupations. Juby et son îlot ont été occupés sans aucune espèce d'autorisation, et, comme pour les Anglais possession vaut titre, ils y restent, bénéficient d'un bon mouillage, situé en face des Canaries, et sur une tête de route du Sahara qui leur permet de détourner les caravanes se rendant au Maroc par la fertile oasis de l'Adrar et-Tmar.

Tout récemment encore l'occasion avait paru favorable de s'infiltrer encore plus avant au Maroc. Dès la nouvelle que dans la mission échue au maréchal Martinez Campos, à la suite des affaires de Melilla de traiter directement des conditions de la paix avec le Sultan, il était question d'une forte indemnité de guerre, le cabinet de Saint-James a fait proposer à Mouley-Hassan de lui avancer comptant la somme nécessaire Or, comme la généreuse Albion ne fait jamais rien gratis, elle se serait fait concéder pour un temps déterminé la perception des droits de douane dans les ports du Maroc. C'eût été déjà une aubaine lucrative ; mais est-il besoin d'ajouter que les conditions de cet emprunt, offert et accepté à un taux usuraire, auraient assuré aux agents britanniques le monopole des douanes marocaines ? Et ce que l'Angleterre tient, on sait qu'elle ne le rend plus ! C'eût été d'ores et déjà une mainmise sur les revenus du Sultan. De plus, en donnant à Mouley-Hassan le moyen de satisfaire les exigences du plénipotentiaire espagnol, l'Angleterre se donnait un double prestige : vis à vis du Chérif qu'elle dégageait d'une situation critique, elle prenait le rôle d'un sauveur, et vis à vis de l'Espagne, elle gardait l'attitude d'un courtier obligeant qui lui permettait de combler sans retard la brèche faite à ses finances par l'expédition. N'était-ce pas là une combinaison bien imaginée pour donner libre carrière aux convoitises des Anglais et amener leur prépondérance au Maroc ?

Les visées poursuivies par l'Angleterre au Maroc exigent pour aboutir, que la situation intérieure du pays revête un caractère menaçant ; malheureusement pour elle, il n'en est pas tout à fait ainsi. Ses agents, dès lors, profitent habilement de tous les troubles qui surviennent — troubles qu'ils sauraient même, paraît-il, fort bien provoquer — pour préparer par des dépêches alarmantes, l'opinion publique européenne à une intervention armée ou diplomatique dans les affaires marocaines, qui permettrait de débarquer sur la rive Sud du détroit. C'est là, uniquement, la clef des nouvelles inexactement pessimistes répandues à profusion. C'est le même jeu qu'a joué jadis en Egypte sir Malet ; à Tanger, la chancellerie britannique sait, comme lui, se servir à propos des troubles locaux et des télégrammes terrifiants.

Il faut avouer qu'en agissant ainsi, l'Angleterre est fidèle une fois de plus à sa politique, qui la pousse à occuper tous les points du globe pouvant à un titre quelconque, commander ses routes maritimes.

Il y a donc certitude absolue, si les puissances n'y veillent sérieusement, que pour obtenir le contact avec le Maroc, les Anglais saisiront la première occasion favorable pour s'intituler les sauveurs de la situation.

Si, malgré tout, ce jeu restait sans résultat, il se pourrait fort bien que l'Angleterre saisisse l'occasion — il est permis de nourrir cette opinion — de s'emparer de Tanger, tandis que l'Europe serait occupée ailleurs ; dans ce cas, il est certain que les puissances, une fois débarrassées de leurs entraves momentanées, pèseraient de tout leur poids pour en obtenir l'évacuation. Si alors la diplomatie restait impuissante, les armées européennes seraient inévitablement appelées à trancher le différent.

L'Angleterre continuerait donc à se considérer comme invulnérable? Cependant l'augmentation considérable des armées continentales, la rapidité de mobilisation qu'elles ont acquises, la création de grandes flottes de transport, sont de nature à devoir diminuer sa quiétude! Elle qui veut étreindre le monde, ses forces maritimes et militaires sont-elles réellement à la hauteur de la tâche qui leur incomberait en cas de guerre? Contenir l'Irlande; protéger les côtes de la Grande-Bretagne contre un débarquement, défendre le canal de la Manche, garantir la neutralité des bouches de l'Escaut, garder Gibraltar, Malte, Chypre, dominer l'Égypte et le canal de Suez, maintenir dans l'obéissance plus de 200 millions de sujets dans les Indes, s'opposer aux progrès des Russes dans l'Asie centrale, tenir en respect les tribus guerrières de toutes les parties de l'Afrique; il faudrait pour satisfaire simultanément à toutes ces nécessités, avec des chances de succès, des flottes au moins égales aux flottes réunies de tous les autres États de l'univers et des armées se chiffrant par des millions d'hommes!

Qu'elle construise donc chaque année de nouveaux cuirassés ; qu'elle augmente son armée par l'introduction du service personnel et obligatoire, ses forces ne seront jamais suffisantes pour protéger à la fois ses côtes, sa marine marchande et ses colonies lointaines. Le véritable danger pour elle réside dans sa puissance même, dans l'extension de son régime colonial, dans la nécessité où elle se trouve, pour travailler et pour vivre[1], de recourir au monde entier ; dans cette puissance qui, semblable, toute proportion gardée, à la puissance de Carthage, porte en elle les mêmes éléments de faiblesse, les mêmes causes initiales, qui, dans sa lutte avec sa rivale continentale, devait fatalement conduire à la ruine la cité punique[2].

Il semble donc évident, que le « colosse aux pieds d'argile » aurait tout à perdre et rien à gagner à s'attirer une guerre européenne.

---

1. Une revue anglaise disait récemment que l'arrêt du commerce d'importation provoquerait, en cas de conflit avec une puissance quelconque, une famine qui obligerait l'Angleterre à se rendre sans condition et à l'entière discrétion du vainqueur.

2. « Depuis le commencement des hostilités, les Romains avaient perdu bien plus de galères que les Carthaginois ; mais, pour Rome, puissance continentale, les vaisseaux n'étaient que du bois et du fer qui se remplaçaient aisément ; pour Carthage, puissance maritime et marchande, c'était sa force et sa richesse. L'une était donc comme un navire atteint dans les œuvres vives, l'autre comme une forteresse dont quelques créneaux seulement étaient tombés ». *Histoire des Romains*, V. Duruy. T. I, p. 467.

En réalité l'Angleterre la redoute ; c'est pourquoi ses prétentions paraissent ridicules à ceux qui connaissent sa situation exacte, et pourquoi aussi le glaive qu'elle brandit de temps en temps n'effraie plus personne.

Quoiqu'il en soit du parti que prendra l'Angleterre lors de la liquidation de l'empire marocain, le jour où des échanges de vue diplomatiques se produiront dans le but de régler la question, le seul moyen de la résoudre sans préjudice pour personne, sera de neutraliser la rive marocaine du détroit ; mais sans doute alors les autres nations européennes estimeront-elles, et avec infiniment de raison, qu'il n'y a pas lieu de s'arrêter en si beau chemin, et que le détroit en entier devra être rendu accessible en tout temps aux flottes de tous les pays. Ce serait là l'unique solution conforme aux intérêts de tous.

Pendant un demi-siècle l'Angleterre a été la conseillère intime du Sultan. C'est en lui inspirant la confiance, en lui faisant désirer sa puissante amitié et en mettant à sa disposition son expérience européenne, qu'elle avait réussi à se rendre prépondérante au Maroc. Ce programme fut rempli avec la plus grande habileté par sir John Drumond Hay qui, pendant plus de trente ans, occupa le poste de ministre d'Angleterre à Tanger, ayant lui-même succédé à son père, déjà en fonction en 1845, lors du bombardement de cette ville par l'escadre du prince de Joinville.

Au cours de sa longue carrière au Maroc, sir John Hay eut affaire à trois sultans, sans que sa ligne de conduite ait perdu de sa fixité première. On devine aisément les avantages qui en ont été retirés par les intérêts anglais, et les facilités que les sujets de la reine rencontraient pour la réussite de leurs opérations. Sa politique était très simple: flatter les manies parfois un peu enfantines du Sultan, et l'aider dans sa résistance aux autres puissances et à la civilisation. Sachant fort bien parler l'arabe, il était devenu le confident de Sidi-Mohammed, le père de Mouley-Hassan, et presque son premier ministre. A la cour de Fez, on ne l'appelait que « l'avocat des musulmans ».

Cette situation prépondérante a beaucoup souffert dans ces dernières années. L'un de ses successeurs, sir Charles Evan Smith, venu au Maroc il y a trois ans environ, voulut procéder d'après les errements orientaux qui lui avaient si bien réussis à Zanzibar. Dans son ambassade pompeuse et bruyante à Fez, il aborda une politique aventureuse dont nous citerons quelques détails plus loin. Après avoir menacé et tenté de terroriser Mouley-Hassan, l'infortuné ministre dut, en fin de compte, quitter la cour chérifienne sans avoir obtenu le moindre résultat et ayant produit un effet tout opposé au but poursuivi.

Mais en dépit de l'échec de cette mission, l'Angleterre est encore puissante à Fez. C'est surtout par l'entourage du Sultan qu'elle pèse sur les décisions, et cet entourage est en grande partie acquis à l'Angleterre. Le Sultan et le Vizir sont entourés, circonvenus d'agents officieux de toute sorte qu'elle récompense grassement par des cadeaux. L'âme de ces agents est le pseudo colonel Mac Léan, ancien officier ou sous-officier de la garnison de Gibraltar, ayant quitté l'armée pour des raisons qui n'ont jamais été connues, et qui remplit depuis plusieurs années les fonctions d'instructeur d'une partie de l'infanterie marocaine.

Les agents britanniques, pour se maintenir dans les faveurs du Sultan et du Vizir, ne craignent pas, malgré le caractère parfois élevé de leurs fonctions, de les aborder sous tous les prétextes, de se faire leurs courtiers de toute nature, leur fournissant avec la même désinvolture des armes, des munitions, de la verroterie, des bijoux, des meubles ou des parfums. Pour les Anglais, gens pratiques, tous les moyens sont bons pour arriver dans la place, l'occuper et s'y maintenir. D'ailleurs, avant tout peuple marchand, leur politique se double toujours de l'intérêt commercial.

Au Maroc, comme partout ailleurs, l'Angleterre cherche, avec son profond égoïsme, à écarter toutes les autres nations, afin de rester seule maîtresse du marché et d'exploiter le pays exclusivement à son profit. Le projet de traité de commerce, qu'en Juillet 1892, lors de l'ambassade dont il vient d'être question, sir Charles Evan Smith présentait avec des formes comminatoires au Sultan, est le monument le plus parfait de l'égoïsme et de la duplicité britaniques, de même que dans le fond il est un modèle d'habileté en vue d'aspirations ultérieures.

En effet, dans les vingt articles de ce projet, il n'est question que des Anglais : pour eux seuls le droit de ne voir jamais leurs marchandises prohibées à l'entrée, le privilège de jouir à l'exportation des mêmes facultés que les Marocains, l'avantage de ne pas avoir leurs importations frappées de 10 0/0 ou 5 0/0 *ad valorem* et leurs exportations de 5 0/0, le bénéfice de droits de navigation et de ports extrêmement avantageux pour les bateaux anglais. C'est en leur faveur, et en leur faveur seulement, que l'article 9 libère de tous droits le transit; que l'article 12 accorde aux sujets anglais la liberté absolue de conduire leurs affaires à leur façon et avec leur personnel, sans que le Sultan puisse intervenir ; que l'article 13 leur permet de s'affranchir en fait d'acquisitions immobilières, des clauses restrictives édictées au dernier paragraphe de l'article 2 de la convention de Madrid ; et ainsi de suite jusqu'à l'article 20.

Où est-il question des autres nationaux dans ce document ? Nulle part ! il ne s'agit que de l'Angleterre. Cependant, preuve nouvelle de l'éternelle hypocrisie de nos voisins, la presse officieuse anglaise avait déclaré *urbi et orbi* que la mission de sir Charles était toute pacifique, qu'il s'agissait d'un traité favorisant toutes les puissances jouissant du traitement de la nation la plus favorisée, et qu'on n'avait en vue que l'intérêt de la civilisation.

Personne n'ignorait que pour l'Angleterre la civilisation était représentée par les cotonnades de Manchester, les fers de Birmingham, les petits couteaux de Sheffield, etc... mais l'audace d'exiger pour ses seuls nationaux le droit d'acquérir sans conditions des valeurs immobilières a de quoi surprendre. En effet, cette faveur, la plus considérable de celles que l'on espérait arracher au Sultan, aurait permis aux Anglais d'arriver à une sorte de mainmise sur le Maroc, laquelle les eût peu à peu menés à la prise de possession effective de la rive africaine du détroit.

Mais il faudrait mal connaître la ténacité du peuple anglais pour supposer qu'il demeurerait sur des échecs, quels qu'ils soient, et ne tenterait pas de donner un corps à ses aspirations. Le devoir de la France est de s'opposer de toutes ses forces à leur réalisation, et c'est à dévoiler et à déjouer ses manœuvres plus ou moins habiles, que doit s'appliquer notre diplomatie. Aucun vaisseau de guerre anglais ne doit venir à Tanger sans qu'il y vienne en même temps un cuirassé français ; nous ne devons laisser opérer aucun débarquement sans que nous débarquions en même temps un détachement français.

L'Angleterre, dès qu'il se passe de par le monde un fait quelconque pouvant amener le moindre changement, réclame aussitôt; elle a toujours des droits à faire valoir partout[1] ; mais si elle est volontiers envahissante quand on tolère ses hautaines prétentions, elle sait aussi reculer à propos dès qu'il y a danger pour elle ou impossibilité matérielle à nourrir des ambitions plus vastes.

Espagne

L'Espagne est entraînée vers le Maroc par une séduction irrésistible, à laquelle la prédispose des

---

[1]. « Quand on s'établit sur un point quelconque du globe, disait M. de Bismarck, même dans une île perdue du Pacifique, il semble toujours qu'on fasse une injure personnelle au gouvernement anglais. »

considérations historiques ; elle a toujours considéré le Moghreb el-Aksa comme une province détachée de l'empire des Maures, sur lesquels elle a mission de la revendiquer. Le Maroc est l'*irredenta* des Espagnols, et, sur leur imagination, le mot seul de « *Marruecos* » n'a pas un prestige moins éblouissant que « Trenta » ou « Triesta » sur l'esprit des Italiens. Les présidios de Ceuta, du Penon de Velez et de Melilla ne sont, à leurs yeux, que des points de débarquement pour la conquête future.

Il est impossible, en effet, que les Espagnols puissent se désintéresser du Maroc ; les Maures ont laissé en Andalousie des traces trop profondes pour que les populations du Midi de la péninsule, dont l'histoire est intimement liée à la domination des Almoravides, ne se rappellent les huit siècles de combats et les trois mille batailles livrées pour reconquérir leur patrie. D'ailleurs, en vertu d'une loi générale de l'histoire, lorsqu'une nation triomphe d'un voisin puissant qui l'a subjuguée, puis opprimée pendant plusieurs siècles, elle ne se contente pas de rester sur la défensive, mais bien au contraire, mue par une impulsion irrésistible, elle prend à son tour l'offensive pour combattre l'ennemi plusieurs fois séculaire sur son propre territoire. C'est donc le passé, c'est-à-dire l'histoire, qui commande aux Espagnols de fixer leurs regards sur la rive marocaine et de nourrir l'ambition de la conquête ; car c'est de Ceuta et de Tanger que sont partis les conquérants maures qui devaient, après la bataille de Jerès, en 711, s'établir dans la péninsule et y fonder le khalifa de Cordoue, rival de celui de Bagdad.

En 1860, le patriotisme de sa population et la valeur de ses soldats pouvaient faire entrevoir à l'Espagne la réalisation du rêve caressé depuis si longtemps. La guerre avait été déclarée au Sultan, et une armée de 50.000 hommes débarquée à Ceuta. Le général O'Donnel s'était déjà emparé de Tétouan et marchait sur Tanger, quand, brusquement, il reçoit l'ordre de s'arrêter et de traiter avec l'ennemi en déroute. Que s'était-il passé ? L'ambassadeur d'Angleterre à Madrid avait présenté, sur un ordre de son gouvernement, au ministre des affaires étrangères d'Espagne, une déclaration dans laquelle il était dit : 1° que les troupes espagnoles devaient renoncer à entrer à Tanger, attendu qu'aux yeux du cabinet britannique une occupation de Tanger par l'Espagne était incompatible avec la sécurité de Gibraltar ; 2° que le gouvernement espagnol était invité à acquitter une dette de plusieurs millions, contractée d'ancienne date envers l'Angleterre, et dont celle-ci avait depuis longtemps paru elle-même oublier l'existence.

Se trouvant dans l'impossibilité de payer, l'Espagne dut se soumettre et ajourner son entreprise. Cette entreprise, elle la perd d'autant moins de vue, que la conférence internationale de Madrid de 1880 a, dans une certaine limite, reconnu la légitimité de ses intérêts au Maroc.

Au reste, ces intérêts sont fort anciens. C'est ainsi qu'elle possède depuis 1570 Ceuta, point stratégique important sur le détroit, port libre, mais sans commerce, défendu par une triple enceinte bastionnée, hérissée de canons anciens modèles.

Ceuta peut être appelée le Gibraltar marocain, car elle ressemble au Gibraltar espagnol par la structure géologique, la forme péninsulaire de son territoire, sa position en sentinelle sur le détroit et les canons qui se répondent par dessus la mer ; mais, dans l'état actuel, elle lui est considérablement inférieure au point de vue de la valeur militaire. Un fort domine la ville, mais il est lui même dominé ; les murailles, malgré leur épaisseur, ne sont plus à l'épreuve des projectiles actuels, et le port n'est pas aménagé en port de guerre.

La diplomatie anglaise a réussi jusqu'à présent à empêcher l'Espagne de transformer Ceuta en une grande place maritime. Au commencement du siècle, pendant les guerres d'Espagne, les Anglais occupaient Ceuta en qualité d'alliés de la Junte de Cadix, pour garantir cette place contre les coups de main des Français. Après la paix, ils élevèrent la prétention d'y rester ; et ce ne fut qu'au prix des plus grands efforts que le cabinet espagnol en obtint finalement l'évacuation pendant le séjour de Napoléon à l'Île d'Elbe. Aujourd'hui l'Angleterre, profitant de la faiblesse de l'Espagne, refuserait énergiquement.

En 1887, l'Espagne plantait son pavillon sur la petite île de Perregil, située à 8 milles au Nord-Ouest de Ceuta, sur laquelle elle croit avoir, depuis 1848, des droits. Cette île, aride et inhabitée, n'a par elle-même aucune importance, mais elle possède une réelle valeur stratégique [1]. Par sa situation entre Ceuta et Tanger, elle permet de surveiller cette dernière ville, et, au surplus, armée en conséquence, elle est susceptible de commander jusqu'à un certain point à la navigation du détroit. Possédant des fonds de 35 mètres, elle est accessible aux gros navires, et, enfin, on peut de là, exercer une certaine police sur les côtes inhospitalières du Riff, que la navigation marchande

---

1. L'Angleterre, si elle le pouvait, l'occuperait avec empressement, à défaut de Tanger.

évite toujours avec soin. L'occupation n'a pas été maintenue, en présence du désaveu formel de l'Angleterre.

L'Espagne possède encore au Maroc : 1° sur la côte de l'Atlantique, la rade foraine d'Ifni ou Santa-Cruz, et, en face des Canaries, la bande du littoral comprise entre le cap Bajador et le cap Blanc ; 2° sur la côte méditerranéenne, le Peñon de Velez, Alhucemas, tous deux des présidios, ou lieux de déportation ; à 28 milles en mer, au Nord du cap des Trois-Fourches, l'îlot stérile d'Alboran, qui a été fortifié; depuis 1496, le territoire et la ville de Melilla, le plus important des présidios[1] ; enfin, depuis 1849, les îles Djaffarines, situées à l'Ouest de l'embouchure de la Moulouya.

Les rapports entre les indigènes du voisinage des présidios ont de tout temps été tendus, difficiles, donnant sans cesse lieu à des conflits armés, la plupart du temps sans gravité. Il n'en a pas été de même de celui qui s'est produit à Melilla le 2 octobre 1893, et qui est né des circonstances suivantes :

---

[1]. Depuis quelques années, Melilla a pris une grande extension commerciale du jour où elle était déclarée port franc. Cette mesure a porté un coup sensible à nos exportations algériennes, car tout le commerce de l'Ouest marocain et du Sud, jusque dans la région du Figuig, tend à se faire de plus en plus par le préside espagnol.

En vue de se prémunir, de parer aux attaques incessantes des tribus berbères du Riff, les Espagnols décidèrent, en tout droit, la construction d'un fort sur leur territoire et près de la zone neutre de démarcation. L'emplacement fut choisi à proximité de la kobba de Sidi-Guariach, entourée d'un cimetière musulman, et les travaux entamèrent ce dernier. Les fanatiques tribus du voisinage crurent voir dans ce fait, non seulement une provocation, mais encore une abominable profanation de sépultures.

Ces tribus réclamèrent auprès du gouverneur de Melila, et, ne recevant pas une réponse immédiate, détruisirent les travaux pendant la nuit. Le 2 octobre, jour de marché, profitant de la surexcitation des esprits, un cheikh incita les Berbères à tirer sur les Espagnols, qui perdirent 21 hommes. La garnison riposta, tua un certain nombre d'assaillants, puis canonna la kobba du marabout. Ce fut le signal d'une levée de boucliers générale contre la place de Melila; sous ses murs se livrèrent à partir de ce moment, une série de combats, dans l'un desquels le gouverneur, général Margallo, fut tué.

Ces faits avaient déterminé le gouvernement espagnol à diriger une véritable armée sur Melila, pour assurer l'intégrité de son territoire, châtier les tribus coupables et exiger par la force, du Sultan, les réparations légitimes auxquelles l'Espagne avait droit. Le Sultan, en vertu de l'article 6 du traité du 24 août 1860 qui a mis fin à la campagne du Maroc, s'était en effet engagé à établir sur la frontière séparant le territoire marocain des possessions espagnoles, un caïd ou un gouverneur pourvu de troupes suffisantes pour repousser toute agression des Berbères du Riff. Or, cette convention n'a été exécutée qu'en partie : un gouverneur fut bien nommé, mais le Maghzen ne mit à sa disposition, ni les troupes nécessaires, ni même les moyens matériels de se faire reconnaître comme son délégué par ces populations indépendantes.

Dans l'impuissance où se trouvait le Sultan à réprimer la prise d'armes des Riffains, l'Espagne s'était décidée à agir elle-même, et il avait suffi de l'apparition des renforts débarqués à Melilla pour faire rentrer ces maraudeurs et ces pillards dans leurs repaires.

Il est très regrettable que dans le règlement diplomatique de cette affaire, l'Espagne s'en soit tenue à des demi-mesures et n'ait pas cru devoir tirer parti de la dernière agression dont elle a été victime, pour mettre définitivement ses présidios à l'abri des attaques des indigènes. Les circonstances lui permettaient en effet de prendre des garanties pour l'avenir. Les Riffains ne sont soumis que nominalement au Sultan, et ils n'obéissent à ses envoyés qu'à la condition que ses ordres leur conviennent. Comment le Maghzen exécutera-t-il donc l'article du traité où il s'engage à punir l'agression de Melila ?

L'Espagne pouvait imposer au Maroc la juridiction militaire d'un gouverneur espagnol sur toute la région du Riff, depuis l'embouchure de la Moulouya jusqu'au versant occidental du massif des Beni-Hassan. Si les indigènes avaient su qu'ils ne relevaient plus du Sultan, mais des autorités militaires de Ceuta et de Melila ; si les répressions des méfaits, des rapines et des agressions avait appartenu à des tribunaux militaires siégeant en permanence dans les forteresses ; si la contribution de guerre nécessaire à l'entretien des garnisons espagnoles avait été mise à la charge des Riffains, la pacification de toute la contrée eût été vite un fait accompli. Elle n'aurait pas exigé un déploiement de forces plus considérables que celles qui ont été mobilisées au cours de la campagne.

Il n'y aurait pas eu lieu de s'arrêter à la difficulté d'amener le Sultan à aliéner son autorité sur un territoire dont il n'a eu jusqu'ici que la suzeraineté nominale. Quant aux puissances étrangères, elles n'ont pas à intervenir dans les arrangements pris par deux États souverains. En vertu du droit des gens, le Sultan est indépendant de toute ingérence étrangère dans l'exercice de ses droits de souveraineté ; il peut disposer à son gré de son territoire, et en céder tout ou partie à qui il lui convient.

Ce n'est assurément pas la France qui aurait fait une objection à une cession de territoire consentie en faveur de l'Espagne ; car cette puissance prenant solidement pied sur la côte riffaine, c'est la diminution du prestige musulman dans la province d'Oran ; c'est l'effacement des droits du Sultan sur la frontière qui nous sépare du Maroc ; c'est l'abaissement de la barrière dont on cherche à séparer la France du Touat, et qui menace notre communication avec le Soudan.

On pourrait, il est vrai, s'attendre à l'opposition de l'Angleterre, mais cette opposition serait demeurée platonique, du moment où elle se serait heurtée à à une décision bien arrêtée. Sans doute, dès la nouvelle de l'envoi de puissants renforts à Melilla, elle avait, suivant son habitude, concentré une vingtaine de navires à Gibraltar, en vue de prendre, elle aussi, des garanties, et, si les circonstances s'y prêtaient, ce qu'elle appelle des « compensations » ; cependant on ne voit pas comment elle eut pu intervenir, car elle n'avait aucun prétexte plausible d'agir, soit contre le Maroc, soit contre l'Espagne, que les Marocains avaient attaquée. D'ailleurs l'Angleterre aurait eu contre elle le sentiment général de l'Europe ; et, si elle avait menacé Tanger, c'eut été probablement le signal du partage immédiat du Maroc.

Mais cette concentration de forces navales à Gibraltar encourageait le Sultan et les tribus riffaines dans leurs revendications séculaires contre l'Espagne ; c'est la tactique qui, par l'annonce de l'envoi de trois navires anglais à Bangkok, le 29 juin 1893, a amené le roi de Siam à recevoir à coups de canons le croiseur *Forfait* et l'aviso *Inconstant*. La menace de Gibraltar n'a pas eu plus d'efficacité que celle de Bangkok.

Dans toute cette affaire de Melilla, s'est révélée une main qui cherchait visiblement à brouiller les cartes, une main qui, en toute circonstance, aussi bien de politique extérieure que de politique intérieure, agit contre les intérêts de l'Espagne, et presque toujours avec succès ; cette main, c'est la main de l'Angleterre.

La raison de cette ingérence constante de l'Angleterre dans les affaires de l'Espagne s'explique facilement. La faiblesse de l'Espagne est pour l'Angleterre d'un intérêt de premier ordre, et elle travaille de toutes ses forces à la maintenir ; car si

Gibraltar commande encore aujourd'hui dans une certaine mesure l'accès du détroit, cette situation cessera le jour où cet État aura recouvré une partie de son ancienne puissance. En effet, trois autres points des rives de la passe ont une grande importance stratégique : sur la rive Nord, Tarifa, dont le port naturel est flanqué de l'île des Pigeons ; sur la rive marocaine, Tanger et Ceuta. Or Tarifa et Ceuta appartiennent à l'Espagne, et sont, en tant que positions, égales en valeur à Gibraltar. Si donc ces deux ports étaient transformés en ports de guerre de premier ordre, la vieille sentinelle du détroit serait réduite à l'impuissance.

C'est donc à maintenir l'Espagne au rang d'État de second ordre, à empêcher sa prospérité pour qu'elle soit dans l'impossibilité de transformer Tarifa et Ceuta en grands ports de guerre capables d'annihiler Gibraltar, que s'applique depuis un quart de siècle la diplomatie anglaise.

Nonobstant les sérieux efforts faits dans ces dernières années par l'Espagne pour se relever au rang de puissance maritime et militaire, elle ne possède encore qu'un seul port de guerre de premier ordre, Carthagène ; encore ses fortifications, comme du reste celles de toutes les autres places du littoral méditerranéen, sont-elles d'un tracé suranné et d'une résistance insuffisante aux projectiles actuels. Enfin, la flotte espagnole est encore dans un état d'infériorité qui ne lui permet pas de défendre efficacement les côtes de la péninsule contre les puissantes escadres modernes.

L'Angleterre sûre de sa puissance, de ses ressources pécuniaires inépuisables, et confiante dans sa force navale toujours en éveil, profite de cette infériorité de l'Espagne, en grande partie son œuvre, pour réprimer chez elle, avec son arrogance habituelle envers les faibles et les timorés, toute velléité d'annexion ou d'agrandissement de territoire au Maroc.

L'insatiable Albion devrait cependant ne pas oublier que l'Espagne a joué dans le monde un assez grand rôle ; qu'elle a conservé, malgré les revers que lui a imposés la force des choses, une vitalité assez riche pour faire encore figure et accomplir une tâche que la nature, la position géographique, la race et l'histoire lui indiquent pour ainsi dire fatalement.

Dans la péninsule, l'opinion libérale manifeste des tendances favorables à une entente avec le gouvernement français, en vue de faire obstacle aux visées du Foreign Office sur le Maroc ; malheureusement l'antagonisme latent et profond du monde officiel contrebalance la sympathie des masses. On considère sans doute que l'Angleterre est moins à craindre que la France au Maroc; cependant personne n'ignore que la Grande-Bretagne y fait constamment échec à la politique espagnole; enfin qu'elle n'attend qu'une occasion pour s'emparer de Tanger, et qu'elle est loin d'avoir des sympathies pour le peuple espagnol, au patriotisme duquel pèsera toujours la honte de l'occupation de Gibraltar[1].

La France, au contraire, agit envers l'Espagne avec une correction qui ne se dément pas. Le gouvernement français ne lui a-t-il pas fait savoir, dès les premières nouvelles de Melilla, qu'elle pouvait compter sur sa loyauté, et que si même elle désirait que la France fit des observations au Sultan sur la part de responsabilités qui lui incombait dans les troubles du Riff, la diplomatie française ne reculerait pas devant cette tâche? Pendant l'expédition même, où les lignes espagnoles de Melila avaient été si complètement

---

[1]. Les Anglais font tous leurs efforts pour vivre, sur leur rocher de Gibraltar, dans un isolement à peu près complet de l'Espagne, faisant abstraction de la langue de terre qui les réunit au continent. Se considérant comme perpétuellement en état de défense, la police des portes, comme celle de la rade, sont telles qu'il y aurait fort peu de modifications à apporter au cours actuel des choses, le jour où une guerre avec l'Espagne viendrait à éclater; et ce sentiment d'isolement et de défiance est poussé si loin qu'une disposition spéciale interdit, en règle générale, aux Espagnoles de faire leurs couches dans la limite des possessions anglaises.

investies par les tribus berbères que les ressources d'alimentation de la population étaient devenues très rares, le gouverneur-général de l'Algérie n'a-t-il pas autorisé l'embarquement de bétail destiné à la place? Enfin, notre légation de Tanger n'a-t-elle pas prêté à l'ambassade du maréchal Martinez Campos à Merrakech, le concours le plus efficace et le plus désintéressé pour le règlement du différent hispano-marocain?

Ce ne sont pas là assurément le langage et les procédés d'un pays rival, d'un gouvernement à l'affut d'une annexion. Or, cette idée d'annexion, il est de tradition pour les ambassadeurs anglais à Madrid de l'attribuer à la France; et il n'est pas de question, même de la plus minime importance, qui ne soit exploitée contre elle par la diplomatie anglaise, dans le but suffisamment clair de mettre les deux nations en défiance l'une à l'égard de l'autre, espérant par là empêcher entre elles un accord, à défaut duquel Tanger pourrait parfaitement subir un de ces jours le sort de Gibraltar.

Les intérêts de l'Espagne et de la France au Maroc sont solidaires[1]; et ce ne sera pas trop de

---

[1]. Il faut laisser les pays d'Afrique placés sur la Méditerrannée aux Etats de l'Europe leurs voisins, comme c'est dans la nature des choses, et leur abandonner la tâche d'y répandre la civilisation occidentale (Timbuktu, Reise durch Marrokko, die Sahara und den Süden. Dr Oscar Lenz).

leurs forces réunies pour civiliser la partie occidentale des côtes méditerranéennes. Leur objectif commun doit être d'empêcher que Tanger ne tombe au pouvoir des Anglais. La politique de l'Espagne au Moghreb doit être vigilante; sa diplomatie a pour devoir d'y veiller aux intrigues anglaises et de les déjouer, d'accord avec le gouvernement français. Les circonstances imposent cette action combinée.

La France fera tout pour garder l'amitié présente et s'assurer l'alliance future du vaillant et chevaleresque peuple espagnol. Est-ce à dire qu'il faille précipiter l'ouverture de la succession chérifienne? Loin de là! L'intérêt de l'Espagne, autant que de la France, est de prolonger le plus possible la durée du *statu quo*. Mais d'un jour à l'autre, tôt ou tard, la civilisation européenne débordante renversera les fragiles barrières qui s'opposent à son expansion au Maroc. Ce jour-là, il sera de bonne guerre de faire échec aux Anglais et de bonne politique pour la France d'aider les Espagnols à s'étendre au Moghreb, pour l'accomplissement de la mission qu'ils s'y réservent.

Italie

Depuis une vingtaine d'années, l'Italie entretient au Maroc un ministre et le personnel complet d'une légation ; auparavant, elle était à peu près inconnue du Sultan et du Maghzen. Dans son besoin d'expansion, elle avait esquissé, dans ces dernières années, un mouvement de pénétration au Moghreb, qui n'a pas jusqu'à présent donné de grands résultats ; son trafic y est encore insignifiant, mais elle est dans la place. Les préoccupations de la légation italienne ont donc été presqu'exclusivement d'ordre politique.

En affichant les allures d'une amie désintéressée du Sultan, tout en sachant se faire respecter à l'occasion, elle n'avait pas tardé à prendre un rang très en vue et à compter parmi les facteurs du problème marocain ; et elle devait d'autant plus aisément prendre une influence particulière sur le Maghzen, que ses manœuvres consistèrent pendant longtemps à flatter les rancunes ou les défiances fanatiques des éléments théocratiques du pays.

Il est difficile de mesurer avec quelque précision l'importance des résultats moraux acquis dans ce sens ; il suffira toutefois de répéter, qu'inconnue il y a peu d'années au Maroc, l'Italie jouit maintenant d'une notoriété quelque peu tapageuse, mais en somme d'autant plus réelle, qu'elle provient en grande partie du choix judicieux qu'elle fait des agents qui la représentent, et que cette influence est, en même temps, une conséquence évidente de son action diplomatique dans la Méditerranée.

Sans doute les Italiens ne sont pas non plus sans nourrir secrètement quelques ambitions sur le Maroc, mais ils cherchent surtout et avant tout à faire échec à la France, à empêcher son extension dans la Méditerranée. Depuis qu'elle est entrée dans la Triple Alliance surtout, l'Italie n'a jamais agi envers nous, au Maroc, qu'en adversaire jaloux et nettement hostile. Toute sa politique dérive de son désir ardent de dominer dans la Méditerranée, de nous y annuler même s'il est possible, pour préparer son expansion dans le nord de l'Afrique.

Pour atteindre son but, elle a mis son influence au service de l'Angleterre, de manière à s'assurer son appui ailleurs. Toute sa conduite au Maroc révèle l'existence d'une sorte de marché, dont elle représente une des formes de paiement.

Le séjour en novembre 1894, à Fez, du chargé d'affaires d'Italie précédant ostensiblement le voyage du représentant anglais, en est une preuve. Du reste, on ne se préoccupe plus de dissimuler cette communauté d'action : les éléments qui manquent à la légation d'Angleterre sont fournis par celle d'Italie et réciproquement.

La diplomatie italienne met, depuis une dizaine d'années, tout en œuvre pour contrecarrer notre influence auprès du Maghzen. Nous possédions depuis plusieurs années déjà, dans le pays, une mission militaire spéciale destinée à l'instruction des troupes marocaines, lorsque, vers 1887, notre ministre, M. Féraud, réussit à obtenir du Sultan l'adjonction à cette mission d'un officier du génie, qui serait chargé de l'exécution d'un certain nombre de travaux de construction. A peine cet officier s'était-il mis en route pour Fez, emmenant, suivant la coutume, dans son personnel, la série complète des espions chargés de surveiller ses moindres actes et de tenir note de ses propos pour en informer les légations rivales; à peine s'était-il mis en route, que le monde diplomatique de Tanger prenait ses dispositions pour annuler les effets de sa mission; l'opposition s'organisait, on travaillait à la cour de toute part, et, après quelques mois, malgré des prodiges d'activité, malgré les tentatives les plus diverses pour organiser ses travaux, notre camarade, profondément découragé, fut mandé à Mekness par le Sultan qui, en guise d'audience, lui signifia son congé définitif.

Notre ministre avait la promesse formelle que ces fonctions, laissées par un officier français, demeureraient inoccupées. Quelle ne fut pas sa surprise quand deux mois après il vit débarquer à Tanger une mission militaire italienne, avec un nombre considérable de caisses ! Cette mission, composée du colonel d'artillerie Brigoli, d'un major, d'un mécanicien et d'un personnel secondaire, allait occuper la place laissée par nous, et fonder une fabrique d'armes et un atelier de pyrotechnie, dont la légation d'Italie avait obtenue la commande du Sultan.

Le caractère de l'action italienne au Maroc ressort de ce qui précède, et il est aisé de deviner les résultats qu'elle est en train d'y acquérir. Le commerce de l'Italie, ses intérêts économiques y étaient nuls ; elle est néanmoins parvenue à se glisser dans la place, exploitant, au profit de la jalousie qu'inspirent à certains de ses agents nos établissements dans le Nord de l'Afrique, la confusion des choses marocaines. Il y eut une époque, qui ne semble pas entièrement passée, où un délégué de la légation italienne était toujours aux côtés de la cour chérifienne, alors que s'y rendait une mission française. Le poids de son action, l'amplitude de ses intrigues s'y faisaient sentir, et on a perçu dernièrement encore cette détestable politique lors de l'ambassade à Merrakech du maréchal Martinez Campos. Il a fallu tout le bon sens du plénipotentiaire espagnol pour faire justice de ces manœuvres, et ne pas donner dans le piège tendu, en nous attribuant la responsabilité des obstacles qu'une manière d'agent secondaire semait en travers des négociations, quand, au contraire, toute l'action de notre diplomatie s'était entremise pour hâter la solution du différent et précipiter le succès du maréchal.

En mettant sa situation au Maroc à la disposition de l'Angleterre, en s'en faisant l'associée complaisante, l'Italie favorise, non pas seulement à notre détriment et à celui de l'Espagne, mais encore, par une aberration bizarre, au sien propre, les vues et le jeu de cette puissance au Sud du détroit. En effet, une Angleterre prépondérante dans la Méditerranée s'opposera toujours à l'expansion de l'Italie au-delà de la grande Syrte, tandis que si la France, l'Italie et l'Espagne se trouvaient réunies dans le Nord de l'Afrique, elles seraient à nouveau maîtresse de cette mer qui fut le berceau de leur civilisation ; et la race latine, dans une union qu'impose aussi bien la communauté d'origine que la communauté d'intérêts, ferait la loi au monde.

Quelle est en réalité la raison de cette politique ? D'aucuns prétendent qu'il existe entre l'Angleterre et l'Italie une entente en vue, non seulement d'une action commune en Afrique, mais encore d'une lutte maritime dans la Méditerranée. Sans doute il existe une école, plus nombreuse il est vrai en Italie qu'en Angleterre, qui professe qu'entre les deux États une alliance est dans la nature des choses ; mais l'examen de toutes les démarches de la politique italienne pendant ces dix dernières années, et de tous les détails qui les ont accompagnées, permet de réduire à leur juste mesure la valeur et le caractère de cette entente.

Profitant de la faute commise par la chambre française en s'opposant à l'occupation du canal de Suez, au moment de l'intervention anglaise en Égypte, le gouvernement italien chercha, en 1884, à prendre, d'accord avec l'Angleterre, la place laissée vacante par le parlement français. C'est pour cette raison qu'il envoya sur la côte de la mer Rouge une expédition enveloppée de mystère, qui aboutit au débarquement de Massaouah. Il s'agissait d'envoyer par la route la plus courte, Hiren et Kassala, une colonne qui pût prendre à revers l'armée du mahdi assiégeant Khartoum. Par une fatalité, cette place et Gordon-Pacha tombaient aux mains des rebelles le jour même où le premier soldat italien débarquait à Massaouah. Pour prix de sa bonne volonté, l'Italie reçut de l'Angleterre la permission de garder son port de débarquement dans la mer Rouge. Dès lors avaient été jetées les bases de l'entente qui revêtit une forme un peu plus concrète en 1887.

L'Italie, dédommagée par ses possessions érythriennes, n'avait plus aucune place privilégiée à prendre au Caire. Mais le ministère de lord Salisbury succédant à celui plus désintéressé de M. Gladstone, comprit quel parti il pouvait tirer des rancunes et des ambitions de l'Italie. Les pourparlers engagés à cette époque, furent parallèles à ceux de la Triple Alliance.

L'objet principal de ces pourparlers n'était nullement la garantie des côtes italiennes en cas de guerre franco-italienne ; il avait pour but immédiat, unique, le maintien du *statu quo* en Égypte, et, sur tout le littoral Nord de l'Afrique, c'est à dire en Tripolitaine et au Maroc, un obstacle apporté à l'extension française. Les Anglais n'ont pas davantage — et à aucun moment, du reste — encouragé les visées italiennes sur Tripoli. Ce qu'il y eut seul de sérieux dans ces arrangements était relatif à la liberté réservée à elle-même par l'Angleterre, avec l'appui diplomatique de l'Italie, de demeurer en Égypte autant qu'elle le voudrait.

Mais les notes échangées entre les cabinets italien et anglais ne ressemblent en rien aux accords écrits qui constituent les traités de la Triple Alliance. Il n'y a aucun engagement réciproque, mais seulement une communauté d'intérêts spécifiée ; or, les intérêts sont variables.

Accessoirement, les Italiens firent valoir l'importance de leur flotte, l'intérêt qu'avaient les Anglais à ne pas laisser la flotte française sans rivale dans la Méditerranée, et, le cas échéant, à ne pas permettre l'écrasement des cuirassés de la Spezzia, de Castellamare, etc... Sur ce chapitre, ils obtinrent de bonnes paroles et rien de plus ; mais, suivant leur habitude, ils se sont payés de ces bonnes paroles. En effet, aucun Italien ne semble douter que le jour où une guerre serait déclarée, la flotte anglaise tout entière viendrait se joindre à la flotte italienne et naviguer de conserve, pour détruire nos escadres et bombarder Marseille et Toulon. Il y a là beaucoup d'illusion !

En nourrissant habilement de chimériques espoirs dans l'esprit des Italiens, l'Angleterre poursuit sa politique traditionnelle, consacrée par le succès à travers les siècles : *diviser pour régner*. Elle entretient, autant qu'elle peut, la désunion des races latines ; et elle a trouvé dans la maison de Savoie une associée complaisante à ses vues.

Les Italiens s'apercevront un jour de leur erreur ; mais ce jour il sera peut-être trop tard. Que ne méditent-ils cet enseignement qui se

dégage de l'histoire avec un relief si saisissant :
Qui se fie à l'Angleterre est trompé !

Allemagne

L'Allemagne est la seule des grandes puissances centrales qui n'ait en réalité aucun intérêt direct dans la Méditerranée, si ce n'est celui de la liberté de navigation. Les questions méditerranéennes devraient donc, à première vue, être pour elle d'une importance secondaire ; il n'en est rien cependant, et tout ce qui touche, non seulement à l'équilibre dans la Méditerranée, mais encore aux terrains restant disponibles en l'Afrique, la préoccupe au plus haut degré.

C'est que l'Allemagne veut devenir une grande puissance maritime et coloniale, parce qu'elle est déjà une grande puissance industrielle. La politique d'extension coloniale de l'Allemagne inaugurée d'une façon si soudaine par M. de Bismark, n'était pas une conception éphémère ou capricieuse d'un esprit puissant habitué à voir plier toutes les résistances devant sa volonté ; c'était au contraire un des éléments d'un plan d'ensemble longtemps médité, et dont le succès, soigneusement préparé d'avance, comportait l'exécution d'une série d'actes, comme la prise de possession des comptoirs de Cameroun, des Salomon, des Marshall, d'Angra-Pequeña, jusqu'à celle des côtes Est africaines. L'expansion coloniale allemande est la conséquence de l'unité nationale récemment constituée ; la puissante marine de la nouvelle Allemagne devait fatalement conduire à un empire colonial, l'exemple du Portugal, de l'Espagne, de la Hollande, de la France et de l'Angleterre ne saurait laisser aucune incertitude sur ce point.

Mais si, en l'absence de colonies de peuplement où le trop plein de sa féconde population puisse s'épancher[1] ; si les territoires d'exploitation qu'elle possède sont moins importants qu'elle ne le désire, moins productifs qu'elle ne l'espérait, comme c'est le cas, se contentera-t-elle de son lot actuel, ou songera-t-elle à s'enrichir de contrées encore disponibles ? Le *Drang nach Osten*, la poussée vers l'Orient, qui a pris de si formidables proportions depuis une vingtaine d'années, se limitera-t-il à une simple exploitation commerciale des pays neufs ?

Le Maroc, terre éminemment favorable à la colonisation européenne, a depuis longtemps excité les convoitises des gouvernements confédérés

---

1. Malgré l'intensité de l'émigration, la population de l'Allemagne augmente d'une année dans l'autre de près d'un demi-million d'habitants, au point de doubler dans l'espace de trois générations.

et de la presse allemande. L'importance de la légation allemande de Tanger, qui contraste si fort avec le nombre insignifiant de ses nationaux établis au Maroc, les fréquentes ambassades à la cour du Sultan, indiquent que l'Allemagne poursuit dans ce pays des visées dont le but est encore difficile à déterminer exactement. La presse allemande, si merveilleusement disciplinée, et, il faut le reconnaître, si compétente en ces délicates matières, se moque des susceptibilités auxquelles donnent lieu en Angleterre, en France et en Espagne les menées au Maroc du représentant allemand. Elle affirme sournoisement que le projet d'un établissement des Allemands sur la côte marocaine était « une chimère prêtée gratuitement au gouvernement impérial ».

Cependant le désir de l'Allemagne de jouer un rôle au Maroc est si manifeste que, pour aider à y asseoir son influence, elle est allée jusqu'à se préoccuper de s'assurer l'appui ou le concours de la Turquie. Faisant ressortir les avantages qui, au point de vue panislamique, pouvaient résulter de relations suivies entre les deux grands États musulmans, elle a fait à différentes reprises des démarches pressantes auprès de la Porte, pour la décider à envoyer un représentant permanent auprès du sultan du Moghreb. Il n'est point difficile de deviner à quelle inspiration obéissait la diplomatie allemande; elle sait qu'un ministre ottoman à Tanger équivaudrait à deux ministres allemands venus de Berlin.

Ces tentatives n'ont pas abouti jusqu'à présent, mais les Allemands, on peut en être certain, les renouvelleront. En attendant, de l'autre côté du Rhin, on cherche par tous les moyens à supplanter dans le Moghreb le commerce de l'Angleterre, de la France et de l'Espagne; des sociétés commerciales et d'importantes maisons particulières font de vigoureux efforts pour conquérir le marché marocain. Elles y sont merveilleusement aidées par leur représentant diplomatique, car dans aucune autre légation les commerçants ne trouvent un appui aussi efficace qu'auprès de la légation allemande. Tandis que les autres ministres oublient trop souvent les plaintes de leurs nationaux et les passent sous silence, au grand préjudice de leurs droits et de la politique dont ils sont les agents, le ministre d'Allemagne, au contraire, les accueille toujours avec une sollicitude et une bienveillance qui lui font honneur. Ce ministre a obtenu récemment les plus importants avantages commerciaux que le Sultan ait consentis jusqu'à ce jour aux nations européennes, avantages dont bénéficient, il est vrai, pour le moment, toutes celles qui jouissent du traitement de la nation la plus favorisée.

L'Allemagne, extérieurement, se défend de vouloir prendre pied au Maroc, et, à première vue, elle paraît en effet sincère, car elle ne vise à obtenir pour le présent, en faveur de ses nationaux, que l'abaissement de droits trop élevés, la liberté du trafic intérieur, etc..., en un mot l'exploitation économique du pays à son profit. Mais à notre époque, il ne faut pas l'oublier, commerce et politique sont intimement liés ; aussi pourquoi l'Allemagne s'exposerait-elle aux dangers d'une conquête, lorsqu'elle peut s'en procurer tous les avantages par des stipulations de caractère ou plutôt d'apparence purement économique. Car il ne faut pas se dissimuler que le Maroc, en subissant les conditions commerciales que la diplomatie allemande cherche, avec sa persévérance habituelle, à lui imposer, prépare sa soumission politique, puisqu'il ne sera plus maître des richesses de son sol, c'est-à-dire des moyens de se défendre.

Si donc la suprématie allemande parvenait à s'établir au Moghreb sous la forme commerciale, une sorte de protectorat suivrait probablement à brève échéance.

Les conséquences de ce protectorat seraient très graves pour notre colonie algérienne, aussi bien que pour notre action dans la Méditerranée.

Le premier et le plus grave danger qui en résulterait serait la création de la station de charbon pour la flotte allemande sur la côte marocaine, dont la diplomatie allemande a, en 1889, sollicité, sans succès, du Sultan, la concession.

Déjà, en l'état actuel de la répartition des forces de la Triple Alliance, il serait assez difficile aux escadres françaises de la Méditerranée d'en finir rapidement avec les ennemis purement méditerranéens, de gagner leur liberté d'action avant l'arrivée du gros de la flotte allemande. Du moins pourrait-on, d'Oran, surveiller l'entrée en scène des navires ennemis dans la Méditerranée, gêner leur ravitaillement, veiller à la stricte observation de la neutralité des voisins; bref, empêcher une flotte venue des mers du Nord de se refaire, d'entrer sans retard en ligne dans de bonnes conditions pour l'offensive. Mais si l'Allemagne acquérait une station navale en terre marocaine, l'équilibre dans la Méditerranée serait rompu à notre détriment; la flotte française se trouverait, au premier jour des hostilités, étreinte entre deux ennemis; notre territoire algérien serait exposé aux insultes de quelques navires légers, avant que le port de Toulon, déjà occupé de faire face aux forces italiennes, puisse mettre la dernière main à la défense des côtes d'Afrique.

Ces considérations ont un caractère de gravité qui n'échappera à personne.

Du reste, dans l'intérieur du Maroc même, l'Allemagne, dans sa haine contre la France, dans son désir de nous anéantir, cherche par tous les moyens à nous gêner, à nous faire pièce ; et, à en juger par sa politique à notre égard depuis 1871, il est permis d'affirmer qu'au début ou au cours d'une nouvelle guerre avec elle, ses agents secrets chercheront à indisposer contre nous les populations marocaines voisines de la frontière et à soulever nos tribus de l'Ouest de l'Algérie.

L'Allemagne n'est pas moins habile à nous créer des complications internationales, et sa main se révèle notamment au moindre conflit de la France avec l'Espagne.

La chancellerie de Berlin tient la question marocaine en réserve pour la jeter, au moment voulu, comme une pomme de discorde, entre les deux pays. Elle a brouillé la France et l'Italie en les poussant toutes les deux à la conquête de la Tunisie, et en les plaçant l'une et l'autre dans la fatale alternative de subir un échec humiliant ou de commettre une faute lourde. Ce jeu lui a si bien réussi qu'elle peut être tentée de le recommencer au Maroc, avec la secrète et machiavélique espérance de décevoir les deux contendants et de favoriser le troisième larron.

Une autre politique est à craindre pour la France, c'est celle d'une entente de l'Allemagne et de l'Espagne pour une action commune au Maroc. Les manœuvres de l'ambassadeur d'Allemagne à Madrid semblent répondre à un programme d'action diplomatique élaboré dans ce sens. Il est probable que si cette entente s'établissait, les deux puissances formuleraient leurs prétentions, et demanderaient catégoriquement un partage commun des territoires marocains, dès que la succession du gouvernement chérifien serait ouverte.

Cette entente pourrait même servir de prétexte pour amener la conclusion d'une alliance entre l'Allemagne et l'Espagne dans les affaires européennes. Sans doute il resterait l'espoir que l'Angleterre ne tolérerait aucune modification territoriale au Maroc dont elle ne bénéficierait pas; mais l'expérience a démontré surabondamment que l'opposition des Anglais demeure toujours platonique, lorsque leur attitude ou leur ambition les expose aux dangereux aléas d'une guerre avec une ou plusieurs puissances centrales.

Quelle que soit d'ailleurs, au sujet du Maroc,

l'orientation de la politique du gouvernement impérial, un fait nous paraît hors de doute, c'est qu'il tient à établir sa domination sur quelques points du littoral marocain, dans l'espoir de pouvoir lutter avantageusement contre la France dans le bassin occidental de la Méditerranée, de concert avec l'Italie.

France

Le bassin occidental de la Méditerranée est limité au Sud par la portion en façade du continent africain comprise entre la petite Syrte et l'Atlantique. Cette façade constitue un front dont l'Algérie forme la courtine, et dont la Tunisie et le Maroc sont les bastions. Ces deux bastions ont une importance d'autant plus grande qu'ils commandent les portes même du bassin, les canaux siciliens à l'Est et le détroit de Gibraltar à l'Ouest. Une simple inspection de la carte fait ressortir l'importance capitale de ce front pour la suprématie maritime dans le bassin.

Or, la courtine et le bastion Est appartiennent à la France. Comment, aussi bien comme puissance méditerranéenne que comme puissance africaine, pourrait-elle se désintéresser du bastion Ouest, le plus important des deux, puisqu'il confine à l'Atlantique ; du bastion Ouest, c'est-à-dire du Maroc, où certaine nation européenne, rivale aujourd'hui, ennemie possible demain, pourrait venir s'établir, non seulement sur les côtes pour boucher le détroit et menacer ses ports, mais encore sur sa frontière algérienne, où elle pourrait dans certains cas, fomenter et soutenir des insurrections ?

Le Maroc et tout ce qui s'y passe doivent donc être l'objet des constantes préoccupations de notre pays.

Nous avons déjà fait ressortir tous les inconvénients qui résulteraient pour la France de l'occupation d'un ou de plusieurs points du littoral marocain, et notamment de Tanger, par des puissances autres que l'Espagne.

Il n'y a pas de doute que si, par aventure, il prenait fantaisie à l'Angleterre de tenter un coup de main sur Tanger, elle trouverait devant elle, non seulement la France et l'Espagne, mais toute l'Europe, qui ne saurait permettre que Tanger passe entre les mains de la puissance qui détient Gibraltar. Si l'occupation du Riff par l'Espagne ne peut en aucune façon compromettre l'équilibre européen, l'occupation de Tanger par les Anglais porterait une atteinte mortelle aux intérêts communs des puissances maritimes; et, sous peine de livrer à la plus redoutable d'entre elles les clefs du détroit et le monopole exclusif de la Méditerranée, toutes sont tenues d'en garantir solidairement la neutralité et l'indépendance.

La France n'a jamais eu aucune arrière-pensée de mainmise sur le Maroc ; cela ressort clairement de tous nos rapports avec le gouvernement chérifien. Nous n'avons d'autre objectif que d'assurer la sécurité de nos possessions algériennes et de nous frayer une route à travers le Sahara jusqu'au Soudan et au Sénégal. La rectification de notre frontière et l'annexion définitive du Touat, sont les deux points essentiels auxquels nous devons aboutir dans l'intérêt de nos deux grandes colonies africaines.

Mais ce qu'il importe à la France d'observer et de suivre attentivement, ce sont les prétentions rivales des puissances qui peuvent, à un moment donné, se disputer les lambeaux d'un empire dont les germes de dissolution se multiplient chaque jour, et dont la chute n'est qu'une question de temps.

Deux de ces puissances prendront à ce moment une posture militante, pour ou contre laquelle il faudra nous déclarer, sans que la moindre hésitation nous soit permise un seul instant.

L'Angleterre ne reculera devant aucun moyen

pour arriver à ses fins. Opiniâtre et sans scrupule, le gouvernement britannique redoute surtout les effets de notre influence sur les populations musulmanes ; ses agents, puissamment aidés en cela par la légation italienne, ont pour mot d'ordre de nous faire une opposition systématique[1], et, sous le prétexte de défendre un *statu quo* qui n'est pas viable, ils guettent le moment favorable pour mettre la main sur le littoral africain du détroit. L'occupation de ce littoral est, quoiqu'on dise, le but final que poursuit la politique anglaise, et les protestations de désintéressement prodiguées par le cabinet de Saint-James ne donneront le change qu'à ceux qui voudront bien se laisser duper.

En revanche, notre appui doit être tout acquis à l'Espagne, dont nous sommes les premiers à reconnaître les revendications légitimes, et dont nous ne jalouserons jamais les succès, dut-elle englober dans ses possessions le territoire qui s'étend de la Moulouya à Tanger. Affinité de race et de langue, communauté de sentiment, de croyance et d'intérêt, tout doit porter les deux peuples à se

---

[1]. Cette opposition ne se limite du reste pas au Maroc. Partout où les intérêts anglais sont en concurrence avec les intérêts français, à Terre-Neuve, à Sierra-Leone, sur la côte d'Ivoire, aux Hébrides, à Madagascar, etc., on voit les difficultés surgir comme à plaisir, afin d'arriver très certainement à un règlement général, à une liquidation dans laquelle la question d'Égypte doit jouer un rôle, et non des moindres.

considérer comme solidaires ; et si, dans le passé, la guerre a mis aux prises les deux États, la guerre n'a jamais été provoquée que par des compétitions dynastiques dont le présent a fait table rase.

La presse anglaise et la presse italienne se sont évertuées à dénaturer nos intentions, et, de parti pris, elles ont cherché à nous rendre suspect à l'Espagne. Les Espagnols ont trop de bonne foi pour se méprendre sur nos intentions ; ils savent que nous n'avons jamais rien entrepris au Maroc qui fut à leur préjudice ; et ils finiront par reconnaître que nous ne songeons nullement à leur disputer un terrain où nous aimerions volontiers à les avoir pour voisins. A leur tour, ils ne voudront pas nous contester le droit d'exiger que le gouvernement marocain renonce à nous disputer l'accès du Soudan, et se prête aux rectifications de limites territoriales qu'il est urgent de substituer aux clauses défectueuses du traité de 1845.

Notre entente avec l'Espagne est donc tout indiquée ; elle devient la condition *sine qua non* des garanties que réclament les intérêts communs des deux pays. Tant que cette entente ne sera pas consacrée et cimentée par un accord formel des deux gouvernements, toutes les négociations avec le Maroc n'aboutiront qu'à des résultats éphémères et illusoires. Pour la France, les conflits se produiront périodiquement au Figuig et au Touat ; pour l'Espagne, l'état de guerre se maintiendra en permanence à la lisière du territoire dans lequel les possessions espagnoles se trouvent pour ainsi dire emprisonnées.

C'est cette politique rationnelle que préconisait M. Ordéga lorsqu'il représentait la France à Tanger[1]. Les sages avis de cet éminent diplomate, avis dictés par l'impérieuse nécessité de mettre un terme à une situation équivoque, n'ont pas été suivis jusqu'à présent. Cependant, grâce au concours si efficace que le comte d'Aubigny vient de prêter au maréchal Martinez Campos pour terminer heureusement le conflit de Melila, l'Espagne est revenue des préventions qu'elle semblait nourrir à notre égard.

La politique si prudente et en même temps si avisée suivie pendant deux ans par ce diplomate, l'adresse avec laquelle il a su utiliser les ressources d'information et d'influence que nous donne la proximité de l'Algérie, ont permis à la France de reprendre à la cour de Fez une place qu'elle avait perdue depuis l'époque déjà lointaine des Tissot. Malheureusement le comte d'Aubigny, en recevant la récompense de ses services par son élévation à

[1]. Espagnols et Maures — M. L. Ordéga. — Revue bleue, 13 janvier 1894.

la première classe de son grade, vient, après un séjour de moins de trois ans, d'être appelé à un autre poste.

Les changements fréquents de notre représentation au Maroc, les bouleversements continuels de son personnel sont très fâcheux à tous les points de vue. Sans doute nos agents se recrutent parmi des fonctionnaires pleins de mérite et souvent de talent, mais ils ne cessent de parcourir les deux hémisphères avec une rapidité déconcertante. Nos ministres font rarement à Tanger un séjour de plus de trois années, alors que les deux premières suffisent à peine pour pénétrer le pays. Pour ce qui est du personnel qui les entoure, cela en est une succession qui atteint les dernières limites de l'invraisemblance ; en moins de dix ans, le total des fonctionnaires qui se sont succédés à notre légation du Maroc n'a pas été inférieur à quarante-et-un.

Or, le poste de Tanger est devenu, durant ces dernières années, l'un des plus difficiles de notre représentation, et il exige un chef et un personnel travailleurs, souples, expérimentés, habitués à la diplomatie musulmane et aux affaires barbaresques, ayant pratiqué les pays de capitulations. Il y a là journellement un grand nombre d'affaires commerciales, administratives, avec le gouvernement marocain, les autorités indigènes locales, les consulats et les légations étrangères, des litiges à régler, des réclamations à examiner et à faire valoir, des intérêts à protéger et à surveiller, des citoyens, des sujets et des protégés consulaires à administrer. Le travail matériel est considérable et très souvent fort délicat, parce qu'on est toujours, et avec la moindre des affaires, menacé d'aborder le terrain politique international. A chaque pas on trouve des obscurités, des difficultés ; on se heurte aux juridictions étrangères ou indigènes ; il faut céder ou avancer à propos. En outre, l'activité diplomatique des légations étrangères, les intrigues du Maghzen, le service, si difficile et si délicat, des renseignements demandent une attention soutenue et parfois absorbante. Seul un homme actif, fin diplomate d'Orient, versé dans les questions consulaires, commerciales et de droit international, peut faire un bon ministre français à Tanger. Le personnel qui lui est affecté doit, nécessairement, être tout à fait approprié à ces circonstances multiples et difficultueuses. Dans un tel poste, il est clair qu'il faut de la stabilité ; or, c'est ce qui manque le plus, au grand dommage de la France. Il importe donc de ne pas persévérer dans un errement aussi funeste[1].

1. Jusqu'à ces derniers temps, quand la clairvoyance, l'éner-

Les Anglais procèdent de tout autre façon : prétendant, avec juste raison, que la première condition pour représenter leur nation avec efficacité est de connaître parfaitement la langue, les mœurs, sociales et politiques, l'esprit et le caractère des gens auxquels on a affaire, ils évitent avec soin de changer leurs diplomates de résidence sans motifs graves. Aussi ont-ils toujours été remarquablement représentés presque partout. Les ministres d'Angleterre sont maintenus à Tanger pendant de nombreuses années et avancent sur place. Ainsi, pendant plus de trente ans ce poste a été occupé par le même ministre, sir John Drumond Hay, dont le père était déjà consul-général au même endroit.

Notre diplomatie dispose au Maroc d'un moyen d'action dont l'utilisation a été, en d'autres temps, fort négligée. Les autres puissances font tous leurs efforts pour se créer, au moyen de la protection et de subsides, une clientèle dévouée à leurs intérêts ; elles réussissent ainsi à avoir un certain nombre d'agents officieux à la cour, où ils jouissent d'un

---

gie et le patriotisme d'un de nos représentants au Maroc pouvaient être un danger pour la situation personnelle ou la politique de l'Angleterre, elle faisait travailler à Paris et à Madrid par les agents de son gouvernement pour obtenir son déplacement. C'est ainsi que ceux de nos ministres qui voyaient clair à Tanger et s'efforçaient d'asseoir l'influence française, ont été sacrifiés à l'égoïsme intelligent du Foreign Office.

crédit plus ou moins grand. Or, sans recourir à la protection, nous avons sous la main un élément d'une influence incomparable, et que compose toute une population de négociants et d'émigrés algériens, qui sont nos sujets et relèvent de notre juridiction. Ces Algériens, il convient non-seulement de les administrer en conformité de leurs besoins et de leur tempérament propres, de les ramener à nous en les détachant du gouvernement chérifien près duquel un fanatisme exagéré les a rapprochés, mais encore de nous en faire des agents d'informations et d'influences auprès du Maghzen. Personne n'est mieux placé que nous pour user de ce procédé, qui accroîtrait notre influence en raison directe du nombre de ces agents. D'ailleurs, notre situation diplomatique au Maroc, un peu isolée il est vrai, mais étrangère à toutes ces compromissions qui font trop souvent la politique des autres légations, nous donne déjà une force toute particulière auprès du Maghzen ; il faut fortifier davantage encore cette excellente position.

Mais les intérêts de la France, si considérables tant au point de vue politique que commercial, le règlement d'affaires souvent très délicates auquel nous oblige notre voisinage algérien, exigent de notre diplomatie une connaissance non pas seulement superficielle, mais absolument complète du milieu indigène ; car cette connaissance seule permet de proportionner les moyens dont on dispose aux difficultés que l'on rencontre.

Dans ses rapports avec les chrétiens, le peuple arabe manifeste une susceptibilité ombrageuse et fanatique, une dignité exagérée, un peu farouche même, qui dérivent à la fois de la haine qu'il leur porte, de la crainte qu'il en a et de la supériorité qu'il se croit sur eux comme « peuple de Dieu ». C'est que si le musulman consent à se courber sous la main de maîtres issus de lui, il se redresse devant la domination ou les exigences de l'infidèle.

Observateur rigoureux de sa religion, imbu du précepte du Koran qui lui ordonne de faire aux infidèles une guerre permanente et implacable, l'Arabe y subordonne toute sa conduite, tous ses procédés vis-à-vis d'eux ; ne pouvant les combattre par les armes, il a recours à la parole, dans la pensée de faire une chose agréable à Dieu, en luttant contre eux avec toutes les ressources que Dieu fournit.

Fataliste, parce que sa religion le pousse à l'être, il est absolument réfractaire à tout progrès ; par conviction il veut rester stationnaire, immobile et continuer simplement les errements de ses ancêtres.

Respectant la force comme un article de foi, il est inaccessible à la persuasion :

« *Respecte la force*, dit Abi-Saïd, un des commentateurs du Koran, *car la force est une manifestation de Dieu sur la terre* ».

Un langage haut et ferme, suivi au besoin d'une action énergique ont seuls prise sur lui :

« *L'Arabe est comme l'amande : quant on veut en manger le fruit, il faut en briser l'écorce* ».

Pleins de séduction dans leur façon de parler, les Arabes, à de très rares exceptions près, manquent de sincérité. Forcés dès leur plus jeune âge de lutter contre des périls toujours renaissants, de débattre eux-mêmes leurs intérêts, de s'ingénier enfin rien que pour vivre, ils ont tous, depuis le chef le plus élevé jusqu'au dernier berger, une finesse et une habitude de s'exprimer telles qu'eux mêmes ont dû le constater :

« *L'Arabe, tue-le avant qu'il ait parlé; parce que si tu le laisses parler, quel que soit son crime, il parlera si bien, que tu ne pourras plus le punir* ».

Il n'est pas jusqu'à leur correspondance qui ne se ressente de ces heureuses aptitudes et aussi de leur duplicité : le style moghrebi notamment est cousu de roueries et donne toujours lieu à des critiques littéraires.

Discrets comme des diplomates, les Arabes, en

général, ne savent ni lire ni écrire, et pourtant ils sont parfaitement au courant des affaires de leur pays.

Leur maintien est toujours circonspect : ils comprennent que la prudence leur est commandée par leur état politique, par les dangers qu'ils courent réellement, par ceux auxquels leur rancune ne les dispose que trop à croire. Ils sentent, dans un pays livré à l'arbitraire et exposé à l'ingérence étrangère, la nécessité de ne rien donner au hasard. Entre eux, devant un chrétien surtout, ils se comprennent sans parler. Perspicaces, habiles à trancher d'un mot des contestations inextricables, toujours graves pour tout écouter, tout entendre, insouciants du temps, ils ont toujours présentes à l'esprit ces maximes de leurs pères :

« *Le toujours* (la persévérance) *use même le marbre* ».

« *La patience est la clef de la réussite* ».

Passés maîtres dans l'art de dissimuler, si les Arabes du Maghzen jugent utile à leurs intérêts de ne pas contrarier quelque représentant européen, de lui plaire au contraire par leurs prévenances et leur facilité, ils lui feront, en le séduisant par une apparente bonhommie, quelques concessions insignifiantes, dans la pensée, non de lui être agréable en quoi que ce soit, mais, au contraire, de se mettre en état de lutter victorieusement contre les autres puissances chrétiennes qu'ils craignent et qu'ils détestent toutes également, tout cela dans le but de s'opposer à toute tentative de pénétration dans le pays, car :

« *Quand la porte est ouverte,*
« *Il peut entrer un lion ou un ogre.* »

Personne, en effet, mieux qu'un Arabe, ne sait entourer son abord de ces caresses de langage qui facilitent l'accès et préparent un accueil favorable ; personne ne sait mieux encore se conformer aux exigences respectueuses des positions sociales, en traitant chacun suivant son rang. Quant il est en présence d'un personnage élevé ou d'un protecteur quelconque qu'il a besoin de ménager, il saura toujours, si l'on veut nous passer l'expression « amadouer son homme », ainsi que le lui prescrit du reste le proverbe :

« *A celui que tu vois monté sur un âne, dis :*
« *O monseigneur, que ton cheval sois heureux !* »

Ne faut-il pas, de plus, se conformer à ce sage précepte des aïeux ?

« *Baise le chien sur la bouche,*
« *Jusqu'à ce que tu en aies obtenu ce que tu veux*[1] ».

---

1. Pour comprendre l'énergie de ce dicton, il faut savoir que le chien étant un animal impur aux yeux des musulmans, ils

Si donc on ne veut éprouver de cruelles déceptions dans les négociations avec les agents du Maghzen, il faut savoir toujours à qui l'on a affaire, et ne jamais oublier que l'on traite avec un peuple qui n'a jamais manqué de paroles mielleuses pour en arriver à ses fins, mais qui est condamné fatalement à la haine des chrétiens par sa religion, à l'égoïsme par le genre de vie qu'il mène.

De ces particularités de caractère et de procédés de la classe dirigeante du Maroc, particularités que nous avons dû faire ressortir parce qu'elles forment les bases d'un critérium, il résulte que nos rapports avec l'administration marocaine exigent une manière de faire appropriée, et qu'on ne peut agir avec elle comme on fait dans un pays régulièrement organisé, d'après les principes de la civilisation moderne, c'est-à-dire avec des agents habitués à se placer toujours sur le terrain de la raison et du bon droit.

L'inexpérience de ce milieu politique spécial à laquelle on s'est heurté à maintes reprises, nous a fait pratiquer tour à tour la politique de l'amitié, la politique de l'effacement, la politique de l'énergie. Nos intérêts n'étaient pas seuls à souffrir de ces variations; et l'on peut dire que notre

méprisent souverainement ceux qui passent leur temps à le caresser et à l'embrasser.

influence s'en est trouvée amoindrie et notre prestige sensiblement atteint.

En n'employant que la douceur et la persuasion comme moyens d'action, on s'illusionnait étrangement. En effet, avec les Arabes du Maghzen, qui mettent toute condescendance au compte de la faiblesse et de la pusillanimité, le mauvais vouloir et les exigences devaient croître en raison directe de notre longanimité ; et alors il aurait pu se faire que, pour avoir consenti trop de concessions, nous nous soyons trouvés un jour en présence d'une situation ne nous laissant de choix qu'entre sévir, ce que précisément nous voulons éviter, ou nous désintéresser complètement du pays, chose qui nous est interdite par mille bonnes raisons et au premier chef par le souci de notre grande colonie limitrophe, l'Algérie.

Cette politique de l'amitié serait détestable, et pourrait même devenir dangereuse, le jour où le gouvernement chérifien ne verrait en nous qu'un ami complaisant à outrance, disposé à toutes les transactions plutôt que de voir s'élever le moindre nuage dans les relations des deux pays. Car le caractère de l'Arabe ne lui permet guère de rendre hommage à des sentiments de générosité qui lui font complètement défaut ; en outre, plus que tout autre, il n'aime et ne considère réellement que la force, que ce qu'il craint. Enfin, il faut bien se persuader qu'aucune concession, de quelque nature soit-elle, ne sera jamais consentie de son plein gré par le Maghzen, trop intéressé au maintien du *statu quo*.

Dans ces conditions, il est clair que c'est *contre* le Maghzen qu'il faut sans cesse agir ; et, en nous exprimant ainsi, nous voulons dire, que nos intérêts étant exposés à se trouver tous les jours en lutte avec les résistances du gouvernement, le rôle de notre diplomatie est de les soutenir au point d'avoir raison des répugnances du Maghzen, pour tout ce qui constitue dans le Moghreb un progrès de la civilisation. Ces répugnances sont trop invétérées, elles sont trop dans le caractère de la race, et constituent trop, au surplus, un moyen de gouvernement, pour que l'on puisse espérer en avoir raison par les discours les plus justes et les plus persuasifs. Seule une attitude ferme, sans animosité comme sans faiblesse, peut, non les détruire, mais tout au moins empêcher, dans des cas déterminés, leur effet de se faire sentir à notre détriment.

Pour arriver à des résultats, pour obtenir du Maghzen ne fut-ce que la loyale observation des privilèges consentis, il faut bien lui montrer en toute occasion que, persuadés de la légitimité de nos droits, nous sommes résolus à en revendiquer énergiquement la complète exécution.

La politique d'amitié est excellente, mais à la condition de ne pas se prodiguer inutilement en protestations de dévoûment, et en faisant bien comprendre au Maghzen toute la valeur de l'amitié d'un pays comme la France, amitié dont le maintien ne serait pas payé trop cher par l'échange des concessions que nous pouvons avoir à réclamer.

Il entre dans l'ordre normal des choses que l'influence française occupe un des premiers rangs au Maroc. Le voisinage immédiat de notre grand domaine musulman, le souvenir des luttes victorieuses que nous avons soutenues jadis contre l'armée même du Prince des croyants, le spectacle de notre civilisation et de nos moyens militaires, qui ne sont un mystère, ni pour le Maghzen, ni pour les nombreux indigènes en rapport avec nos possessions algériennes; tout vient à chaque instant rappeler aux Marocains la France. Ce serait impardonnable à nous de négliger ces avantages.

CHAPITRE III

Le Maroc et les intérêts français

Si le programme politique relatif à l'intégrité du territoire marocain peut se résumer dans ces mots : *vigilance, habileté* et *énergie*, il est d'autres questions, d'un intérêt direct pour la France, qui sollicitent non moins impérieusement l'activité de notre diplomatie, savoir : celle de l'exploitation commerciale du Moghreb, celle de la rectification de notre frontière algérienne et celle du Touat.

La question commerciale

L'attention publique en France, comme chez la plupart des nations, s'est portée depuis quelques années sur les questions économiques, et les efforts tendent partout à obtenir un développement dans les transactions et à ouvrir des champs d'action à l'activité industrielle. A ce titre également, le Maroc occupe l'Europe ; il doit nous être d'autant moins indifférent que nous sommes dans les conditions les plus favorables pour tirer de ces régions le meilleur parti.

Cependant malgré l'immense avantage que nous procure la proximité de ce pays de nos ports et son contact avec l'Algérie, nous n'arrivons qu'en seconde ligne sur l'échelle du trafic, primés par les Anglais, et peut-être dépassés bientôt par la concurrence allemande, belge, etc... Chaque jour, en effet, marque un pas de plus en arrière pour le commerce français d'importation au Moghreb. Pour ne citer qu'un exemple, la bougie et le sucre, qui jusqu'à ces dernières années provenaient presque exclusivement de maisons françaises par le port de Marseille, arrivent maintenant en quantités énormes de Hambourg et d'Anvers, provenant d'Allemagne et de Belgique.

Cet état de choses, pénible à constater, tient à à plusieurs causes, dont les principales sont nos errements administratifs, l'absence de renseignements sur les ressources et les besoins du marché marocain, la pénurie et la cherté des moyens de communination avec le Maroc, le manque d'initiative de nos commerçants, l'élévation des tarifs et l'insuffisance des crédits.

Pendant longtemps et à quelques exceptions

près, nos représentants à Tanger, tout en étant incontestablement des diplomates de grande valeur, ne paraissaient nullement pénétrés de la nécessité d'assurer l'influence française par la prépondérance commerciale, la seule par laquelle il soit réellement possible de « tenir » les Marocains.

Cet oubli des véritables intérêts de la France dérivait d'errements anciens, dans lesquels il importe de ne plus tomber. Or, ces errements contrastent singulièrement avec la façon dont les autres nations, et surtout les Anglais, comprennent les choses au point de vue de leur développement à l'extérieur.

Quand il s'agit, chez nous, soit d'acquérir des territoires, soit de rendre à l'étranger notre influence prépondérante pour pouvoir faciliter à nos nationaux la mise en œuvre de leur activité, c'est généralement l'action politique qui entre en mouvement la première, et fait, dans ce but, les efforts les plus grands, parfois les plus onéreux. Malheureusement, négligeant trop souvent de s'assurer au préalable que cette activité et les capitaux qui doivent l'alimenter sont prêts à suivre, elle s'expose à ouvrir uniquement des portes par lesquelles bien peu de nos capitaux consentiront à passer. Non seulement alors on n'a pas atteint le but direct qu'on s'est proposé, mais on a, au contraire, travaillé pour les étrangers qui, plus clairvoyants et moins timorés, sauront, si la chose en vaut la peine, s'engager sur la route que l'on a eu la bonté de frayer pour eux. Notre histoire coloniale fourmille d'exemples de ce genre.

Combien mille fois plus rationnelle est la façon d'agir des Anglais ! Chez eux on ne dit pas au monde des affaires : « Venez là où nous avons agi pour vous et maintenant que nous avons agi. » Mais, estimant avec raison que les intéressés sont plus aptes que personne à découvrir les meilleures conditions de réussite, on agit là où ils ont manifesté, après études, l'intention d'opérer. L'action politique n'entre donc en lice qu'après l'action commerciale ; mais alors elle prend la tête du mouvement, pour écarter les obstacles et aider au succès. Ainsi se sont passées les choses au Maroc.

Les Allemands ont agi de façon plus pratique encore. L'existence de l'Allemagne était absolument ignorée des Marocains jusqu'en 1885, époque à laquelle il n'y avait à Tanger qu'un seul négociant allemand, petit, tout petit trafiquant. Dès que le ministre d'Allemagne se fut rendu compte du véritable état des choses, il fit venir son compatriote, lui dit qu'il pouvait compter sur son appui moral et..... financier. Non content de cela, le ministre étant à l'affut de toutes les concessions possibles,

les lui fit accorder, lui procurant, *par ordre*, des ouvertures de crédit chez les banquiers de Hambourg.

Puis il fit comprendre à beaucoup d'autres de ses compatriotes combien le Maroc offrait de ressources au commerce allemand; et c'est ainsi, grâce à l'activité commerciale de M. Testa et de son successeur, M. de Tattenbach, que les Allemands ont su prendre une grosse part de l'influence que les Anglais détenaient presque à eux seuls, et dont il nous eut été aisé de nous emparer.

Pourquoi nos représentants, au lieu de s'en tenir exclusivement à la diplomatie de carrière, n'ont-ils pas suivi ces bons exemples? Question d'éducation, d'école, de principes, dit-on. Mais alors, que n'enseignait-on que politique et commerce sont si étroitement liés qu'à l'époque actuelle ils ne font plus qu'un!

Dans cet ordre d'idées, nos agents diplomatiques et consulaires au Maroc ont pour devoir, non seulement de provoquer et de faciliter les transactions commerciales de nos nationaux, de chercher à les débarasser successivement des entraves sans nombre qu'ils rencontrent à chaque pas, mais encore de les renseigner avec soin, et le plus fréquemment possible, sur les besoins et les ressources disponibles du marché, sur les fluctuations de hausse ou de baisse, sur la clientèle et sa valeur, sur la nature, la qualité, le prix des denrées et articles de la concurrence étrangère ; sur les modifications à apporter dans la fabrication, soit qu'il s'agisse de types nouveaux à créer, soit qu'il y ait lieu de rendre les modèles existants plus conformes au goût du pays, etc…

Sans entrer dans le détail de tous les services que rendrait un semblable relevé périodique de renseignements, on supprimerait au négociant tous les gros inconvénients qui découlent pour lui de l'éloignement, de son ignorance des besoins, des habitudes et des mœurs du pays avec lequel il trafique.

La France, avec ses deux mers baignant son littoral, est dans une situation des plus favorables pour l'exploitation commerciale du Maroc, car les produits de ses diverses régions se trouvent à proximité relative d'un port d'embarquement, et peuvent s'affranchir, par suite, des frais onéreux de longs transports par voie ferrée : inversement les matières qu'il importe ont la possibilité d'atterrir dans le voisinage des centres manufacturiers ou commerciaux où elles seront utilisées.

Cependant, nous ne profitons guère de cette position privilégiée, Marseille étant le seul port de notre continent qui mette les deux pays en relation. Journellement les bateaux de Dunkerque, du Havre, de Bordeaux passent en vue de Tanger, allant en Méditerranée ou revenant vers l'Atlantique, sans que notre commerce puisse en tirer le moindre profit. Il en résulte que les articles des régions du Nord, de l'Ouest et d'une partie du Centre, au lieu d'être chargés respectivement à Dunkerque, au Havre, à Saint-Nazaire et à Bordeaux, doivent prendre la voie de Marseille, où ils arrivent grevés déjà de frais de transport qui les mettent en mauvaise situation pour lutter contre leurs similaires provenant de Londres, d'Anvers ou de Hambourg.

Il y a donc un intérêt majeur à ce que des modifications soient apportées à nos communications avec le Maroc, afin que ses ports soient en relations directes avec ceux de nos côtes de l'Ouest et du Nord. Notre gouvernement ferait donc œuvre utile et de bonne politique en provoquant la création, et en subventionnant à la rigueur avec l'imposition d'un taux maximum pour le fret, un ou plusieurs services réguliers partant de nos ports de l'Ouest et du Nord, ou encore en faisant faire alternativement toucher à Tanger, et à Mogador les steamers du service subventionné entre la France, le Sénégal, le Gabon et le Congo.

Les transports de Marseille à Tanger ne sont

assurés que par deux compagnies françaises ; l'une d'elle effectue, en outre, le service de la côte. Cette dernière se fondant sur ce qu'il n'existe pas de concurrence de Marseille à la côte marocaine, abuse de la situation quant au taux du fret; et on peut envisager l'avenir prochain où elle perdra, comme cela se produit déjà, une partie de ses aliments. Ceci s'explique par le fait, qu'une fois les marchandises rendues à Gibraltar, on n'a que l'embarras du choix entre les Anglais, les Allemands et même les Espagnols, qui tous desservent la côte.

La décadence très réelle de notre situation commerciale au Maroc est encore due à d'autres causes, non les moins importantes, c'est-à-dire, les défauts de notre tempérament, l'ignorance des conditions du marché marocain et les préjugés d'industriels sans initiative.

On peut dire que jusqu'à ces dernières années le Maroc, malgré son voisinage immédiat de l'Algérie, malgré sa proximité relative de la France, était à peu près inconnu de la grande majorité de nos négociants, qui, à quelques exceptions près, ne paraissaient nullement se douter des ressources qu'ils avaient pour ainsi dire sous la main. Quelques-uns, à la vérité, trafiquaient avec ces contrées, mais une fois les premières relations d'affaires établies, ils se bornaient à entretenir le courant, sans se préoccuper des moyens de rendre leurs transactions plus actives. Et c'est ainsi que dans le commerce total du Maroc, la France, qui eut dû, semble-t-il, être la première, ne comptait que pour un quart environ, les Anglais absorbant la plus grande partie du restant.

Tandis que nous persistions à demeurer dans l'immobilité, l'Allemagne, à son tour, est entrée en lutte, et cela d'une façon d'autant plus dangereuse pour nous, que les articles de son négoce sont en grande partie similaires des nôtres, mais vendus à prix plus bas. Aussi, à l'heure actuelle, avant de songer à augmenter nos affaires, avons-nous à nous défendre pour ne pas les voir diminuer. Et il ne saurait être question de remettre à demain les efforts à faire dans ce sens, car l'élan semble donné de toutes parts, ainsi que l'indique les tentatives de deux nouveaux champions, la Belgique et la Suède[1].

---

[1]. Non-seulement les négociants étrangers déploient la plus grande activité pour s'assurer des débouchés de plus en plus grands au Maroc, mais un certain nombre d'entre eux se livrent encore à des manœuvres déloyales, par la contrefaçon manifeste de nos marques de fabrique. Dans le cas seulement du sucre et des bougies, les deux marques dites du « Chameau » et du « Lion » des grandes raffineries de Saint-Louis et des fabriques de la Méditerranée à Marseille, ont été copiées de telle manière que la confusion est complète sur les marchés de l'intérieur. Un vapeur allemand de la ligne de Hambourg a

Le but que nous devons poursuivre au Maroc est double : en premier lieu, développer le chiffre de nos affaires sur les articles dont nous avions jusqu'à ce jour le monopole à peu près exclusif, et pour cela lutter contre la concurrence étrangère qui nous menace ; chercher ensuite à figurer sur le marché avec certaines marchandises qui, telles par exemple que les cotonnades, sont toutes actuellement de provenance anglaise, alors qu'il sort de nos usines des types qui ne leur sont pas inférieurs, et que quelques réductions dans les prix suffiraient à mettre sur le même pied.

Mais notre réussite est subordonnée avant tout à des modifications à nos tarifs. Il est à remarquer en effet, que si les produits que nous faisons pénétrer au Maroc sont en général supérieurs comme qualité à ceux d'autre origine, ils sont, en revanche, sensiblement plus chers. Or, la question du bon marché est capitale dans ce pays, d'abord parce que les ressources de la masse des acheteurs sont modestes, et puis, surtout, parce que l'Arabe est trop fataliste pour comprendre jamais l'avantage qu'il

---

débarqué en novembre 1891 à El-Araïch, 500 sacs de sucres contrefaits portant en légende : *Provenance et fabrication de Marseille*, alors qu'ils étaient fabriqués et provenaient d'Anvers. Ces procédés doivent évidemment tomber sous l'application de l'article 10 de la Convention internationale pour la propriété industrielle, du 20 mars 1883.

a à payer un peu plus un objet qui durera plus longtemps que celui qui est moins cher, mais de qualité inférieure. Il ne considère dans sa vie que la minute présente, quant au lendemain, il ne serait pas musulman s'il s'en préoccupait. Donc, fatalement, d'instinct, il recherche le meilleur marché. Les Anglais et les Allemands l'ont bien compris, et c'est ce qui fait leur force.

C'est donc au bon marché qu'il faut viser ; et une fois l'égalité de prix obtenue avec les concurrents, la supériorité de la fabrication française saura bien vite faire accorder la préférence à nos produits, surtout si nos commerçants faisaient connaître, au prix de quelques sacrifices au début, leurs produits.

A côté de la question de prix, il en est une autre, aussi importante, qui vise les facilités et les délais de paiement à accorder aux négociants locaux. On peut reprocher à juste titre aux commerçants français de manquer de confiance, et, par suite, d'être très difficiles en affaires ; et cela à l'inverse des Anglais et des Allemands, qui savent, quand il le faut, accorder des crédits à long terme. Ces commerçants objecteront peut-être qu'ils ont été parfois victimes de leur crédulité, ce qui ne les encourage pas à la confiance ; mais il y a lieu de faire remarquer que c'est souvent la faute des victimes, soit qu'elles n'aient pas pris la peine de se renseigner suffisamment sur la valeur de leurs correspondants, soit même qu'elles ne se soient pas renseignées du tout.

Les Anglais, dont il faut toujours citer l'exemple quand il s'agit d'exploitation commerciale, n'ont pas du reste plus que quiconque, l'envie d'être dupés ; si, malgré cela, ils se montrent très larges dans leurs rapports commerciaux avec les Marocains, c'est qu'il y a évidemment, moyen de tout concilier.

Rectification de la frontière algérienne

L'absence de frontières naturelles, entre l'Algérie et le Maroc, les difficultés quotidiennes inhérentes à un enchevêtrement de populations relevant ou prétendant relever d'autorités différentes, mettent la France dans l'imposibilité d'exercer sans chances de complications, sur la limite fictive qui lui tient actuellement lieu de frontière, la moindre police en temps normal et les moindres représailles en temps de troubles.

Cependant la nature a séparé nettement le Maroc de l'Algérie par des frontières évidentes : la Moulouya, au Nord de l'Atlas ; l'oued Zis, au Sud. D'où vient qu'au lieu de la ligne idéale qui est censée séparer les deux empires, la frontière ne coïncide pas avec ces obstacles naturels?

En 1844, après la bataille d'Isly, il était devenu nécessaire de nous fixer sur notre frontière de l'Ouest et sur les conditions de nos relations avec le Maroc, contre lequel les exigences de notre conquête nous avaient amené à nous heurter, et nous en vînmes à traiter avec le Sultan.

Malheureusement pour nous, la finesse de son délégué se joua du défaut de flair diplomatique, et surtout du défaut de connaissance des régions sahariennes, du plénipotentiaire français. « Il « abandonna la frontière traditionnelle de la « Moulouya pour un tracé bizarre qui coupe en « deux les tribus. Dans le Sud, il laissa au Maroc « Ich et Figuig ; c'est-à-dire la tête de la route du « Touat par l'oued Guir ».

Gerhard Rohlfs écrivait le 6 Juillet 1892, dans la gazette de Cologne[1] : « On ne sait pas de quoi il « y a lieu de s'étonner le plus, ou de la naïve « ignorance du diplomate français, ou de l'impu- « dente connaissance de la question du diplomate « marocain, Si Ahmed-ben-Ali. »

Le traité de 1845 établit par quelques grands traits, mais sans détails suffisants, une limite partant de la baie d'Adjeroud, située à 15 kilomètres

---

1. Zur Tuat Frage.

est à l'~~Ouest~~ de l'embouchure de la Moulouya, et allant rejoindre le col de Teniet es-Sassi, situé à environ 60 kilomètres au Sud-Ouest de Sebdou. Cette frontière, formée d'éléments de lignes droites, coupe, avec la plus parfaite désinvolture, non seulement les vallées, les ravins et les croupes, mais encore les tribus qui habitent la région.

L'article 4 du traité de délimitation porte :

« Qu'au delà de Teniet es-Sassi il est inutile d'établir une limite, puisque la terre ne se laboure pas ».

On s'est contenté d'énumérer les tribus nomades qui relèveraient de chaque gouvernement :

« Les Hamyan-Djemba et les Oulad-Sidi-Cheikh-gharaba, ou de l'Ouest, dépendent du Maroc ; les Oulad-Sidi-cheikh-cheraga, ou de l'Est, et tous les autres Hamyan, dépendent de l'Algérie ».

On divisait ainsi les grandes tribus en deux groupes, celui de l'Ouest, marocain, et celui de l'Est, algérien ; mais on omettait, en même temps, d'indiquer quelles étaient les fractions de ces tribus qui constituaient les cheraga et quelles étaient celles qui constituaient les gharaba. De là une confusion qui a pour conséquences d'incessantes complications.

Le traité de délimitation continue ainsi, article 5 :

« Les ksour qui appartiennent au Maroc sont ceux d'Ich et de Figuig ; ceux qui appartiennent à l'Algérie, sont ceux d'Aïn-Sefra, Aïn-Sfissifa, Asla, Tiout, les deux Chellala, El-Abiod et Bou-Semghoun ».

Les deux Moghar, situés cependant à l'Est du méridien d'Aïn-Sefra, ne sont pas mentionnés, et sont restés dans un état d'indétermination qui a permis mille contestations.

« Quant au pays au Sud des ksour des deux gouvernements, dit l'article 6, comme il n'y a pas d'eau, qu'il est inhabitable, et que c'est le désert proprement dit, la délimitation en serait superflue ».

Le traité mentionne en outre que les tribus des deux Etats ont droit de libre parcours n'importe où dans le Sud, et que le souverain d'un Etat, ayant à réprimer dans cette région les désordres de tels ou tels de ses sujets, peut les poursuivre et les châtier à sa guise, mais sans exercer la moindre action sur les tribus de l'autre Etat [1].

On croit rêver en lisant ce monument d'impraticables conditions qui, appliquées telles qu'elles sont définies, permettraient à une tribu du Sud marocain de pousser ses troupaux au delà de Geryville, de Laghouat et de Biskra, et à une

---

[1]. En 1881 nous pouvions entrer au Figuig, non seulement en vertu de cette clause, mais encore en vertu du droit qu'a tout belligérant de poursuivre son ennemi jusque dans ses foyers et de le détruire. Notre diplomatie, devant les susceptibilités intéressées de certaines puissances européennes qui n'avaient rien à y voir, a eu la faiblesse de ne pas prendre les garanties que la situation lui commandait ; et on a ainsi laissé échapper une belle occasion d'occuper ce repaire de toutes les insurrections passées et futures du Sud de la province d'Oran.

tribu algérienne, de mener les siens jusque sur les bords de l'Atlantique.

Cependant, comme il faut bien qu'un pays finisse quelque part et que là en commence un autre, l'usage suppléant au défaut de bon sens de la rédaction de ce traité, a fait marquer sur les cartes une ligne purement hypothétique qui, partant du Teniet es-Sassi, se dirige droit sur l'isthme qui coupe le chott er-gharbi, gagne de là le djebel el-Guettar, s'infléchit vers le Sud pour passer à l'Ouest d'Aïn-Slissifa, puis, décrivant un arc de cercle autour des deux ksour marocains d'Ich et de Figuig, va rejoindre l'oued Zousfana au 32° parallèle.

Pendant longtemps, à la faveur du prestige de nos armes, nous avons donné au traité une interprétation peu conforme au texte, mais largement compatible avec nos intérêts: non-seulement nous n'aurions pas admis, sans une autorisation expresse de notre part, la présence d'une tribu marocaine à l'Est de la limite hypothétique, mais nous considérions comme en état de révolte toute tribu algérienne passant d'elle-même à l'Ouest de cette ligne.

En outre, comme nos dissidents trouvaient aide et appui chez les tribus marocaines, nous agissions toujours contre ces dernières avec vigueur, dans la mesure de nos moyens, absolument comme nous agissions contre nos dissidents.

Plus tard, dans une situation plus délicate, nous avons demandé à la pure diplomatie ce que nous n'avions plus le moyen de demander avec autant d'assurance à un emploi constant de la force; et sur ce nouveau terrain, où nous avions débuté par un gros échec en 1845, nous avons maintes fois subi l'insuffisance de notre action vis-à-vis d'un État à qui l'inertie et la ruse servent de bouclier, sous l'inspiration intéressée et généralement malveillante à notre égard des autres puissances.

Depuis que nous avons repris une partie de notre importance politique passée et que nous sommes en mesure de pouvoir, le cas échéant, appuyer nos revendications, les autorités algériennes ne cessent de réclamer, dans l'intérêt de la colonie, la révision à notre avantage, du malencontreux traité de 1845.

Le voyageur allemand Gerhard Rohlfs, dont l'opinion est bien désintéressée, convenait dès 1864 dans son ouvrage « Reise durch Marokko », que ce « vœu est fort légitime, que la France a commis « une faute impardonnable en laissant à son voisin « de l'Ouest la vallée de la Moulouya et, plus au « midi, ces oasis qui sont des foyers de troubles et

« de complots toujours dénoncés et presque
« toujours impunis. »

Tout récemment encore, il s'exprimait ainsi dans le numéro de la Gazette de Cologne du 15 juillet 1892[1] : « la frontière devrait être repor-
« tée bien plus loin vers le Maroc, et coïncider avec
« le faîte du contrefort qui, de Melila, se dirige per-
« pendiculairement vers le Grand-Atlas. De cette
« manière, les éternelles excitations et révoltes des
« différentes races cesseraient immédiatement,
« toutes les tribus habitant cette région étant in-
« corporées à l'Algérie. »

Cette révision, telle qu'elle est proposée depuis plus de 30 ans, n'a donc rien que de très légitime. La frontière actuelle est du reste en contradiction avec la tradition historique.

Sous la domination romaine, la partie du Nord de l'Afrique comprise entre le méridien d'Alger et l'Atlantique, la Mauritanie, se divisait en deux grandes provinces : la Mauritanie tingitane, ratta-chée administrativement à l'Espagne, et la Mauritanie césarénne, qui dépendait du proconsul d'Afrique. Les deux provinces avaient pour limite commune la « Malva », aujourd'hui la Mou-louya. « *Flumen Malva dirimit Mauretanias duas* » dit l'auteur de l'Itinéraire d'Antonin ; le fait est

[1]. Die marrokanische Frage.

proclamé par Ptolémée aussi bien que par Pomponius Mela.

Cet isolement naturel a motivé au moyen-âge, sous les dynasties berbères, la distinction des royaumes de Fez et de Tlemcen, avec la même limite.

Léon l'africain, le rénégat arabe qui le premier a écrit avec autorité sur la région qui nous occupe, disait au XVI⁰ siècle : « Le royaume de « Télemcin de la partie du Ponant se termine au « fleuve Za et à celui de Malvia »[1].

De son côté le voyageur espagnol Marmol écrivait vers l'année 1550 : « Le royaume de Tlemcen a « au couchant le royaume de Fez, dont il est séparé « par deux rivières, l'une que l'on appelle Ziz, « et qui naît dans les montagnes de Zénagues..., « et va se rendre à Sugulmesse (Abouam dans le « Tafilelt), et, de là, dans les déserts où elle se con- « vertit en lac. L'autre rivière est nommée Muluya, « et elle descend du Grand-Atlas et, courant vers « le Septentrion, va se rendre dans la Méditerranée « près de la ville d'One. »[2]

Donc, la frontière s'étendait alors jusqu'au Ta-

---

[1]. De l'Afrique, par Léon l'africain, — Traduction de Jean Temporal.
[2]. Marmol — Traduction de d'Ablancourt, édition de 1667, tome II.

filelt, laissant en dehors de l'action directe des Sultans de Fez — cette remarque est capitale — les grandes oasis du Touat.

Depuis cette époque, il est vrai, la frontière eut à subir quelques variations de tracé, suivant les résultats des luttes qui surgissaient de temps en temps entre les deux pays limitrophes ; mais l'autorité des Sultans de Fez ne se maintint jamais longtemps sur la rive droite de la Moulouya. D'ailleurs, il est à remarquer qu'après chaque échec des Sultans de Tlemcen, échec qui avait invariablement pour résultat de reporter la frontière de la Moulouya à la Tafna, les populations comprises entre les deux rivières conservaient leur indépendance vis à vis du Sultan de Fez ; de nos jours il en est encore de même.

Au point de vue topographique, la frontière actuelle est absolument irrationnelle.

On sait que les divers massifs montagneux de l'Algérie peuvent facilement être étudiés à part, parce qu'ils se distinguent très nettement les uns des autres par la structure et le relief.

Le premier groupe de hauteurs que l'on rencontre sur la frontière est constitué par les monts des Trara, dont les gorges donnent passage à la Tafna. Le tracé de la frontière, après avoir quitté l'oued Kiss, passe à travers le massif dans la dépression qui forme le col du Drâa-ed-Doum, au pied du djebel Birran. A partir de ce col, le massif se relève sous l'appellation de montagnes des Beni-Snassen, montagnes qui vont mourir sur la Moulouya à Sidi-Bou-Beker.

Au Sud des monts des Trara, se dressent une série de chaînons successifs à peu près parallèles, connus sous le nom de monts de Tlemcen. La ligne frontière coupe ces chaînons, souvent perpendiculairement, jusqu'au Teniet es-Sassi. L'un de ces chaînons constitue les montagnes des Beni-Snouss. Du col de Sidi-Djabeur, qui se trouve à l'extrémité occidentale de ces montagnes, se détache un rameau qui va longer la rive droite de de l'oued Za s'étendant vers la plaine des Angad, pour se terminer également sur la Moulouya à la kasbah de Mouley-Smaïl. L'oued Za sépare ce rameau d'une nervure qui aboutit à Guersif, également sur la Moulouya.

Ce tracé de la frontière est donc tout à fait fantaisiste ; il ne s'appuie sur aucun accident ou ligne naturelle, et la partie du Maroc qui s'étend de cette frontière à la Moulouya appartient à deux mêmes systèmes orographiques et hydrographiques, celui du massif des Trara, au Nord, et celui des monts de Tlemcen, plus au Sud.

Enfin, la façon dont le traité de 1845 a scindé

les tribus, démontre que nous sommes tombés dans un véritable piège en acceptant une pareille ligne de démarcation entre les deux pays.

Les monts des Trara, ainsi que la vaste et riche plaine de Trifa qui s'étend entre la chaîne des Beni-Snassen et la mer, sont habités par des tribus berbères appartenant à deux grandes familles : les Trara et les Beni-Snassen. Les Trara se décomposent en plusieurs fractions, qui occupent presque tout le territoire de l'ancienne annexe de Nemours ; les Beni-Snassen habitent pour la plupart la plaine de Trifa et la chaîne qui porte leur nom, mais deux de leurs fractions, les Athia et les Beni-Mengouch, sont établies sur le territoire algérien et reconnaissent l'autorité française.

Le pays au Sud du pâté montagneux des Trara jusqu'à l'oued Za, y compris la plaine des Angad, est habité par des tribus arabes, désignées sous le nom générique d'Angad ; ce sont : 1° en territoire algérien, les Oulad-Riah, les Doui-Yahia, les Djouidat, les Maazis, etc..., 2° dans l'amalat d'Oudjda, les Zekkara, les Oulad-Ahmed-ben-Brahim, les Mezaouir, les Beni-Bou-Zeggou, etc...

Toutes ces populations, unies par des liens de consanguinité, sont ainsi séparées par une limite fictive qui n'a en aucune façon supprimé ou même seulement diminué les contacts.

La région comprise entre l'oued Za et la ligne des ksour, forme les terrains de parcours de la tribu nomade des Hamyan-cheraga, frères des Hamyan-djemba du Maroc. Puis viennent des groupes de la puissante tribu maraboutique des Oulad-Sidi-Cheikh.

D'après l'article 4, du traité de délimitation,

Les Hamyan-djemba et les Oulad-Sidi-Cheihk-gharaba dépendent du Maroc, les Oulad-Sidi-Cheihk-cheraga et tous les autres Hamyan dépendent de l'Algérie.

Néanmoins les Hamyan-djemba et les Oulad-Sidi-Cheihk-gharaba, quoique marocains, ont des ksour sur le territoire français. Et, nous le répétons, on a omis d'indiquer quelles étaient les fractions des Oulad-Sidi-Cheihk qui constituaient les gharaba et celles qui formaient les cheraga.

Quelques-unes même des fractions nomades de ces tribus se disent sujets français, ou sujets marocains, suivant qu'on leur réclame l'impôt de Fez ou d'Alger ; leurs cheikhs possèdent deux *touaba* (cachets), l'un français, l'autre marocain, dont ils se servent selon les occasions.

Les limites des terrains de parcours de ces tribus sont également incertaines, puisqu'on s'est borné à énumérer dans le traité les tribus et les ksour qui appartiennent à l'une ou à l'autre puissance.

La France est autorisée par ces singulières conventions à poursuivre ses sujets rebelles au delà des ksour marocains, mais on ignore souvent si l'ennemi qu'on poursuit relève de la France ou du Maroc. Des complications incessantes sont la conséquence de cet état de choses.

Il faut ajouter encore que, par suite de l'instabilité de la politique suivie à l'égard de ces populations, nous sommes fréquemment en état d'hostilité avec les cheraga, comme avec les gharaba.

En résumé, il ressort de tout ce qui précède que la France a été trompée quant à ses droits sur le pays des Beni-Snassen, des Angad et des tribus au Sud ; que la frontière actuelle est fausse au point de vue historique ; qu'elle n'a aucune valeur topographique ; qu'elle est une erreur au point de vue ethnologique ; enfin, qu'au point de vue de la sécurité et de l'avenir de notre colonie, l'occupation d'une limite aussi incertaine a été une lourde faute.

Or, en politique toute faute se paie, et nous avons déjà payé chèrement l'imprévoyance des négociateurs de l'arrangement de 1845. Sans doute le gouvernement chérifien a cessé de nous témoigner des dispositions ostensiblement hostiles. Est-ce à dire que sa tolérance, sinon sa complicité, n'ait pas plus d'une fois favorisé les entreprises coupables de nos ennemis? Les tentatives incessantes des agitateurs sortis du fond du Sahara, n'ont que trop souvent porté le trouble et le pillage au milieu des tribus qui nous sont fidèles. Les incursions multipliées de Si-Sliman, de Si-Kadour-ben-Hamza et de Bou-Amama n'ont-elles pas assez fait ressortir tous les dangers auxquels nous expose périodiquement la démarcation défectueuse de notre frontière?

Sous peine de perpétuer un état de choses intolérable, il nous faudra tôt ou tard exiger et obtenir la cession de la portion du territoire marocain où n'ont cessé de se recruter et de se ravitailler toutes les bandes d'agitateurs qui ont violé le territoire algérien. L'oasis du Figuig, placée comme un camp retranché en dehors de notre frontière, est le principal repaire où des bandes de pillards fanatiques ont toujours trouvé un refuge; et tant que nous n'aurons pas revendiqué le droit de l'occuper et d'en soumettre les habitants à notre juridiction, le Figuig restera le foyer permanent des menées ourdies contre notre sécurité.

Il ne serait pas difficile de citer les avis des gouverneurs de l'Algérie et des généraux qui se sont succédé dans le commandement de la province d'Oran, et qui, tous, ont reconnu la nécessité de réclamer la rectification de cette partie de nos frontières. Malheureusement notre diplomatie, cédant à d'anciennes habitudes de temporisation, et comme hypnotisée par la vision de complications imaginaires, s'est toujours prononcée contre l'adoption d'une solution décisive.

Cette solution s'impose cependant, à bref délai, non seulement pour la sécurité de notre grande colonie, mais encore pour notre expansion vers le Soudan.

Pour donner à la nouvelle frontière une valeur militaire, un tracé à l'abri de toute contestation, définitif, il est indispensable de la faire coïncider avec des accidents topographiques d'une certaine importance.

Au nord de l'Atlas, elle devrait être constituée comme par le passé par la Moulouya, depuis son embouchure jusqu'à l'important point stratégique de la Kasbah el-Maghzen, située non loin de la source de cette rivière, au pied du massif de l'Aïachi et au point où la route de Fez se bifurque sur le Tafilelt et vers la vallée de l'oued Guir. A partir de cette kasbah, la frontière suivrait cette dernière route par le col de Tizi-n'Berta, pour descendre ensuite l'oued Guir et gagner enfin l'oued Messaoura, qui est la route que prennent les caravanes allant au Touat et au Soudan [1].

---

1. La ligne frontière ne devrait pas coïncider forcément avec

On a toujours invoqué contre cette rectification de frontière les difficultés diplomatiques qui pourraient résulter de son exécution.

Il ne semble cependant pas que les nations européennes aient des raisons de s'émouvoir de l'annexion par la France d'une portion de littoral sans abri, de 15 kilomètres seulement de développement, annexion autrement moins importante au point de vue méditerranéen, que celle par l'Espagne en 1849 des îles Djaffarines, où elle pourrait construire un grand port de guerre. Quant aux territoires de l'intérieur que nous occuperions, leur annexion ne saurait en rien gêner les autres puissances. D'ailleurs, au-dessus de toutes ces raisons il en plane une, majeure, qui à elle seule devrait suffire pour justifier aux yeux de tous le bien fondé de cette rectification, la sécurité et l'avenir de notre grande colonie.

Il y a là, avant tout, une question d'ordre et de sécurité intérieurs qui ne regarde que nous, absolument que nous. L'Espagne, qui seule aurait quelques raisons de s'émouvoir de cette rectifica-

---

les thalwegs ou l'une des rives de ces cours d'eau, mais être déterminée de telle sorte, qu'en tous les points importants nos troupes ou nos garnisons soient assurées de trouver une position dominante leur permettant, non-seulement de commander facilement le pays, mais encore de se tenir tout à fait à proximité de la rivière et de l'eau, tout en étant cependant à l'abri de la malaria, du *lehem*.

tion, a évidemment des intérêts actuels et considérables au Maroc, mais elle peut être rassurée au sujet de nos intentions sur le reste de l'empire. La France, au contraire, fera tous ses efforts pour l'aider à assurer la sécurité de ses présidios et à s'étendre au Moghreb.

Les revendications des deux puissances sont identiques, et n'ont rien que de très légitimes, car elles dérivent du droit naturel que possède l'homme comme les sociétés, de prendre toutes les mesures de protection nécessaires pour garantir la vie des individus et les propriétés. Or, le Maroc, que certaines puissances assimilent machiavéliquement, dans certaines occasions et pour les besoins de leur politique, à un État civilisé et légalement constitué, le Maroc n'a aucun moyen d'exercer, dans la mesure que lui imposent les traités et auxquelles l'assujettirait le droit international s'il en avait conscience, la moindre action sur les parties éloignées de son territoire, et notamment sur les tribus du Riff et sur celles limitrophes de l'Algérie.

Quant à la suite diplomatique qui serait donnée par le gouvernement marocain lui même, il est certain qu'elle se bornerait à quelques protestations platoniques, suivies de la reconnaissance de la prise de possession, les Arabes, il ne faut jamais l'oublier, étant généralement sans force contre le fait accompli. Le Sultan se consolerait en répétant ces paroles qui conviennent si bien à la résignation qu'inspire le Koran : « mektoub Rebbi ! », c'était écrit chez Dieu !

Le Touat

Dans le but de nous créer des difficultés dans le Sud algérien, certaines puissances ont persuadé au Sultan du Maroc qu'il était de son intérêt de transformer en souveraineté réelle l'influence religieuse qu'il exerçait sur le Touat. Depuis 1882, Mouley-Hassan s'était conformé à ce programme. Mettant à profit les divisions locales, les passions religieuses, il a provoqué de la part de quelques ksour des démarches réitérées pour l'établissement de sa suzeraineté, et des correspondances ont été échangées entre eux et lui. La France lui ayant signifié qu'elle ne tolérerait pas cet envahissement derrière ses territoires, il a néanmoins envoyé, à différentes reprises, des missions chargées de parcourir les oasis. Ces missions ont échoué dans leur entreprise, mais la tentative sera très probablement renouvelée.

Ces empiètements du Maroc constituent pour l'Algérie la plus grave des menaces. L'annexion du Touat par le Sultan limiterait nos possessions au Sud par une frontière étrangère, et nous enlèverait toute action future dans le Sahara. Il faudrait renoncer à notre empire d'Afrique et se résoudre à demeurer sous le coup d'une perpétuelle menace du Sud.

Le Maroc a-t-il des droits sur ces régions ? Aucun !

Le traité du 18 mars 1845 marque une limite précise à la frontière algéro-marocaine, depuis l'embouchure de l'oued Kiss jusqu'au Teniet es-Sassi. Au Sud de ce point, pour le traité, « *il n'y a plus que le Sahara* »; et, sauf une réserve concernant quelques ksour qui sont déclarés, ou français, ou marocains, cet instrument diplomatique déclare, dans son article IV, que « *dans le Sahara (désert) il n'y a pas de limite territoriale à établir entre les deux pays, puisque la terre ne se laboure pas et qu'elle sert seulement de paccage aux Arabes des deux empires, qui viennent y camper pour y trouver les pâturages et les eaux qui leur sont nécessaires.* »

L'article VI va plus loin encore : « *quant au pays qui est au Sud des ksour des deux gouvernements, comme il n'y a pas d'eau, qu'il est inhabitable et que c'est le désert proprement dit, la délimitation en serait superflue.* » Or, ce pays inhabitable est habité — le plénipotentiaire marocain le savait parfaitement bien — par 400.000 individus.

Le faux perpétré par Si Ahmed-ben-Ali n'a heureusement pas eu de suite ; le Maroc a bien pu soustraire ainsi à notre conquête, en nous assurant qu'il n'existait pas, le Touat, qu'il eut alors été aisé de prendre, mais il le négligeait plus tard, ou ne put le prendre lui-même ; en sorte que toutes les oasis sahariennes sont restées *inexistantes* au point de vue diplomatique. Or, ce qui est inexistant est évidemment *res nullius*, et le Maroc serait bien mal venu à réclamer ce pays, qu'il a non seulement passé sous silence, mais *nié* par ses traités.

On a essayé d'invoquer la question religieuse comme argument en faveur de la souveraineté du Sultan sur le Touat. Sans doute nous n'ignorons pas que les Touatiens disent la *khotba*, ou prière du vendredi, au nom du monarque chérifien, qui a le titre de « vicaire de Dieu » et celui de « chef des croyants » pour tous les pays musulmans de l'Afrique occidentale ; mais si l'on admettait cette théorie qui consisterait à considérer tous les musulmans faisant la prière au nom du Sultan du Maroc comme sujets de ce souverain, la France devrait être dépossédée de la plus grande partie de ses colonies africaines. Lorsqu'il était encore souverain temporel, le Pape, chef religieux du catholicisme, n'a jamais eu la pensée de revendiquer tous les pays catholiques qui invoquent son nom, comme dépendances des Etats de l'Eglise.

Conséquemment au traité de 1845, la France eut donc pu depuis cette époque, occuper sans coup férir le Touat. Mais en 1890 survenait encore l'arrangement conclu avec l'Angleterre, duquel il résulte que ces oasis, situées à l'Est du méridien de notre frontière, font partie du *Hinderland* de l'Algérie, sous les longitudes de laquelle elles sont placées[1].

Un simple coup d'œil sur la carte fait ressortir l'importance exceptionnelle du Touat. Situé à peu près à mi-distance entre Alger et la boucle du Niger, au centre de l'étoile de routes formée par le croisement des caravanes allant du Maroc à Tripoli, avec celles qui vont du Maroc, de l'Algérie et de Tripoli au Soudan et au Sénégal, l'occupation de ce pays permet d'empêcher le Maroc et la Tripolitaine de joindre leurs frontières au Sud de l'Algérie et de couper nos communications vers le

---

[1]. « Le pays au Sud des possessions françaises sur la Méditerrannée est ouvert à l'action de la France, et selon la doctrine moderne du Hinderland, le gouvernement français pouvait réclamer certains droits. *Assurément, pour autant que je sache, aucune autre puissance n'a de prétentions dans ces parages* ». Discours de lord Salisbury à la Chambres des lords.

Soudan. De plus, il ressort de sa situation géographique même, que celui qui domine au Touat doit évidemment dominer le Sahara. La possession de cette région nous est donc indispensable, aussi bien au point de vue stratégique que dans l'intérêt de notre pénétration future au Sahara.

En outre, cette possession nous est nécessaire pour assurer la sécurité de l'Algérie, le Sahara étant indissolublement lié au Tell. C'est du Touat notamment que sont parties la plupart des dernières insurrections ; c'est là qu'elles se sont alimentées, là que se sont réfugiés les vaincus, et notamment Bou-Amama, attendant avec impatience le jour de la reprise des hostilités ; c'est là, enfin, qu'ont été tramés le massacre de la mission Flatters, les assassinats des pères blancs, du lieutenant Palat, de Camille Douls, sans que jamais ces crimes aient été vengés.

Il est donc absolument légitime de la part de la France d'intervenir dans les affaires du Touat, d'établir son autorité dans ce *Hinderland* de sa colonie ; d'autant plus qu'il s'agit surtout et avant tout d'une question de police algérienne.

La diplomatie européenne n'a rien à voir dans cette question. En effet, ni l'Angleterre, ni l'Espagne, ni aucune autre puissance n'y sont intéressées et ne doivent y être intéressées, car il ne s'agit en l'espèce que de défendre purement et simplement les droits que la France tient du traité de 1845, qui nous a laissé toute la liberté d'action sur le Touat.

En 1891, la France avait décidé d'organiser une expédition sur In-Salah. Quelle ne fut pas la surprise lorsqu'on apprit qu'à l'instigation de l'Angleterre, signataire de la convention de 1890, les nations intéressées à l'intégrité du Maroc adressaient au gouvernement français des admonestations comminatoires au sujet de cette expédition ! La diplomatie anglaise avait essayé de transformer une question purement algérienne en une question marocaine. Identifier au Touat la question du Maroc, équivaudrait à prétendre que la question d'Egypte se résume à Khartoum. Or, pour la Grande Bretagne, l'on juge en pareille matière, la question d'Egypte c'est le canal de Suez, comme la question marocaine, c'est Tanger. Loin de cacher ses projets, elle les manifeste hautement. Et ce sont les intentions de la France que l'on suspectait et que l'on incriminait à Rome, à Berlin et, contradiction plus étonnante encore, dans les sphères gouvernementales de Madrid ! Cette étrange unanimité n'était pas le résultat d'une rencontre fortuite, mais la preuve d'un concert établi, car autrement l'attitude de certaines chancelleries et les articles de journaux qu'elles inspiraient eussent été par trop inexplicables. Quoiqu'il en soit, l'expédition a été contremandée, dans la crainte de voir surgir des complications du côté du Maroc.

La région désignée communément sous le nom de Touat, est formée de l'ensemble des oasis situées au Sud de la province d'Oran, à l'Ouest du méridien de Paris jusque vers le 4° degré de longitude, et entre le 27° et le 30° degré de latitude Nord. Le Touat se trouve donc à l'Est de la frontière marocaine telle qu'elle a été fixée par le traité de 1845.

Les oasis du Touat sont divisées naturellement en quatre grandes agglomérations principales : celle du Gourara et de l'Aougueroul au Nord ; celle du Touat proprement dit au Sud, et celle du Tidikelt au Sud-Est, avec son annexe l'Aoulef, dont le centre principal est In-Salah.

La population sédentaire du Touat, répartie dans 343 ksour, s'élève à environ 200.000 individus. Elle est composée en majorité de Berbères appartenant à la famille des Zenata, auxquels il faut ajouter un certain nombre d'Arabes, des Chorfa ou descendants du Prophète, dont l'influence est très grande, la caste vassale des Harratin, métis nés du mélange des habitants du pays avec des négresses amenées du Soudan, et enfin les nègres esclaves. Aux sédentaires, il convient d'ajouter une population flottante d'environ 200.000 nomades pasteurs, avec lesquels il sont en contact permanent : tribus marocaines au Nord-Ouest, Touareg au Sud.

Les sédentaires ont les mêmes mœurs que les ksouriens du Sud de la province de Constantine, et s'administrent comme les tribus berbères, au moyen des assemblées communales, les djemas. L'agriculture est leur principale occupation avec la culture des palmiers-dattiers, dont le nombre est évalué à plus de 6 millions. Pour échapper aux coups de force des nomades, à leur oppression et à la misère du pays natal, de nombreux ksouriens vont chaque année offrir leurs bras à nos colons de la province d'Oran. Ils rapportent aux gens de leur pays que nos villes sont policées, nos routes sûres, le fruit du travail assuré chez nous à celui qui cultive, et l'homme de rapine puni. Nul doute qu'avec une politique habile on ne puisse les attacher facilement.

A l'inverse du ksourien, le nomade a une peur raisonnée de la France ; exploiteur éhonté de celui-ci, ses instincts sont pillards, et la rapine n'est pas seulement pour lui une occasion de lucre, elle est aussi un passe temps favori ; notre arrivée dans le pays marquerait la fin de son règne. On ne saurait donc lui en vouloir de nous exécrer de toutes ses forces. Une politique avisée pourra tirer les meilleurs effets de la rivalité des deux populations[1].

Les quatre grandes agglomérations forment autant de petites républiques indépendantes les unes vis-à-vis des autres. Les ksour de chaque agglomération sont liés par un pacte. Des rivalités séculaires divisent les populations en deux soffs opposés, les *soffidn*, en général favorables à l'influence française, et les *ihamed*. La population moyenne de ces ksour varie entre 200 et 600 habitants.

Ces petites républiques ont toujours été indépendantes de toute autorité temporelle ; et si les Sultans du Maroc ont tenté autrefois de les conquérir, ils n'y ont jamais réussi.

En France on s'est très peu occupé du Touat pendant de longues années, bien que tous les dissidents algériens fussent assurés d'y trouver un asile inviolable par les 600 kilomètres de désert qui le séparent de Laghouat, notre poste autrefois le plus avancé. Plus tard, comme la police de nos frontières nécessitait une surveillance étroite des

---

[1]. On ne saurait trop rendre justice à l'habile politique suivie dans ce sens par le gouverneur-général de l'Algérie, M. Cambon.

oasis, l'administration algérienne s'est ingéniée à avoir des relations suivies avec les chefs de ces territoires. Ceux-ci s'y prêtèrent avec plus ou moins de bonne grâce, ne voulant pas mécontenter leurs puissants voisins ; à deux reprises même ils ont été jusqu'à faire des offres de soumission, une première fois en 1857, peu après que le général Durrieu eut mis le protectorat sur le Mzab ; une seconde fois en 1873, pendant que le général de Gallifet se trouvait à El-Goléa, à 400 kilomètres du Gourara [1].

Mais, depuis 1880, les choses se sont modifiées; et les personnages influents du Touat nous sont devenus nettement hostiles. Le conciliabule des Touaregs où s'est décidé le massacre de la mission Flatters, a eu lieu à In-Salah. Les ksouriens du Touat craignant alors des représailles, se sont tournés du côté du Sultan du Maroc, lui demandant une protection éventuelle contre nous. Mouley-Hassan, poussé par les sectateurs du snoussysme établis dans le Sud marocain, au Tafilelt, et par les

[1]. Malheureusement notre gouvernement, par une imprévoyance inqualifiable, ne tint aucun compte de ces démarches ; mais ces deux faits en eux-mêmes prouvent que les habitants du Tidikelt, comme vraisemblablement ceux du Gourara et du Touat, pressentant une marche progressive du Nord au Centre de l'Afrique, recherchaient alors le protectorat qui leur paraissait le plus avantageux, et ne se considéraient pas plus comme les sujets du Maroc, que de la France.

agents de quelques puissances européennes, y répondit, mollement d'abord, plus sérieusement ensuite. Avec toute la diplomatie orientale, c'est-à-dire avec la plus grande prudence, pour ne pas éveiller les susceptibilités de la France, dont l'influence au Maroc, bien qu'amoindrie, était encore importante, il établit progressivement des relations plus étroites avec les chefs touatiens.

En 1886, les djemas du Touat envoyèrent un message au Sultan. Dans sa réponse, qu'il fit parvenir sans retard, Mouley-Hassan se déclarait leur souverain et revendiquait ses droits sur leur territoire.

L'année suivante, sous l'inspiration de l'agitateur Ould-Badjouda, chef de la zaouïa snoussya et de la djema du Tidikelt, une sorte d'ambassade, composée de délégués du Gourara, du Touat proprement dit, et du Tidikelt, partait pour le Maroc, avec des présents et un tribut d'une quarantaine de nègres et de négresses. Mouley-Hassan l'accueillit avec faveur, et voulut profiter de l'occasion pour rattacher administrativement à son empire le Touat. Mais les Touatiens ne voulaient qu'une protection éventuelle et non une annexion déguisée. Si l'on reçut avec transports la lettre de remerciements du Sultan, par contre, on se montra si peu enthousiaste de la présence de ses envoyés, qu'il y eut des difficultés pour leur trouver un logement. En même temps, l'un des ambassadeurs, qui s'était imaginé revenir dans l'agglomération du Touat proprement dit comme représentant du Sultan, dut au plus vite quitter le pays. Au fond, les Touatiens tiennent surtout à leur indépendance ; et les projets du Maroc auraient rencontré de grands obstacles si l'occupation d'El-Goléa, en 1885, par un détachement de spahis, n'avait déterminé chez eux une recrudescence de leurs craintes.

Cette occupation permanente d'El-Goléa était devenue nécessaire pour éviter les défections de quelques tribus Châambas. On avait une certaine tendance dans le Sud algérien, à la suite de l'inaction qui a suivi le massacre de la mission Flatters, à croire que nous étions impuissants à nous faire respecter. L'assassinat du lieutenant Palat, en 1886, à l'instigation des Touatiens d'In-Salah, ne fut pas vengé et fit la plus mauvaise impression sur nos alliés. Pour les rassurer, et pour maintenir les Châambas dans l'obéissance, on envoya un officier et quelques hommes dans l'extrême Sud ; mais cette démonstration ne suffit pas. Bou-Amama, le chef de l'insurrection organisée en 1882, refugié à Deldoun, entre le Gourara et le Touat proprement dit, tout en paraissant observer la plus grande neutralité, ne cessait d'appuyer les tentatives des Marocains. Les envoyés de Mouley-Hassan parcoururent pendant toute l'année 1888 toutes les oasis de la région, et s'efforcèrent de percevoir des tributs sous formes d'offrandes adressées au chef des croyants, et de faire le recensement exact des habitants et de leurs plantations.

Revenus à Fez au mois de février 1889 avec des esclaves, les délégués du Sultan purent faire croire à Mouley-Hassan que la possession du Touat était un fait accompli ; ils le décidèrent même à y envoyer de nouveaux représentants, qui n'y furent d'ailleurs pas très favorablement reçus.

Notre gouvernement comprit qu'il était devenu urgent de couper court à ces menées. C'est alors que l'on préconisa l'envoi au Touat d'une colone expéditionnaire. Mais pour éviter un échec qui aurait été le signal d'un vaste soulèvement, il fallait mettre en mouvement de 1500 à 2000 hommes, avec un convoi de 8 à 10,000 chameaux.

Le projet n'eut pas de suite, aussi bien en raison des hésitations du ministère à exposer devant l'opinion publique et le Parlement les difficultés naturelles de l'entreprise, que des divergences de vues qui s'étaient produites sur la direction et l'importance des troupes à mettre en mouvement.

Les intrigues du Maroc continuèrent donc sans entraves. En 1891, des cavaliers furent dirigés sur le Touat par l'amel du Figuig et le khalifa du Tafilelt, sous le commandement de caïds de leur entourage. Ces cavaliers, bien que n'étant porteur d'aucune lettre du Sultan, avait proclamé l'annexion de la région au Maroc, réquisitionné des vivres, exigé de l'argent et des négresses. Ils s'attaquèrent même à nos partisans, dont plusieurs furent massacrés. Pendant ce temps arrivaient successivement au Gourara, le faki El-Rechidi, secrétaire de Senhadj, un des ministres du Sultan, cinquante cavaliers de la garde noire, sous le commandement du caïd Bou-Azza; puis le fils d'un caïd de Fez, El-Ferradj, pompeusement annoncé comme pacha; et, enfin, un chérif de la branche cadette de la maison d'Ouazzan. Tout ce personnel avait une mission politique particulière à remplir : organisation du commandement et de l'administration des oasis, recrutement de clients, ralliement du soff des soffian au parti marocain, poursuite de la chasse à nos partisans, etc...

Jusqu'à ce moment-là, à toutes les représentations amicales qui avaient été faites à Mouley-Hassan en conformité du traité de 1845, sur les agissements auxquels prenait part son entourage, il avait répondu par des dénégations sommaires. En dernier lieu, au mois d'août 1891, l'arrivée des cavaliers du Figuig et du Tafilelt ayant provoqué de notre part une nouvelle communication diplomatique, plus énergique, le souverain lui avait dédaigneusement opposé des cartes allemandes[1]. Cette attitude suffisait, à elle seule, pour justifier l'occupation immédiate du Touat.

On finit par reconnaître que toutes ces manœuvres annexionnistes étaient encouragées par notre indécision, indécision exploitée à la fois par les conseillers de Mouley-Hassan et par les chefs du Touat, à l'instigation des Snoussya du Tafilelt, de Bou-Amama et des Touareg. Un changement d'attitude au Maroc et une accentuation de notre politique dans le Sud algérien, pouvaient peut-être permettre de résoudre plus facilement le problème. C'est ce que l'on a essayé de faire.

Notre gouvernement adressa alors au Sultan des observations motivées, et lui signifia très nettement qu'il ne permettrait à aucune puissance d'exercer une action pouvant contrebalancer la sienne, dans une région qui rentre dans la sphère d'influence de l'Algérie. Ce langage, qui ne prêtait

1. Les traits qui enveloppent sur certaines cartes tels ou tels groupes d'oasis, soit au profit des successeurs de Mouley-Abd-er-Rahman, soit au nôtre, sont une pure fantaisie, car rien n'est venu modifier le traité de 1845.

pas à équivoque, parut avoir été compris et ne souleva aucune objection ; car la question du Touat n'est pas une question marocaine, mais simplement une affaire algérienne, concernant nos relations avec les populations sahariennes.

En même temps, on se décidait à occuper très sérieusement El-Goléa. La création d'un corps de méharistes fut décidée, et celui-ci bientôt installé dans ce poste. Le retentissement de cette formation fut très grand dans tout le Sahara algérien. Les tribus Châambas, qui étaient indécises sur l'attitude à prendre, donnèrent des gages de fidélité, et se montrèrent même disposées à nous seconder en vue d'une action militaire dans le Sud. La construction d'un fortin au Hassi-Inifel, à 80 kilomètres au Sud-Est d'El-Goléa et l'installation d'une garnison, accentuèrent encore ces bonnes dispositions.

Pour consolider davantage cette situation, on décida un peu plus tard la construction de trois autres fortins : au Hassi-el-Hameur, à 160 kil. au Sud-Ouest d'El-Goléa, le fort Mac-Mahon ; au Hassi-Chebaba, à 140 kil. au Sud du même poste, le fort Miribel ; enfin au Hassi-bel-Heïram, à 220 kil. au Sud de Touggourt et à 110 kil. au Sud-Ouest de Ouargla, le fort Lallemand.

Ces ouvrages gardent d'importants points stratégiques, d'où il sera possible d'effectuer des reconnaissances qui permettront de mieux connaître la région du Sahara comprise entre le Gourara, In-Salah et Timassinin ; en outre il constitueront des points d'appui et de ravitaillement de nos lignes d'opérations partant d'El-Goléa, le fort Mac-Mahon sur Timimoun, les deux autres sur In-Salah [1].

Mais la construction seule de ces fortins pouvait-elle avoir pour effet de faire cesser les agissements du Maroc au Touat et de nous gagner les populations? Il était permis d'en douter!

En ce qui concerne le Sultan, il convenait de s'attendre de sa part à une reprise d'activité dans sa politique d'influence religieuse et d'hostilité contre nous, puisqu'il envisage évidemment, quoique Mouley-Hassan ait pu dire à nos représentants officiels, la question du Touat à un tout autre point de vue que le point de vue français. En effet, pendant la construction du bordj du Hassi-Inifel, un envoyé d'Ould-Badjouda est venu sommer « au nom du Sultan du Maroc » l'officier français commandant le poste, d'interrompre les travaux.

1. Dans l'esprit du Gouverneur-Général et des autorités militaires, la construction de ces fortins n'était que la première partie d'un vaste plan d'action militaire, et il n'a pas dépendu de M. Cambon que ce plan ne soit déjà exécuté.

Notre marche progressive vers In-Salah devait évidemment prendre aux yeux des Touatiens le caractère d'une menace pour leur indépendance, mais, exploitant la crédulité et le fanatisme religieux des ksouriens, les djemas du Tidikelt et du Gourara se hâtèrent de répandre le bruit que, sur un « *ordre* » adressé par le Sultan au gouvernement français, celui-ci avait prescrit à ses officiers de ne pas dépasser le Hassi-Inifel, aussi bien pour le présent que pour l'avenir.

Le but poursuivi ressortait clairement : tromper les populations sur les situations respectives du Maroc et de la France, sur nos droits et nos intentions ; et il n'est pas jusqu'aux représentations que nous avons faites au Sultan qui n'aient été retournées contre nous en en renversant l'origine. Tant il est vrai, surtout en pays musulman, que les notifications diplomatiques, si nettement formumulées qu'elles puissent être, ne valent rien par elles-mêmes, si elle ne sont pas sanctionnées par des actes de vigueur. On pourra bien, du haut d'une tribune, déclarer, sans ambages, que le Touat est une dépendance de l'Algérie ; cette déclaration ne parvient pas, dans sa teneur, aux oreilles des gens du Touat. Un burnous rouge de spahi a, dans ces pays lointains, plus de portée qu'une expression académique. Or, pour les Touations, tout se résume dans le point de savoir quel est le plus fort, du Maroc ou de la France.

Jusqu'à ces derniers temps la constatation de nos tergiversations, habilement exploitées par les agents marocains, les avait amenés à douter de notre force, mais le jour où ils seront bien convaincus que nous avons une politique saharienne, qu'un pas en avant fait par notre administration algérienne sera suivi, à bref délai, d'un autre, il n'y aura plus de question du Touat, pas plus qu'il n'y a eu de question du Mzab quand nous avons occupé cette région, ni de question d'El-Goléa, quand, par la prise de possession de cette oasis, nous avons poussé à 750 kil. d'Alger le plus méridional de nos postes militaires.

Les mesures prises dans l'ordre d'idées indiqué plus haut par le gouverneur général de l'Algérie, marquaient évidemment que nous ne nous désintéressions pas de l'affaire ; mais le Sultan Mouley-Hassan vint, en 1893, stimuler le zèle de ses partisans par son expédition au Tafilelt. Le parti français au Touat y perdit si bien comme prestige et comme force, que le gouvernement français fut amené à voir s'il ne convenait pas de reprendre le programme d'action militaire si malencontreusement ajourné en 1890.

L'organisation d'une colonne fut décidée, et, à

la fin du mois de septembre 1893, quand toutes les dispositions matérielles étaient prises, l'ordre fut expédié au général commandant le 19ᵉ corps, de prescrire la concentration et la mise en marche des différents éléments sur El-Goléa, base d'opérations adoptée.

Sur ces entrefaites les évènements de Melilla vinrent contrecarrer tous nos projets; non pas qu'il y ait eu une corrélation quelconque entre les incidents du Touat et le conflit des Riffains avec les Espagnols, mais parce que le gouvernement français, en présence de l'émotion très vive produite en Espagne par les évènements du Maroc, ne voulait pas exercer une action militaire au Touat, de nature à exciter le fanatisme musulman dans l'entourage du Sultan et à rendre ainsi plus difficile au gouvernement espagnol le règlement des affaires de Melilla. C'était une preuve de sympathie que la France fut heureuse de pouvoir donner à une nation amie, avec laquelle nous avons plus que des relations de bon voisinage. Mais ce nouvel ajournement, il ne faudrait pas l'oublier, aussi bien en France qu'ailleurs, à rendu provisoirement irréalisable l'exécution intégrale du programme adopté par le gouvernement français. Le premier résultat de cet état de choses, c'est que notre prestige dans le Sud algérien, déjà fortement entamé par notre indifférence apparente, risque, si l'on n'y prend garde, de recevoir un coup terrible, et que l'effort à faire dans la prochaine expédition sera beaucoup plus importante que celui que l'on avait prévu pour l'année 1893.

Les projets de notre gouvernement devaient être repris en 1894, lorsque les évènements de Madagascar et la décision prise par les pouvoirs publics d'envoyer un corps expéditionnaire dans cette île, sont venus ajourner encore une fois l'entreprise. Et ce nouvel ajournement est d'autant plus fâcheux, que la récente occupation de Timbouktou exige l'occupation du Touat, légitimée en quelque sorte par celle-là ; car la France a un intérêt absolu à devenir la dispensatrice des transactions commerciales au Touat.

Il importe en effet de bien se pénétrer que si l'Angleterre encourage la prétention du Sultan sur le Touat, c'est moins en vue des destinées de Tanger, que de l'avenir du Soudan occidental, par corrélation avec le Maroc et avec le Soudan central. Cette stratégie discrète de la Grande Bretagne à l'endroit des intérêts commerciaux dont elle poursuit la garantie sur une zone où nous n'avons jusqu'à présent rien su voir, a pour but de détourner vers les comptoirs anglais établis au cap Juby et à la Seguía el-Hamra, les routes commerciales qui, par tradition ou par nécessité, ont pour point de départ Timbouktou, et le Maroc comme un de leurs objectifs. Les Anglais essaient ainsi d'assurer à eux seuls, à l'ombre de cet État, un dérivatif commercial dont la France a le plus grand intérêt à profiter avant d'autres, parce que l'Algérie en tire des avantages et que les populations sahariennes en vivent[1]. Or ce programme aurait toutes les chances de réussir si la France n'occupait pas le Touat en même temps que Timbouktou, et il aurait encore une chance de succès si elle n'occupait que le second de ces points, en négligeant l'autre.

Il serait donc grand temps de trancher définitivement cette question du Touat qui traîne depuis tant d'années, car si nous tardons plus longtemps, elle le sera contre nous et en violation de nos droits les plus certains.

---

1. En dehors de ces considérations d'ordre commercial, cette preuve de la pénétration graduelle de l'Angleterre dans le Sahara est de la plus haute importance au point de vue politique, et la France, qui a de si grands intérêts à sauvegarder dans ces régions, aura désormais à se préoccuper des progrès d'une nation qui s'est toujours montrée jalouse de notre développement national. Les Anglais ne manqueront pas d'approvisionner nos ennemis d'armes et de munitions, d'entretenir parmi les indigènes l'idée que notre puissance n'est pas absolument sûre, et de profiter de toutes les occasions pour nous susciter des difficultés.

Notre action ne saurait entraîner aucune complication internationale. L'Espagne, seule puissance légitimement intéressée dans les affaires du Maroc, a reconnu le caractère exclusivement algérien de la question du Touat ; l'Angleterre en a consacré le rattachement à la zone d'influence de l'Algérie par un traité formel, et, ni en Italie, ni en Allemagne, ce traité n'a soulevé d'objections. L'opinion y est d'ailleurs familiarisée depuis un certain temps avec l'éventualité de son application, par les déclarations de Gerhard Rohlfs, qui ont trouvé leur écho dans les organes autorisés de la presse allemande.

Il ne s'agit naturellement pas d'une expédition lointaine. Puisque la route par Igli nous heurterait aux tribus belliqueuses du Sud marocain, Doui-Menia, Oulad-Djérir, etc., et pourrait nous amener à violer la frontière marocaine, celle d'El-Goléa [1] permet, au contraire, de laisser à l'entreprise son caractère de simple mission de police politique algérienne, à laquelle suffirait amplement une colonne légère de 1000 à 1200 hommes. Toutes les

---

[1]. Pour d'autres raisons encore qu'il serait trop long d'énumérer ici, le point de départ de l'opération semble devoir être El-Goléa plutôt qu'Igli. D'ailleurs, le jour où nous occuperons le Gourara et le Touat par El-Goléa, la vallée entière de l'oued Messaoura nous appartiendra de fait, puisque ses deux extrémités se trouveront en notre pouvoir.

mesures peuvent être prises en peu de jours. De nouveaux atermoiements auront pour conséquence inévitable la perte définitive du Touat. Et ce serait alors l'insurrection en permanence dans le Sud, la guerre « sainte » à l'heure d'une guerre européenne, l'anéantissement de l'œuvre de pénétration saharienne, un échec humiliant pour l'honneur national.

Conclusion

Ne subsistant pas par ses propres forces, l'État chérifien, abandonné à lui-même, et à plus forte raison livré à l'assaut d'une puissance extérieure, ne traînerait plus qu'une existence de très courte durée ; mais il est maintenu, perpétué, presque éternisé par l'impossibilité d'un accord pour sa succession et par la jalousie sans cesse en éveil de ses héritiers éventuels. L'équilibre artificiel de cet empire tient vraiment sur une pointe d'aiguille ! D'instinct tous les intéressés sentent qu'il serait infiniment dangereux d'y porter la main, et qu'il serait impossible de limiter d'avance la portée et les conséquences d'une action hostile.

Cependant tout fait prévoir que le Maroc ne saurait compter longtemps encore sur la protection des rivalités dont il est l'objet. Sans cesse aux prises avec la civilisation, il est appelé fatalement à tomber sous l'influence de l'Europe.

Mais à qui, le jour de la chute, devra échoir la

mission d'apporter le salut et la régénération à ce peuple si ancré dans son fatalisme; à qui devra revenir l'héritage du Moghreb? Reviendra-t-il aux puissances qui sauront s'en emparer, ou reviendra-t-il à celles que leur situation et leur conformité géographiques désignent comme les héritiers naturels ; à la force brutale ou à la logique politique ?

Le docteur Lenz, dans le récit de son remarquable voyage à travers le Maroc et le Sahara, s'exprime ainsi : « C'est le devoir des Etats civilisés, et surtout de ceux des peuples latins du Sud européen, de pénétrer de force dans ces terres africaines et d'y introduire les progrès de la civilisation [1] ».

En fixant les yeux sur une carte, deux Etats latins se présentent comme les seuls héritiers légitimes des Sultans chérifiens : la France, le conquérant du Nord de l'Afrique souffre d'avoir le Maroc à son flanc ; l'Espagne, sous les mêmes longitudes, est installée depuis quatre siècles sur une partie des côtes du Moghreb.

La France, tout entière à l'œuvre de civilisation qu'elle poursuit en Algérie depuis soixante-cinq ans par son sang, son or et son génie, ne

---

1. Timbuktu, Reise durch Marokko, die Sahara und den Süden.

songe nullement à l'annexion du Maroc ; tout au plus réclame-t-elle, en toute justice d'ailleurs, une rectification de sa frontière conforme aux intérêts et à la sécurité de sa grande colonie.

Le rôle de l'Espagne, au contraire, est nettement tracé : c'est à elle que revient la mission d'apporter la civilisation et le bien-être aux populations marocaines.

Sans doute la possession du Maroc par l'Espagne serait contraire au programme politique de quelques puissances étrangères, mais elle concilierait tout, histoire, esprit, intérêts ; car entre le Maroc et l'Espagne il n'y a que « la largeur du souvenir » ; les deux peuples se sont confondus comme autrefois se confondaient les deux terres, et l'Espagnol du Sud, assimilé préventivement, ne changerait pas de patrie en s'imposant au Maroc, comme jadis les Maures s'implantèrent en Espagne.

Sur l'autre flanc des possessions de la France vit et meurt un autre royaume de l'Islam, persévérant dans son fatalisme à l'exemple du Maroc ; c'est la Tripolitaine, aux mains des Turcs.

Les mêmes raisons historiques et ethnologiques qui conseillent l'occupation du Maroc par l'Espagne, militent en faveur de la possession de la Tripolitaine par l'Italie ; car il appartient aux races latines, par suite de leur situation géographique et de leurs traditions, d'être, dans le bassin de la Méditerranée, les seules dispensatrices de l'esprit et de la civilisation.

En prenant pied en Algérie, la France a non-seulement servi la cause de l'humanité par la destruction de la piraterie, cette insulte permanente à l'Europe, mais elle a encore reconstitué socialement au profit de la race latine, le bassin de la Méditerranée. Cependant son œuvre n'est pas achevée, et son intérêt comme ses origines lui font un devoir de hâter le moment où les trois grands peuples latins se trouveront réunis dans le Nord de l'Afrique et seront redevenus maîtres du *mare internum* qui fut le berceau de leur civilisation.

En effet, ces phénomènes particuliers de la fin du XIXᵉ siècle, le principe des nationalités et la ligue industrielle, commandent une fédération des nations latines, en vue de la défense de leur existence même.

Déjà de grands groupements économiques se forment; de puissants États se dessinent sous couleur de pangermanisme, panslavisme, panaméricanisme; plus loin, l'invasion jaune. Autant de menaces pour les nations latines! Faute d'entente et d'unité, par leurs divisions, ou bien elles aident au développement des grands États futurs, comme l'Italie, ou bien, par apathie, elles laissent faire, s'exposant en fin de compte à être absorbées dans l'avenir par ces mêmes grands États, au triple point de vue militaire, économique et intellectuel. Car la pression du *struggle for life* est la loi des organismes sociaux comme des êtres vivants.

La politique d'alliance des nations latines avec les Germains est un aveuglement des politiques à courte vue : c'est faire naïvement le jeu des Germains, car si l'une des deux nations, espagnole ou française, est absorbée, le tour de l'Italie viendra bientôt ; et alors, adieu la suprématie latine en Europe et sur la Méditerranée : l'ancienne civilisation romaine aura vécu !

L'avenir appartient incontestablement aux grands États. C'est une illusion de croire que ces vastes empires, encore dans les langes, ne pourront franchir certaines limites et, fatalement, se fractionneront sous leur propre poids ; ce serait prêter à l'avenir ce qui n'a été vrai que dans le passé. Cet avenir nous réserve au contraire des organismes sociaux, véritables colosses, qui autrefois n'eussent pas été viables, mais qui, parvenus à leur complet développement, poursuivront, superbes et inébranlables, leur marche à travers l'humanité, grâce notamment à la rapidité toujours croissante des communications et de transmission des idées, à la concentration instantanée vers le même but de centaines de millions d'intelligences.

La ligue économique des républiques du nouveau monde, le panaméricanisme, hâtera encore la formation de ces gigantesques organismes en déplaçant le vieil équilibre européen.

Un jour viendra donc où les destinées du monde seront régies par cinq ou six grands États, parmi lesquels ne compteront plus les nations latines, si elles ne se hâtent pas de grouper leurs efforts pour lutter contre les envahissements des Anglo-Saxons et des Germains, et d'assurer sur terre et sur mer leur prospérité future.

Cette prospérité future peut être plus facilement fixée par les peuples latins, riverains de la Méditerranée, que par les peuples septentrionaux.

Dans cinquante ans — il est permis de le concevoir — l'Afrique aura déplacé la politique européenne de l'assiette où elle se meut depuis le commencement du siècle ; c'est là que se joueront les grandes scènes de l'histoire des siècles prochains, et ceux-là seulement seront appelés à y jouer un rôle qui s'y seront solidement installés.

Partant de là, si l'expansion territoriale est interdite aux nations latines en Europe, elles peuvent s'assurer en Afrique l'espace nécessaire à leur développement. Peu fécondes, si elles ne peuvent compter sur leurs enfants pour peupler leurs colonies, elles peuvent s'assimiler les races étrangères. A l'encontre de la race anglo-saxonne, si remarquable dans l'organisation des colonies de peuplement, mais si stérile quand il s'agit de fonder des colonies de gouvernement, les races latines, merveilleuses éducatrices des peuples, sont admirablement douées pour s'attacher les races inférieures et se fondre avec elles. Ne sont-elles pas les héritières de leur mère commune, Rome, qui sut si bien soumettre à ses lois, à ses mœurs à sa langue tant de races diverses, que tous, Gaulois, Ibères, Numides, etc., s'enorgueillissaient du titre de *civis romanus* ?

Il y a donc impérieuse nécessité pour les nations latines à adopter la seule solution capable d'assurer leur existence, la seule qui leur permette de conduire les évènements au lieu de se laisser conduire par eux : c'est la formation d'une fédération latine. Pour ces nations, c'est question de vie ou de mort !

Cette fédération puissante, maîtresse alors des destinées communes, pourrait imposer à l'Europe, dans la Méditerranée et sur le continent africain, une politique conforme au rôle qu'assignent à ses contractants leur position géographique comme le génie de leurs enfants.

Se rendre maître de la navigation sur la Méditerranée en détenant tous les ports — imposer à l'Angleterre l'évacuation de l'Egypte — faire restituer Malte à l'Italie et Gibraltar à l'Espagne — installer l'une au Maroc, l'autre en Tripolitaine et dans la grande Syrte, pour marcher ensuite, toutes trois de conserve, vers le Sud à la conquête matérielle, économique et morale de l'Afrique et y fonder un grand empire latin — neutraliser les détroits et le canal de Suez — imposer le démantèlement et le désarmement de Périm — faire de la Russie, rempart naturel contre la race jaune, l'alliée de la fédération — assurer le développement de cette puissance dans la Méditerranée, où elle ne peut causer aucun préjudice aux peuples latins, et la laisser expulser le Turc, fatalement condamné à disparaître.

Tel est le programme de politique commune qui s'impose aux nations latines, sous peine de ne plus être dans trois ou quatre siècles.

Une insolente prophétie veut la fin des races latines. A elles de faire mentir cette prophétie par l'harmonie, l'intelligence et l'énergie de leurs efforts. Pour garder leur rang, et même augmenter leur influence, ces races affaiblies doivent puiser un sang nouveau, et chercher dans des races neuves, jeunes et vigoureuses, fussent-elles encore sauvages, des éléments d'énergie et de résistance.

D'ailleurs en faisant reculer le fatalisme intolérant devant notre civilisation de dix-huit siècles, les nations latines prépareront dans cette magnifique terre d'Afrique, le règne de la justice et de la liberté, qu'elle a connues sur ses rives septentrionales aux premiers siècles de notre ère.

———

PRINCIPAUX OUVRAGES CONSULTÉS

Elysée Reclus.	Géographie universelle. Tome XI.
Gerhard Rohlfs.	Reise durch Marokko.
d°	Mein erster Aufenthalt in Marokko.
Capitaine Erckmann.	Le Maroc moderne.
Dr Oscar Lenz.	Timbuktu, Reise durch Marokko, die Sahara und den Süden.
Vte de Foucauld.	Reconnaissance au Maroc, 1883-1884.
Hooker.	Journal of a Tour in Marocco.
Drummond Hay.	Western Barbary.
De Campou.	Un empire qui croule.
d°	Mouley-Hassan et le Maghzen marocain.
H. von Maltzan.	Drei Jahre im Nordwesten von Afrika.
Gabriel Charmes.	Une ambassade au Maroc.

Gazette de Cologne.	Eine deutsche Gesandtschaftsreise in Marokko.
d°	Marokkos frühere Culturhöhe und jetziger Verfall.
Ardouin-Dumazet.	Etude sur la frontière entre le Maroc et l'Algérie.
De Amicis.	Marocco.
Anspach.	Recueil consulaire belge.
De la Martinière.	Etudes parues dans différentes revues.
L‍t-Col‍l Dufieux.	Conférences sur l'Algérie (inédites).
Roches.	Trente-deux ans à travers l'Islam.
	Revue de Géographie.
	Revue politique et littéraire.
	Nouvelle Revue.
	Revue des Deux-Mondes.
	Revue militaire de l'étranger.

TABLE DES MATIÈRES

	Pages.
Préface	1

Première Partie
Géographie. — Organisation

CHAPITRE I. *Géographie physique.*

Situation géographique et limites	9
Climat	10
Littoral. — Îles	12
Orographie	17
Hydrographie	26

CHAPITRE II. — *Organisation politique.*

Le Sultan	43
Le Maghzen. — Gouvernement et administration	57
Divisions naturelles du territoire. — Tribus	72
Villes	83
Communications intérieures	102
Considérations militaires et stratégiques	118

CHAPITRE III. — *Organisation sociale.*

Population	153
État social	166
Instruction publique	173
Médecine	176
Arts	177
Architecture	177

Justice et protégés................................	178
Culte	185
Armée...	191

CHAPITRE IV. — *Géographie économique.*

Végétaux...	205
Minéraux...	211
Animaux..	214
Agriculture.......................................	218
Art pastoral.....................................	222
Industrie...	226
Commerce..	229
Poids et mesures. — Monnaies....................	236
Budget...	241

Deuxième partie

Politique

CHAPITRE I. — *Le Maroc et les puissances.*

Politique extérieure et procédés diplomatiques du Maghzen......................................	249
La question marocaine............................	261

CHAPITRE II. — *La politique européenne.*

Angleterre.......................................	267
Espagne..	289
Italie	304
Allemagne..	313
France...	321

CHAPITRE III. — *Le Maroc et les intérêts français.*

La question commerciale..........................	339
Rectification de la frontière algérienne.............	350
Le Touat...	367

Conclusion... 391

Baugé (Maine-et-Loire). Imp. Dalous.